陈衍德 著

Tradition in
Modernization:
Studies on
Philippine Chinese Society

现代中的传统——菲律宾华人社会研究

厦门大学出版社
XIAMEN UNIVERSITY PRESS

国家一级出版社
全国百佳图书出版单位

**图书在版编目（CIP）数据**

现代中的传统：菲律宾华人社会研究 / 陈衍德著
. -- 厦门：厦门大学出版社，2023.9
　　ISBN 978-7-5615-9104-8

　　Ⅰ．①现… Ⅱ．①陈… Ⅲ．①华人社会-研究-菲律
宾 Ⅳ．①D634.341

中国版本图书馆CIP数据核字(2023)第171534号

---

出 版 人　郑文礼
责任编辑　章木良
美术编辑　李夏凌
技术编辑　朱　楷

---

出版发行　*厦门大学出版社*
社　　址　厦门市软件园二期望海路 39 号
邮政编码　361008
总　　机　0592-2181111　0592-2181406(传真)
营销中心　0592-2184458　0592-2181365
网　　址　http://www.xmupress.com
邮　　箱　xmup@xmupress.com
印　　刷　厦门集大印刷有限公司

---

开本　720 mm×1 000 mm　1/16
印张　18
插页　1
字数　242 千字
版次　2023 年 9 月第 1 版
印次　2023 年 9 月第 1 次印刷
定价　88.00 元

本书如有印装质量问题请直接寄承印厂调换

厦门大学出版社　　厦门大学出版社
微信二维码　　　　微博二维码

# 序　言

　　整整三十年前，菲律宾之行改变了我的教学与科研方向。1992年3月14日我的首次出国之旅，目的地即为菲律宾首都马尼拉。我在飞机上就开始写日记："11∶17飞机开始下降……不远处楼房密布，可能是大马尼拉市……现已飞临马尼拉湾上空，弧形的陆地环抱着一片广阔的海域，形成一个天然良港……11∶28飞机降落于阿基诺国际机场。你好，马尼拉！你好，菲律宾！我终于踏上你的土地，来到你的怀抱。"

　　为什么我对菲律宾有一种特殊的感情？那是因为，我的曾祖父、祖父和父亲都曾是菲律宾华侨，后来他们又回到祖国的家乡，成为归侨。作为他们的后代，我从小耳濡目染，从祖辈和父辈那儿听到了许多菲律宾的传闻，从好奇到心向往之，并萌生一探究竟之念想。当我年过不惑，终于等到了机会——我所在的厦门大学与菲律宾雅典耀大学(Ateneo de Manila University)签订了教师交流计划。我报名参加并通过了英语考试，还经过了各种培训和考核，才终于如愿。

　　抵菲后不久，我就放弃了原先的交流学习计划，改而住进马尼拉的华人社区，我的田野调查也就自然而然地开展起来。一开始我只是对菲华社会的信仰民俗很感兴趣，之前我对此知之甚少，此时也就觉得很新奇，自然就关注起马尼拉华人的各种宗教信仰活动。抵菲整整三个月后，我的第一篇调查报告在当地的华文报上发表了。我在那一天的日记中写道："今天《世界日报》发表了我的文章《试论菲华社会的宗教融合》，全文八千字，分成两版，每版各占半版篇幅……今天是抵菲三个月的日子……"（1992年6月14日）后来我又在一篇文章中写到，那天我的心情特别愉快，觉得时间没有白过。

这对我当然是一个鼓励，接下来便一发不可收，于是一个接一个专题地做起了调查研究，并从报告发展成论文。回溯当年的所思所想、所作所为，本书的主题——现代菲律宾华人社会中的传统——并非一开始就很明确，而是逐步明晰起来的。宗教信仰，或者说信仰民俗，是观察社会的窗口、了解世界的途径。菲律宾是一个宗教气氛浓郁的国家，身处其间的华人未免受到影响，因此其信仰风俗丰富多彩。这就激发了我的探索欲望。宗教信仰或信仰民俗自然使人联想到文化（广义的文化）问题。所以，我在完成了数篇有关宗教信仰或信仰民俗的论文之后，接下来写作的有关菲律宾华人经济、管理的论文，或多或少也都涉及了文化问题，如企业文化、经济活动主体的文化背景，等等。研究文化，传统与变迁是永恒的主题，因此接着探讨菲律宾华人各社会生活领域的论文，也都沿着传统与现代的互动这一思路进行构思和写作。至此，本书的主题才完全显现出来。虽然在结集出版时，文章的排列以社会生活居首，其次为经济管理，最后才是信仰民俗，但从总体构思写作的过程来看，其顺序是倒过来的。

身处海外的华人能摆脱传统束缚自由发展，这是一方面；另一方面是，海外华人在异域他乡也能保持传统，甚至是在中国本土已经消失了的传统，而这些传统并不妨碍他们融入当地社会。这就构成了问题的一体两面，也正是探索海外华人外在行为与内心世界的吸引人之处。

正因如此，我不倦地在菲进行采访。我的采访对象大多是中老年人，他们能讲一口带有浓厚乡音的闽南话。我既以他们所说的方言为母语，在菲又有不少亲戚朋友，所以能与受访者进行贴近的交谈。有时我应邀参观他们的工厂、商店,有时则在他们家中进餐、住宿。在那种无拘无束的交谈中,他们敞开心扉,流露真情,使我能够深入其心灵深处,了解到一般人难以了解的事实。我常为他们的情绪所感染,与他们同喜同忧。真实的历史由此浮现。"只有底层小百姓的真实才是生活本质的真实";"只有人民的经历才是时代的真正经历"(冯骥才:《一百个人的十年》)。我的采访对象大部分不是什么大人物,然而正是这些普通人构成了历史的基石。回国后我从采访记录中选取了 68 位受访者的访谈记录,整理出来的篇幅多达15 万字。他们虽只占菲律宾华人的极小部分,却有一定代表性。从其祖籍地来看,遍及闽南的大部分地区(菲律宾华人的祖籍地85％以上为闽南);从其在菲工作生活过的地方来看,则遍布菲律宾群岛的东西南北。他们的职业、行业多种多样,经济实力与社会地位也各不相同,文化背景与信仰习俗也很多样化,教育水平更不尽相同甚至差异甚大。从年龄层次和所生活的时代来看,最年长的生于 1908 年,最年轻的生于 1961 年,各自经历了战前、战后各个时代。总之,从中我们看到了菲华社会的缩影,看到了菲华社会的各个纵切面与横切面。

我原先的教学与科研领域是中国古代史和经济史,随着我对华侨史研究的开展与深入,我逐步从中国史过渡到世界史。我将中国经济史的研究方法应用于海外华人经济与管理的研究,收获不小。但这两个史学分支毕竟有很大区别,需要我在转变中付出巨大努力。在菲律宾我巧遇加拿大不列颠哥伦比亚大学的魏安国(Edgar Wickberg)教授,他成了我从事海外华人研究的启蒙老师。他的成名作《菲律宾生活中的华人,1850—1898》也成了我学习的经典著作。此外还有当时已经故去的菲华学者施振民及其名著《菲律宾华人文化的持续:宗亲与同乡组织在海外的演变》,北京大学的周南京教授及其著作《菲律宾与华人》等,都成了我学术转轨的助推器。总之,在菲律宾整整一年的时间,改变了我的人生轨迹。那些所经历的人和事,永远地刻在了我的心灵中,超越了单纯的学术研究,成为我下半生所受到的最大影响。本书的实际写作时间虽不是特别长，但其间的心路历程却一直延续至今，值得反复回味与省思。是为序。

陈衍德

**2022 年 12 月于厦门**

# 目　录

## 上编　社会生活

## 中编　经济管理

# 下编　信仰民俗

# Contents

## The First Part   Social Life

## The Second Part   Economy and Management

## The Third Part　Folk Faith and Custom

上编　社会生活

# 第一章

# 变迁中的文化　现代中的传统
## ——从个人、家庭、家族看菲律宾华人

　　近半个世纪来，大多数有关菲律宾华人的著作都是从社会和组织的角度来观察、研究问题的。[①] 这样做当然无可厚非。作为社会和组织的海外华人，是研究一个国家的华人的起点。但是这种整体的、宏观的研究并不能代替个别的、微观的研究，后者或许更能反映海外华人的多样性，更能使人们对海外华人的认识从概念化变为具体化。当然，个别的、微观的研究需要对海外华人进行实地的考察。笔者有机会到菲律宾，较为广泛而深入地接触了当地的华人，对他们有了一定程度的了解。在此基础上，本章选择了从个人、家庭、家族的角度，来研究菲律宾华人的文化变迁，以及表现在他们身上的现代与传统的关系。

　　移居海外的华人都不可避免地遇到文化变迁的问题，尤其是在从移居到定居的转变过程中，这种变迁加速了。文化变迁是由于内部的发展，或由于具有不同生活方式的人们之间的接触，所引起的

---

　　① 这些著作主要有：Edgar Wickberg，*The Chinese in Philippine Life 1850—1898*，New Haven：Yale University Press，1965；黄滋生、何思兵：《菲律宾华侨史》，广州：广东高等教育出版社，1987年；洪玉华编：《华人移民：施振民教授纪念文集》，马尼拉：菲律宾华裔青年联合会、德拉萨大学中国研究室，1992年；周南京：《菲律宾与华人》，马尼拉：菲律宾华裔青年联合会，1993年；宋平：《承继与嬗变：当代菲律宾华人社团比较研究》，厦门：厦门大学出版社，1995年。

一个民族生活方式的改变，以及个人指导行为习惯上的改变。[①] 菲律宾是亚洲最西方化的国家，也是东南亚唯一的一个遭受过两个殖民帝国（西班牙和美国）长期统治的国家，所以它的文化较邻国含有更多的西方成分。同时，菲律宾土著的马来文化也在近代以来民族主义的兴盛中得到发扬光大。这种大环境无疑使菲律宾华人受到多重外来文化的影响。

但是，正像其他国家和地区的华人一样，中国传统文化在菲律宾华人的生活中仍然是根深蒂固、举足轻重的。虽然不断有年轻一代的华人丧失自身的民族特征而完全融入当地社会，但更多的华人青年则在潜移默化中接受了传统。与此同时，不断到来的新移民也使传统得到加强。所以，尽管受到西方文化和土著文化的强大影响，菲律宾华人仍然以中国文化为主要特质。

当然，这只是问题的一个方面。问题的另一个方面是，传统本身也在不断变化。当代社会演变理论认为，"传统"与"现代"不是截然两分的，二者是处于一种流动的、互相渗透的状态；传统社会可以具有现代化的潜力，现代社会也可以具体展现传统的特质。[②] 所以，表现在上一代华人身上的传统，绝不同于表现在下一代华人身上的传统，而且后者正日益占据主导地位。菲律宾华人的中国文化传统，因此也就是一种变化中的、"现代"中的"传统"。

本章在上述思路的指引下展开论述，将采用个案分析的方法，分别用一个典型个案来说明作为个人、家庭、家族的菲律宾华人的生活历程，并力图透过这些生活历程，展示菲律宾华人的真实风貌，从而为进一步的理论分析打下坚实的基础。

---

① 克莱德·M. 伍兹（Clyde M. Woods）著，何瑞福译：《文化变迁》，石家庄：河北人民出版社，1989 年，第 120 页。

② 柯保安（Paul A. Cohen）著，李荣泰等译：《美国的中国近代史研究：回顾与前瞻》，台北：联经出版事业公司，1991 年，第 78、90 页。

# 一、个人之个案：吴先生的人生轨迹

个人是组成群体的基本单元。同一族群的个人既有其共性又有其个性，而共性往往隐藏在个性之中，因此不了解其个性就无法真正了解其共性。社会学的研究方法之一是，以个人（行为）为研究对象，并以其积累去把握社会。[①] 这也是笔者研究菲律宾华人社会的方法之一。采用此种方法，首先要进行大量访谈，以便积累研究素材。因此口述历史资料便构成这种研究方法的基础。而口述历史资料的价值，已渐为学术界所认识。由于工商业是菲律宾华人的主要职业构成，所以笔者采访最多的也是工商界人士。从他们当中，笔者选取了一个具有典型意义的个案，作为分析研究的对象。

这位被作为典型个案的人士叫吴民权，西名 Alfonso Go，1929年生于菲律宾宿务省杜马胡格镇（Dumanjug），祖籍福建省厦门市禾山乡穆厝村[②]。吴氏的祖父是第一代移民，到他出生时，父亲已在所居住的镇开了一家小杂货店。其母姓钟，祖籍厦门市禾山乡江头村，其外祖父亦为第一代移民，居于宿务省的另一个小镇。吴氏3岁时，父母亲偕其返乡，父亲随即返菲，留吴氏及其母在家乡。直至他9岁时，才又随其母返菲。吴氏在家乡曾接受过私塾教育。他与母亲离菲期间，父亲又娶了另一位华妇（祖籍亦为厦门），且移居马尼拉。从此吴氏一家便生活于马尼拉。他有1个同母妹妹（留在家乡）、3个异母弟弟和1个异母妹妹（在菲）。其父母亲后来均去世于菲。吴氏的妻子姓施，亦出生于菲，祖籍晋江，他们共育有三男二女。

---

① 沙莲香等编译：《现代社会学：基本内容及评析》上册，北京：中国人民大学出版社，1994年，第19页。

② 本书各章节多写于20世纪90年代，因此地名以彼时名称为准。

虽然吴氏是出生于菲的第三代移民，但是童年在祖籍地度过的6年时间却影响了他的一生。他至今尚能依稀记得当时的生活情景，故乡的一草一木在他幼小的心灵里留下了深深的印记，直至花甲之年仍眷恋不已。更重要的是，在故乡接受的传统教育，尽管为时不长且是启蒙性的，却使他一生的为人处世遵循着传统道德及其价值观念的规范而未逾越之。这就是上一代华人将下一代华人送回故乡去接受熏陶的寓意之所在。"中国人一向将生命的延续寄托在下一代而非寻求个人的永生"，在他们看来，"文化死亡的威胁比个人死亡产生更深刻的恐惧，他们必须给下一代知道他们的'根'"。[①] 吴氏父辈的本意原为通过"故乡"的概念来培植后代"根"的意识，而吴氏这一代华人的盛年恰好碰上从移民社会到定居社会的转变，"故乡"渐渐地已不能成为"根"的有形的依托，但铭刻于心的传统文化这一无形的"根"却保留了下来。

吴氏的父亲移居马尼拉后开办了一家从事进口布匹中介工作的公司，华人称之为"代办家"（indenter）。1948—1950年间吴氏边读书边在公司里做事，1951—1953年间作为公司的代表派驻美国，同时在美国发展自己个人的生意。后因父亲忙不过来，应召返菲，为其工作，直到1962年，才将公司交给异母弟，自己另立公司，从事布匹进口及服装出口的生意。1972年他改行从事汽车零件、医疗器械的买卖，兼营房地产业。20世纪80年代他与两位同乡合资成立了一家公司，主营房地产业，兼营进出口。新公司的日常工作由他主持，他自己的公司实际上已并入新公司。

吴氏自己说，他一生中有两次转变：一是自美返菲，一是改行。两次转变都于其事业不利，但他都未违抗命运的安排。如果不是根植于内心之处的道德标准和价值观念发生作用，他是不可能心甘情愿那样做的。关于自美返菲，他是这么说的："我在美国干得很不

---

① 洪玉华编：《华人移民：施振民教授纪念文集》，马尼拉：菲律宾华裔青年联合会、德拉萨大学中国研究室，1992年，第243页。

错,但是父亲在菲律宾的生意忙不过来,我的异母弟还顶不上来,所以把我叫回来。为了父亲的公司,我放弃了在美国的工作。我在美国的业务开展得很好,同时也有了自己的生意。但因为我是长子,有责任帮助父亲。当时我的异母弟还小,我必须回来主持父亲的公司。"就这样他放弃了在美国的前程,返菲为父亲主持公司的业务达10年之久,而且最终将父亲创立的公司交给了异母弟。这不能不说是传统的孝悌思想在起作用。

关于改行,吴氏是这么说的:"1972年我改行做别的生意。当时菲律宾国内的纺织业已经兴起,为了保护国内的纺织业,国家提高了纺织品进口的关税,所以做进口布生意的利润就少了。而且,当时菲律宾国内的服装业尚不发达,主要满足国内需要,出口要争取配额,而我的制衣厂产品都是出口的。所以干这一行要赚大钱就要用半合法半非法的手段,比如把部分本应用于生产的进口原料拿到市场上以黑市价格卖出,还有走私,等等。但我不愿意这么干,所以就改行了,而且把制衣厂也卖掉了。"他不愿以不合法的手段渡过难关,因而也就丧失了发展事业的机会(后来菲制农业发展成大宗出口的行业)。其原因只有一个,那就是他是一个循规蹈矩的商人。这不能不说是传统的先义后利思想在起作用。

但如果把吴氏描绘成一个与其前辈无异的传统型华人的话,也是不符合实际的。吴氏青少年时期除了接受华文教育外,也接受英文教育,并且后者有胜过前者的趋势。成年后他虽然也能以中文读、写(读报、写信等),但业务往来均用英文,所以其英文的熟练程度是中文无法比拟的。他的活动范围和社交圈子也大大超过前辈。除了去过美国外,他创办了自己的公司后还经常去日本。除了参加许多华人社团外,他还参加以菲律宾人为主的社团,如他是国际狮子会(Lions Club International)马尼拉分会的会员。在他的关系密切的朋友当中,有许多是菲律宾人。在他家中,不仅供奉菩萨,而且供奉耶稣基督,还供奉许多菲律宾人所崇拜的神明。所以无论从语言、习俗,还是从社会关系来说,与前辈相比,吴氏身上都发生了很大变化,因而体现在吴氏身上的传统也就是一种变化了的传统,是一种融入了现代因素的传统。例如在他身上已很少看到常见于传统型华人的对菲人的防范心理,说明他已逐渐接受了那种适合于每一个人的普遍的道德标准,不再坚持华人传统中的视亲疏而负起不同程度的道德义务的原则。①

吴氏之所以被当作典型个案,是因为在他身上体现了一种文化的过渡和转型。吴氏既不同于战前赴菲的老一代华人,又不同于战后生长于菲的新一代华人,而是介于二者之间。虽然他这类人在菲华社会中可能不是为数最多的,但却最能表现华人变迁中的文化和"现代化"过程中的"传统"。通过吴氏这一个案,我们不仅可以把握与他同类型的华人的情况,而且在一定程度上,也可以把握处于这一类型的前后方的其他类型华人的情况。

## 二、家庭之个案：蔡氏一家的事业与活动

家庭是人类的一种社会形态,人们的全部社会生活都发轫于家庭。② 华人移居乃至定居海外,其经济活动仍然以家庭为基本单位来进行,所以研究华人家庭的重要性是不言而喻的。这方面的研究同样是以口述历史资料为基础。笔者从亲自采录到的菲律宾华人家庭访谈资料中,选取了一个具有典型意义的个案,作为分析研究的对象。

被作为典型个案的是一个姓蔡的家庭,其一家之主是蔡文春,生于1923年,祖籍福建省晋江县祥芝乡,现居马尼拉,为企业主。

---

① 以上有关吴民权的资料,据《访问吴民权谈话记录》,马尼拉,1992年10月13日,以及笔者与其频繁接触中的多次交谈。

② 张树栋、李秀领:《中国婚姻家庭的嬗变》,杭州:浙江人民出版社,1990年,第1页。

蔡氏 1937 年赴菲,初在马尼拉受雇于人,后自己开菜籽店(食品杂货店)。1942 年菲岛沦陷后,辗转于南岛(菲律宾中南部泛称)各地做小生意。1944 年于南甘马仁省那牙市与一华女结婚并留在当地。1945 年后从事土产收购及贩运。1950 年改做木材生意,创办"复春木业"(Tabuco Lumber),后发展为集采伐、加工、销售于一体的联合企业。20 世纪 60 年代末移居马尼拉并于 1971 年创办"菲律宾机带厂有限公司"(Philippine Belt Mfg. Corp.),并任总裁。

蔡氏有二子二女。长子蔡志增,1950 年生于菲,毕业于菲律宾大学,获工科与哲学双硕士学位,曾任菲工商部部长罗伯特·王彬(华裔)的秘书,为菲律宾机带厂有限公司副总裁兼总经理。次子蔡志和,1960 年生于菲,曾留学美国并获工商管理硕士学位,为菲律宾机带厂有限公司副总经理。至于蔡氏的二女,长女留在那牙与其夫婿共同管理复春木业;次女则在机带厂参与管理工作。

早年蔡氏夫妇和四个未婚子女组成一个家庭,其企业无论是在那牙还是在马尼拉,都是一家人全心全意共同经营。这是一个典型的经营共有经济实体的亲属团体,亦即家庭性的生产机构。[①] 但是当四个子女分别成家以后,情况也随之发生了变化。长子在掌管机带厂的同时,拥有了一家自己的制衣厂;次女在参与管理机带厂的同时,也拥有了一家自己的绣花厂。而且成家的子女吃、住均已和父母分开了,尽管长子和次子的住宅是和蔡氏夫妇紧邻的。此时的蔡氏一家,称其为家户(household)更合适,这是一个包含了几个家庭的家户。[②] 因为个人财产已开始从家庭财产中分化出来,其经济实体也已开始向非家庭性生产机构转化。[③]

---

① 陈其南:《传统家族制度与企业组织》,杨国枢等主编:《中国人的管理观》,台北:桂冠图书股份有限公司,1992 年,第 218 页。

② 费孝通:《生育制度》,天津:天津人民出版社,1981 年,第 83~84 页。

③ 陈其南:《传统家族制度与企业组织》,杨国枢等主编:《中国人的管理观》,台北:桂冠图书股份有限公司,1992 年,第 219 页。

可以看出蔡氏的企业正处于一种过渡形态。虽然它仍然属于传统的家庭式企业，但是由于蔡氏的子女同时又拥有自己的产业，并且随着家户内各家庭独立性的增强，共有财产被分割转移的可能性也增强了。与此同时，共有企业内之亲属关系也有被契约关系取代的可能。① 从华人所固有的分家析产的规律来看，这种变化尚未超出传统的范围。但是从血缘关系和经济关系的消长来看，这种变化又显示出了超越传统的趋势。笔者的调查显示，这样一种过渡形态，在华人企业中有一定的代表性。

蔡氏创办机带厂后，相当长时期内实行的是家长式集权化管理。他每天到公司上班，处理各种日常事务。他不仅是最高决策者，而且可以越级插手、干预任何一个层次的任何一件具体事务。当蔡氏的子女学有所成相继进入公司的管理层后，情况开始发生了变化。首先是分权，公司的销售由其长子主管；生产由次子主管；财务由次女主管。其次是部门之间职责划分的清晰化。蔡氏说："我的小儿子受西方影响深，对工厂的管理也是西方式的，每个部门都有相对的独立性，不像有的华人企业，内部关系纠缠不清。"显然，蔡氏本人也逐渐接受了子女们的管理方式。

可以看出这种管理方式是融中西为一体的。毫无疑问，蔡氏仍拥有企业的最高决策权。但是，那种企业主事无巨细统揽于一身的做法已经一去不复返了，企业内部的分工更加明确了。虽然那种传统的家长式集权化管理方式尚未被新型的分权式专业化管理方式所完全取代，但这一过程已经开始。这是华人企业文化开始转型的表现，很有典型意义。

蔡氏不仅是一个企业家，而且是一个社会活动家。他在那牙和马尼拉两地都担任过许多华人组织机构的职务，比较重要的有：那牙市菲华商会会长、美骨区商联常务理事、美骨区洪门进步党理事

① 陈其南：《传统家族制度与企业组织》，杨国枢等主编：《中国人的管理观》，台北：桂冠图书股份有限公司，1992年，第219页。

长;菲律宾洪门进步党总部理事长、菲律宾华侨善举公所董事、菲律宾祥古莲联乡会理事长。蔡氏的长子蔡志增在这方面可说是继承了父亲的传统,他关心社会,热心公益,经常奔走于国内外,筹划或主持各项活动。

可以看出"达则兼济天下"的儒家传统思想在蔡氏父子两代人身上的承继与弘扬,同时也可以看出两代人的社会活动与社会关怀所涉及范围的不同。蔡氏本人所涉及的范围基本上限于华人社会,而其子所涉及的范围则已扩大到整个菲律宾社会甚至国际社会。再者,年轻一代对人与社会的关系的思考,也比年老一代更深一个层次。显然,像蔡志增这样的第二代华人,既得益于父辈的言传身教,又得益于现代教育,所以传统在他们身上才得以升华。

蔡氏父子在华人的权利和义务的问题上也有一些不一般的思想及实践。蔡氏说:"菲律宾华人大多数都与各级政府官员有关系,有的在地方上还颇有势力,但是以前华人对选举并不积极。今年(1992年)的大选不同了,许多华人都热衷于参选。他们终于认清这样才能从根本上维护自身的利益。"华人的传统向来是以旁观者的态度看待所在国的政治,以参与者的角色介入政治固然有悖于此,却也符合儒家"兼济"的思想,故视之为传统的更新与再造亦无不可。蔡志增本人的从政经历实际上就是这一思想的实践。在看到华人应当拥有自己的权利的同时,蔡氏父子还认识到华人也应尽其义务。针对一种华人"靠偷漏税致富"的看法,蔡氏父子均以纳税模范的表现重塑了华人的形象。

可以看出一种市民意识已经在蔡氏父子这样的华人身上滋长起来了。在传统中国,普通百姓一向距权力甚远,所谓"兼济"也只是士人的专利,而传统文化亦不注重权利与义务的相辅相成。华人移居海外,经历了从农民到市民的变化。他们终于认识到,与其借助于和官方的非正式关系,不如以参政的方式对儒家的政治理想做出新的阐释。"传统"的"现代化"也因此得以再度展现。[①]

蔡氏的家庭之所以被当作典型个案，是因为其经济形态、企业文化、社会活动和思想意识，在代际继替中都表现出了一种既继承传统又更新传统的发展变化。这一类华人家庭可能为数尚不太多，但却代表了华人社会的未来指向，所以其意义不可低估。

## 三、家族之个案：苏氏一门的渊源与调适

一般地说，家族是家庭的扩大和延伸。但是，本章所讨论的家族，主要是一个系谱性的概念。换言之，本章所谓的家族，乃是"以任何世代之男子为中心，涵盖所有男性后代及其妻等所构成之团体"[②]。

不过，在有些地方也涉及家族的互助共济等功能性因素。华人移居海外是一种连锁式移民，他们将家族关系在移居地复制出来，是很自然的。这种脱离了原地域的、失去了原先经济基础的家族关系，虽已不具制度化的约束力，但仍成为华人社会架构的维系之所在，仍成为人们各种需求和寄托的维系之所在。笔者同样从采录的口述资料中选取一个典型样本，来研究菲律宾华人的家族，以期窥一斑而见全豹。

被作为典型个案的是一个姓苏的家族，其祖籍地是福建省南安县石湖边乡。19 世纪末叶，当地有一位中医师叫苏应时，生有 7 个儿子。其三子必乳和七子必楷先后南渡菲岛，其次子必吟和五子必辉则继承父业在家乡行医，其中必辉因医术医德俱佳而名声渐著。1920 年，年已 38 岁的苏必辉南渡菲岛挂牌行医，"埠中华侨素耳君

---

① 以上有关蔡氏家庭的资料，据《访问蔡文春谈话记录》，马尼拉，1992 年 12 月 21 日；《访问蔡志增谈话记录》，马尼拉，1996 年 8 月 19 日，以及笔者与其一家频繁接触中的多次交谈。

② 陈其南：《家族与社会》，台北：联经出版事业公司，1990 年，第 134 页。

名,争为介绍,名益著"。两年后开设鹤寿堂药房(附设医室)于马尼拉,又一年后组织菲律宾中华医学会,任会长。"于是驰誉于菲界,求医者日益多",[①]又因热心公益,交游广阔,而成侨界名人。

除鹤寿堂药房外,苏必辉又办有梅峰信局,经营侨汇业,其弟必楷为经理。其兄必乳则受雇于人。后必乳、必楷相继返乡并去世,苏氏家族在菲的成员中,必辉遂成唯一的长辈。在必辉帮助下,有更多的家族中人赴菲谋生,其中有侄儿有燕(长兄之子)、有选与金沪(必乳之子)、祖培(必楷之子);堂侄有秋、有灶与雨苍等。甚至侄孙辈也有在他帮助下赴菲的,如有燕之子农水。在这种情况下,必辉自然而然地成为苏氏家族在菲成员的中心人物。

苏必辉于1937年发起成立了菲律宾武功苏氏宗亲会并出任第一任理事长。此外他还是岷里拉(即马尼拉)中华商会理事、菲律宾华侨善举公所董事。抗日战争全面爆发后,菲律宾华侨组织了抗敌会,必辉亦出任抗敌会委员。1942年菲律宾被日本占领后,他曾被捕入狱,药房亦被查封。1948年他返回故乡,同年病逝。观其一生,传统贯穿始终。从他父亲"以儒而业医"到他本人"辍儒业悉心揣摩医术"[②],传统已根植于心,所以孝悌忠信才能成为他一生为人处世的准则。这种传统又因他在家族的中心地位而传之于子侄后辈。

苏必辉去世后,其长子维罴继承了他的事业。苏维罴生于1912年,1923年赴菲,1931年回国就读于厦门大学预科,两年后返菲,先后攻读医科于菲律宾大学和圣托马斯大学,1941年获医学博士学位,后与父亲一起行医。1962年与叶文咸、吴杰士两位医师共同筹建崇基医院。1966年医院开业,维罴出任院长。在苏氏两代人身

---

①  《苏必辉传》,菲律宾名人史略编辑社编:《菲律宾华侨名人史略》,马尼拉:菲律宾名人史略编辑社,1931年,第64~65页。

②  《苏必辉传》,菲律宾名人史略编辑社编:《菲律宾华侨名人史略》,马尼拉:菲律宾名人史略编辑社,1931年,第64~65页。

上，经历了从中医到西医、从医室到医院的变化。这不仅是物质文化的变化，而且是精神文化的变化。因为与其父相比，维罴所受的教育大不相同，所以其工作哲学和思维方式自然也就很不相同了。

但是，为人处世与价值观念方面的传统并没有丢失。父亲的教导"未学医时先学德"是苏维罴的座右铭。他对病人不分贵贱，还经常免费为穷人诊治、送药。对公益事业他也和父亲一样热心。他接济培养弟弟和堂弟，就像对待自己的亲生儿女一样从不吝啬。这样，他继父亲之后成为苏氏家族的中心人物。但是，他也面临着随其家族繁衍而出现的新局面。

从下面以苏应时为首的苏氏家族之系谱图，可观其在菲成员于各房之分布：

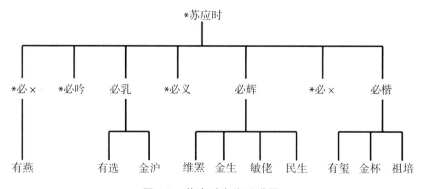

图 1-1　苏应时家族系谱图

注：＊者为未赴菲者。

除系谱图所示第三代之男性 10 人外，尚有女性 7 人，分别出自必乳（2 人）、必辉（3 人）、必楷（2 人）三房。因此苏氏家族第三代在菲者共有男女性 17 人。

上述苏氏第三代之男性，每人又有子女少则三四人，多则六七人，以平均 5 人计，即有 50 人之多。苏氏第四代已有部分移居美国、加拿大等国家，以及中国台湾、香港等地区。随着家族的日益庞大和成员的日益分散，传统的家族凝聚力未免削弱了，而家族中心人物的影响力也不如从前了。

　　虽然经济社会的现代化导致了家族的衰弱,但是菲律宾华人通过家族—宗族—宗亲会这样一种一脉相承的关系,把系谱所负载的传统文化的信息继续传递了下去。在宗亲会中,尤其在小的宗亲会中,由一个或数个家族主宰局面的情况并不鲜见,因为这些宗亲会往往是在族中产生强有力领袖的时候创立的,[①]而这些领袖所在的家族便往往成为宗亲会的主导力量。

　　苏氏宗亲会便是例证之一。苏必辉在发起创立该会并出任首任理事长后,其堂侄雨苍和有灶又分别出任过多届理事长,其子维罴、金生,其堂侄祖培,其孙经展、经纬,其侄孙农水等,也都先后担任过各种重要职务。有的在任时间长达十几届,如金生,从第十八届一直任职至第三十三届。有的则是父退子进,如维罴退,经展进;金生退,经纬进。[②]

　　这样一种情况具有什么文化上的意义呢? 首先,它显示家族的部分功能转而由宗亲会来发挥了。其次,它说明家族借助于宗亲会来延续自身的传统。苏氏宗亲会秘书长苏浪声这样对笔者说:“宗亲会与别的社团不一样,别人讲现代化,我们则提倡弘扬传统。我们是逆水行舟,逆流而上。”如何弘扬传统? 他说:“从无形方面来说,它以宗亲为基干,起着凝聚华人社会的作用。从有形方面来说,它举行祭祖拜神仪式,让年轻一代不要忘了祖先。”[③]用扩大了的群体和溯及远祖的办法,来包容家族文化诸因素,这便是传统为应对现代所做的调适。

---

　　① 洪玉华编:《华人移民:施振民教授纪念文集》,马尼拉:菲律宾华裔青年联合会、德拉萨大学中国研究室,1992 年,第 196 页。

　　② 《菲律宾武功苏氏宗亲会成立五十五周年暨武功大厦落成典礼特刊》,马尼拉,1996 年,第 18~30 页;《菲律宾武功苏氏宗亲会第三十九届职员表》,〔菲〕《联合日报》1996 年 3 月 31 日。

　　③ 《访问苏浪声谈话记录》,马尼拉,1996 年 8 月 29 日。

现在回到苏氏家族本身的情况上来。苏氏家族是医生世家，苏维罴继承父业行医后，继续培养子弟学医。他先后资助弟弟民生、堂弟祖培上大学学医，二人毕业后相继从医。他自己也有一子一女成为医学博士。其孙及侄孙辈从医者更多。至 1992 年，家族中从医者达 17 人，若加上配偶亦从医者，达 23 人。这样，在亲缘与业缘的交织中，造就了一个医生群体。

经商也是苏氏家族的重要择业方向，其中又以开手表店为多。苏金沪在马尼拉市区黎刹大街开有一家表店，他的堂弟敏佬、堂侄农水以及他自己的女儿女婿，也都是开表店的。当被问及家族中人为何有不少人开表店时，他说："起初我的堂姐夫柯孝湖（苏必辉的长婿）做手表生意，后来我们几个堂兄弟也跟着做这一行……当然堂姐夫曾帮过我们，我们堂兄弟之间也互相帮助，但我们每个人都是靠自己的力量开的店，我的子女也不例外。"这是亲缘关系与行业网络的重叠。

以医师和手表经销商为例，可以对苏氏家族成员的职业状况稍加分析。在纵横交错的系谱格局中，医师这一职业的分布首先总是纵向的代际继替，然后才是横向的同代延展。与此相反，手表经销商这一职业的分布，首先总是横向的同代延展，然后才是纵向的代际继替。其中原因，恐在于医师乃是技术性职业，需要长时间的知识积累，而经销商乃是经验性职业，只要资金没问题，无须太长时间做准备。但无论哪种情况，家族总是各方面资源的主要来源。当然，与传统相比，资源转移的形式和内容也发生了变化，医学知识不再是私相授受，而经验也取代了资金成为商业网络扩展的主要动因。

苏氏家族各成员的思想和信仰是千差万别而又恒动无常的，这反映出传统与现代的互为渗透和激烈交锋。从下面列举的一场交谈中，便可窥此情形之一斑。这场交谈的参与者是笔者、苏维罴之妻陈氏以及维罴之弟民生。先前，民生由基督教改信佛教，陈氏则由佛教改信基督教。笔者问民生为何改变信仰，他说："基督教讲人人在上帝面前都是平等的,哪怕一个人犯了罪,只要忏悔了,上帝也会宽恕他,他也就与无罪者一样平等了,如此则犯罪与守法不是没有区别了吗?佛教则讲因果报应,凡有罪者均会受罚。虽然佛教有‘放下屠刀,立地成佛’之说,但有罪与无罪毕竟有区别。"陈氏即反问他:"如果你有一个儿子犯了罪,但后来悔改了,你原谅他吗?把他和其他儿子一样看待吗?"他答道:"当然原谅他,但对待还是有区别,将来分给他的财产会少一些……"①

虽然谈话略带调侃色彩,但却表现了西方的平等观与东方的是非观之间的矛盾和冲突。笔者无意评判其中的是非曲直,要强调的是体现在海外华人身上的对东西方思想的不同理解与偏执,同时要指出其文化背景的扑朔迷离:受西式教育却皈依传统宗教者有之(如民生),受传统熏陶却改宗西式宗教者亦有之(如陈氏)。然稍加分析即可发现,这种错位正是传统与现代交相渗透、互为激荡的必然结果。②

苏氏家族之所以被当作典型个案,是因为其成员在菲形成了比较完整的血亲体系。换言之,其家族关系在菲被比较完整地复制了出来。这样,在经济活动与社会生活中,家族关系就相对地凸显了出来。而这种旧式关系如何去适应变化着的环境,如何在传统与现代之间保持某种平衡,苏氏家族的应对也具有典型意义,故以之为研究样本。

---

① 笔者 1992 年 5 月 26 日的日记。

② 以上有关苏氏家族的资料,除特别注明出处者外,均据苏氏家族成员的访谈录,包括《访问苏金生谈话记录》,计顺,1992 年 7 月 16 日;《访问苏敏佬谈话记录》,马尼拉,1992 年 11 月 13 日;《访问苏金沪谈话记录》,马尼拉,1992 年 11 月 19 日;《访问苏祖培谈话记录》,马尼拉,1992 年 11 月 20 日;《访问苏维罴、陈淑仪夫妇谈话记录》,计顺,1992 年 12 月 28 日。此外还有笔者与其家族成员频繁接触中的多次交谈。

# 四、社会单元展示"传统—现代"缩影

在分门别类地从个人、家庭、家族的角度研究了菲律宾华人的文化变迁，以及表现在他们身上的现代与传统的关系之后，有必要进行一次综合性的概括。群体是社会组织的基本单元，个人则是组成群体的基本单元，所以个人与群体之演变即为社会演变之缩影。通过以上个案的论述，或许可以从一个个局部、一个个侧面，透视出菲律宾华人社会的传承与嬗变。

作为个人和家庭的菲律宾华人，其演变的共同特点是，在承继民族的传统文化之同时，又融入了异族的现代文化，而民族的传统的文化也在吸纳新成分的过程中得到更新。作为家族的菲律宾华人，其演变的特点则是使传统的家族文化泛化成一种普遍的社会文化。换言之，就是使既包容又突破了血缘关系的社会组织取代家族组织，成为传统文化的载体，以此获得现代化进程中的立足之点。

传统是世代积累传承的生存经验和生存智慧。菲律宾华人的文化，正如研究菲华问题的权威魏安国教授所说，就是与其传统相结合的价值观和技艺。[①] 因此，没有传统也就没有菲律宾华人的文化。此外，倘若没有调适与应变能力，菲律宾华人的文化也就没有生存的余地。所以传统与现代构成菲律宾华人文化的一体两面，二者相互交融，相辅相成，不可或缺。这就是本章的主旨之所在。

---

① Edgar Wickberg，Chinese Organizations in Philippine Cities since World War Ⅱ：The Case of Manila，*Asian Culture*，No.17，Singapore，1993，p.99.

# 第二章

## 菲律宾华人的祖籍及相关问题

地缘和血缘是海外华人社会的两个重要的组织法则，然二者孰轻孰重，各国不尽相同。在新加坡和马来西亚的华人社会，"规模较大、出现较早的是地缘组织，规模较小的是血缘组织，无论是在人数上还是在财力上，血缘组织都远难与地缘组织相比"①。而在菲律宾华人社会，"同乡会组织……反而没有像宗亲会那么重要"②。前一种情况是较为普遍的，后一种情况则是较为独特的。地缘组织的根据首先是籍贯或祖籍，因此它成为研究华人社会的重要问题。由于菲律宾华人祖籍地的高度集中以及因此而形成的菲华社会结构的特色，祖籍问题显得尤为突出，并且从祖籍问题又派生出一系列其他问题。本章拟依次讨论如下问题：一、菲律宾华人的省级籍贯；二、菲律宾华人的县、市级籍贯；三、华人的地区分布与祖籍的关系；四、华人的行业分布与祖籍的关系；五、华人的婚姻家庭与祖籍的关系。

---

① 林远辉、张应龙：《新加坡马来西亚华侨史》，广州：广东高等教育出版社，1991年，第260页。

② 洪玉华编：《菲律宾华人文化的持续》，《华人移民：施振民教授纪念文集》，马尼拉：菲律宾华裔青年联合会、德拉萨大学中国研究室，1992年，第208页。

# 一、菲律宾华人的省级籍贯

菲律宾华人祖籍地的高度集中首先表现在省级籍贯方面。据著名的菲华学者施振民教授的估计，约有85％祖籍福建，15％祖籍广东。[①] 但是据笔者所掌握的材料，福建籍的比例会更高一些。首先，根据菲华学者吴文焕先生所作的《关于全菲各地华侨义山墓碑籍贯及姓氏的统计报告》[②]，在近年所搜集到的39479个华人的墓碑资料中，有30636个用的是中文姓名且注明了籍贯的（指墓碑字迹可读者，不可读者不计入）。其中祖籍福建省的27373人，占89.36％；祖籍广东省的3025人，占9.87％；祖籍其他省市的238人，占0.78％。其次，根据《华侨名人史略》[③]收入的137名菲华人士的祖籍情况来看，闽籍126人，占91.97％；粤籍10人，占7.30％；无籍贯者1人，占0.73％。最后，根据笔者对1992年8—10月登载于马尼拉华文报《联合日报》的讣告的统计，在221名去世者中，闽籍199名，占90.05％；粤籍9人，占4.07％；嫁与华人的菲妇6人，占2.71％；籍贯不明者7人，占3.17％。以上3份不同时期不同来源的材料所显示的福建籍华人在菲律宾华人总数中所占的比例是非常接近的，都在90％左右。所以说这一比例比以前估计的85％要高一些。

菲律宾华人的祖籍绝大多数为福建这一情况，是历史的产物。

---

① 洪玉华编：《菲律宾华人文化的持续》，《华人移民：施振民教授纪念文集》，马尼拉：菲律宾华裔青年联合会、德拉萨大学中国研究室，1992年，第179页。

② ［菲］《世界日报》1995年1月29日。吴氏的统计报告中，一些数据有误，本章使用时略做处理。

③ 菲律宾名人史略编辑社编：《华侨名人史略》，马尼拉：菲律宾名人史略编辑社，1931年。

"菲律宾接近我国东南沿海,为闽、粤一带人民进入菲岛之有利条件……在厦门未辟为商港时,福建泉州是对外通商的主要港口,晋江、南安地区的人民,就从泉州渡海赴菲经商,为进入菲律宾最早的一批,在菲岛建有一定的商业基础……由于同乡同宗的关系,入菲谋生日益增多,这就是今天旅菲华侨中福建人最多的主要原因。"[1]这方面一个典型的例子是福建安海人的赴菲经商以至定居。"隆庆年间(1567—1571),吕宋开洋,募华人为市。初,无以应者。镇商李寓西、陈斗岩首航吕宋与贸,获巨利归,安平(安海旧称)人乃多从而趋之,几至十家而九。去者或久客不归,间有籍居生长子女者。"[2]这样一种连锁式移民,便形成了今天的局面。菲律宾华人不仅以福建人居多,而且以福建晋江人居多(详见下文)。在东南亚各国的华人社会中,只有泰国堪与之相比。泰国华人不仅以广东人居多,而且以广东潮州人居多。其他国家此种情况则未见之。

　　菲律宾华人社会省级籍贯的这种不平衡的分布状况,是形成如下菲华社会结构特色的主要因素,亦即地缘组织的重要性反不如血缘组织。本是海外华人社会借以结群的地缘关系,在大的范围内(如来自同一省份)已难以作为菲华社会的组织原则。而在中小范围内(如来自同一县、市,同一乡、镇)地缘关系虽仍起作用,但由于其组织的细分化,也难以发挥支撑华人社会的功能。血缘组织因此取而代之,成为菲华社会组织体系中的重要支柱。


# 二、菲律宾华人的县、市级籍贯


　　菲律宾华人祖籍地的高度集中,不仅表现在省级籍贯方面,而且表现在县、市级籍贯方面。具体地说,菲律宾华人中约十分之九

---

①　赵松乔等:《菲律宾地理》,北京:科学出版社,1964年,第64页。

②　《安海志》卷十二,"海港三·侨外",1983年,第139页。

为福建籍,而福建籍华人中又有约三分之二为晋江籍。这样一种籍贯分布状况,在海外华人社会中是很少见的。

表 2-1　菲律宾福建籍华人县、市级籍贯分布状况表(一)

| 分布县市 | 晋江 | 南安 | 厦门 | 惠安 | 龙溪 | 泉州 | 同安 | 永春 | 安溪 | 全省 |
|---|---|---|---|---|---|---|---|---|---|---|
| 统计人数(人) | 18427 | 4826 | 1193 | 810 | 425 | 319 | 307 | 160 | 149 | 27373 |
| 占全省(%) | 67.32 | 17.63 | 4.36 | 2.96 | 1.55 | 1.17 | 1.12 | 0.58 | 0.54 | 100 |

注:晋江含石狮;厦门含思明;泉州仅指旧城区。

资料来源:吴文焕:《关于全菲各地华侨义山墓碑籍贯及姓氏的统计报告》,[菲]《世界日报》1995 年 1 月 29 日。

表 2-2　菲律宾福建籍华人县、市级籍贯分布状况表(二)

| 分布县市 | 晋江 | 南安 | 厦门 | 惠安 | 龙溪 | 永春 | 泉州 | 同安 | 安溪 | 全省 |
|---|---|---|---|---|---|---|---|---|---|---|
| 统计人数(人) | 144 | 24 | 10 | 8 | 5 | 3 | 2 | 2 | 1 | 199 |
| 占全省(%) | 72.36 | 12.06 | 5.03 | 4.02 | 2.51 | 1.50 | 1.01 | 1.01 | 0.50 | 100 |

资料来源:笔者对 1992 年 8—10 月《联合日报》所登讣告之统计。

上述两表中有几处地名因新旧政区的变更而有所改动,如石狮原为晋江县的一个镇,近年才分立为两市;厦门在建市前称为思明;龙溪后与海澄合并为龙海。海外华人的籍贯多沿用旧地名,但这里又考虑到统计上的方便,故做如上处理。

两表中显示的各县、市籍贯所占百分比是有些许差异的,之所以如此,是因为两表统计的范围不同。表 2-1 所统计为菲律宾全境,而表 2-2 则为大马尼拉地区(由于该地区集中了全菲约一半的华人,[①]故具有统计学上的意义)。然而,这种差异又是不大甚至是很小的。二表中 9 个县、市相差的百分点依次是:晋江 5.04;南安

① 　赵松乔等:《菲律宾地理》,北京:科学出版社,1964 年,第 65 页。

5.57；厦门 0.67；惠安 1.06；龙溪 0.96；泉州 0.16；同安 0.11；永春 0.92；安溪 0.04，平均误差仅为 1.61 个百分点。而且两表中依所占百分比大小的排列次序除永春外，其余均是一致的。相互印证之下，说明表中的百分比数据基本上是可信的。但有一点要说明，只有居于各地缘群体死亡率大体一致的假设之上，才能将这些数据视为全菲华人各地缘群体所占的百分比。

以上是立足于菲律宾的统计，下面再看立足于中国国内的统计。

表 2-3　福建省各县市旅菲华侨占全省旅菲华侨总数百分比表

单位：%

| 县市 | 晋江 | 南安 | 厦门 | 泉州 | 龙溪 | 永春 | 东山 | 漳州 | 漳浦 | 全省 |
|---|---|---|---|---|---|---|---|---|---|---|
| 所占比例 | 69.24 | 12.07 | 10.40 | 3.69 | 2.78 | 1.69 | 0.07 | 0.04 | 0.02 | 100 |

注：龙溪含海澄。

资料来源：《福建省部分县市华侨在国外的分布情况表》，林金枝等《近代华侨投资国内企业史资料选辑（福建卷）》，福州：福建人民出版社，1985 年，第 30～31 页。

表 2-4　福建省 1941 年以前及战时被迫离菲归侨各县市所占百分比表

单位：%

| 县市 | 晋江 | 南安 | 厦门 | 惠安 | 同安 | 龙溪 | 金门 | 安溪 | 永春 | 龙岩 | 漳浦 | 全省 |
|---|---|---|---|---|---|---|---|---|---|---|---|---|
| 所占比例 | 60.28 | 27.65 | 3.56 | 2.76 | 1.68 | 1.50 | 1.27 | 0.75 | 0.37 | 0.12 | 0.06 | 100 |

注：龙溪含海澄；龙岩含上杭。

资料来源：《1941 年以前及战时被迫离菲归侨统计表》，《福建华侨档案史料（上）》，北京：中国档案出版社，1990 年，第 220～221 页。

让我们把注意力集中到所占比例最大的 3 个县市即晋江、南安和厦门上来。上述两表中此三地在比重大小的排列次序上与表 2-1 和表 2-2 是一致的，并且在 4 个表格中此三地各有一对数字是十分接近的，亦即晋江的 67.32%（表 2-1）和 69.24%（表 2-3）；南安的 12.06%（表 2-2）和 12.07%（表 2-3）；厦门的 4.36%（表 2-1）和 3.56%（表 2-4）。但是应该说，表 2-3 和表 2-4 的准确度是不如表 2-1 和表 2-2 的。其原因有二：第一，立足于中国国内通过对归侨、侨眷的调查而得出的数据，总不如在华侨、华人居住国的实地调查来得可靠；第二，我们可以假定各地缘群体的死亡率基本一致，[1]但不能假定各地缘群体返回其祖籍地的概率也基本一致。有鉴于此，表2-3和表2-4中的数据只能作为参考数据，除了印证表2-1和表2-2所显示的籍贯分布趋势外，若要单独使用是要慎之又慎的。此外，表2-3和表2-4所示祖籍地，比表2-1和表2-2多出6个县市，那就是东山、漳州、漳浦、金门、龙岩和上杭，这对于我们全面地了解菲律宾华人的籍贯情况是有帮助的。

在所占比例最大的3个县市中，南安和厦门是远不如晋江的。那么，为什么菲律宾华人中晋江籍的比例如此之大呢？这同样要从历史上去寻找原因。"西班牙统治初期，菲律宾华侨有来自泉州府的，亦有来自漳州府的（以海澄县为较多）。后来因为西班牙统治期间发生几次大屠杀……漳州府属居民视菲律宾为畏途，如有意出国谋生，便会选择东南亚其他各地了。"[2]可是，泉州府中除了晋江和南安二县之外，其他县份去菲谋生者也相当少，这又做何解释呢？我们试以泉州府永春县某家族的出国史为个案，来对此做一番探讨。

我们所依据的主要材料是永春《鹏翔郑氏族谱》（以下简称《郑谱》）。鹏翔郑氏聚居于永春县桃城镇，南临桃溪，得舟楫之便，自古便有航海和侨居海外的历史。目前郑氏居于海外的人口为居于家乡的3倍。《郑谱》续修于1914年，所载族人出洋时间跨度达三个半世纪，涉及960多人，是典型的闽南侨乡族谱。据载，郑氏族人出洋最早是到菲律宾，而后逐渐转向新、马和印尼，并主要集中于马来半岛。吕宋地近且饶，除《郑谱》外，永春其他族谱所载明代出洋目的地，亦以吕宋居多，而后亦多转向他处。其原因何在？一方面是

---

[1]　"绝大多数死亡研究都假定同一地区同一时期年龄、性别相同的人的死亡率相同。"（曾毅：《人口分析方法与应用》，北京：北京大学出版社，1993年，第92页）

[2]　陈烈甫：《东南亚洲的华侨、华人与华裔》，台北：正中书局，1979年，第166页。

由于 17—18 世纪间西班牙殖民者多次屠杀吕宋华侨，使后来者望而生畏，改往他处；一方面则是 19 世纪 20 年代以后随着新加坡的开港和马来半岛的开发，促使更多的华侨到彼处谋生。《郑谱》所载族人去菲者 9 人，时间全部在 16 世纪末至 19 世纪 20 年代以前，而前往马来亚（含新加坡）多达 394 人，且前往时间大都在 19 世纪 20 年代以后。[①] 这样一个典型事例足以说明泉州府其他县份鲜有去菲者的历史原因。

那么，在其他县份的移民少有去菲者的情况下，为何晋江县去菲者特多呢？其中既有内因又有外因。就内因而言，泉州府各县地狭人稠的情况，无疑以晋江为最。从当今情况来看，原泉州府所辖地区，无论是人口密度还是垦殖指数，都以晋江县（约当今晋江、石狮二市辖境）为最高。[②] 现状是历史的延续，这种人地矛盾久已有之，地方志所谓"趋海多，力田少"[③]即可为证。所以在前往海外何处谋生这一点上，晋江人的选择余地是比较小的。就外因而言，西班牙统治下的菲律宾虽然充满风险，但其地开发早，获利快，对于"趋利之多，自昔为然"[④]的晋江人来说，还是颇具吸引力的。而且其地离闽南最近，极适合候鸟式移民的反复往返。上述内外因结合的结果，是日后晋江县的华侨人数居福建全省之冠，而且其中 75％乃是前往菲律宾。[⑤]

至于广东籍华人的县、市级籍贯分布状况，根据吴文焕先生的报告，墓碑上写明所属县、市的只有 28 人，分属 5 个县、市，其具体

① 郑山玉：《华侨与海上丝绸之路——部分侨乡族谱中的海外移民资料分析》，《华侨华人历史研究》1991 年第 1 期。

② 陈及霖：《福建经济地理》，福州：福建科学技术出版社，1985 年，第 46、128 页。

③ 周学曾等：《（道光）晋江县志》卷七十二，"风俗志·农事"。

④ 周学曾等：《（道光）晋江县志》卷七十二，"风俗志·商贾"。

⑤ 林金枝等：《近代华侨投资国内企业史资料选辑（福建卷）》，福州：福建人民出版社，1985 年，第 30 页。

人数及所占百分比如下：台山 17 人，占 60.72％；开平 6 人，占 21.43％；中山 2 人，占 7.14％；汕头 2 人，占 7.14％；潮州 1 人，占 3.57％。这与笔者根据华文报上的讣告所做的统计大体一致。据此，广东籍华人也有特别集中于一地的情况。

菲律宾华人社会县、市级籍贯的这种分布状况，使得同乡会组织的地域基础下降到了乡或村这一级。因为华人的地域概念具有很大的伸缩性，它能把来自同一个区域的人再分成更为基本的社会群体。这就造成了地缘组织的细分化。在菲律宾，晋江籍华人有 100 多个以乡为单位的同乡会，而长期以来独缺晋江同乡会。① 南安同乡会在各乡组织相继出现后也停止活动。厦禾公会的会员只限于菲中南部，实际上不能等同于全菲范围内的同乡会。安溪同乡会战后稍事活动后即销声匿迹。惠安公会算是例外，但其人数少，作用亦甚微。② 至于广东籍华人的同乡会（包括省级和县、市级），虽然出现得早，因其处于非主流地位，也难以发挥大的作用。同乡会既以乡或村级为主体，而闽南乡村多为单姓村，这就很自然地使单姓村同乡会通过血缘关系与宗亲会结合起来，进而被宗亲会纳入其势力范围。③ 这样，在其他海外华人社会里作为首要组织原则的地缘关系，在菲律宾华人社会反而显得不那么重要了。

---

① 直到 1993 年才在马尼拉成立了菲律宾晋江同乡会，而且是晋江市政府为了促进菲律宾华人与祖籍地的关系，从中加以推动，才得以成立的。

② 南安同乡会、安溪同乡会和惠安公会的情况，据洪玉华编：《菲律宾华人文化的持续》，《华人移民：施振民教授纪念文集》，马尼拉：菲律宾华裔青年联合会、德拉萨大学中国研究室，1992 年，第 215 页。厦禾公会的情况，据笔者 1993 年 1 月在宿务的调查。

③ 洪玉华编：《菲律宾华人文化的持续》，《华人移民：施振民教授纪念文集》，马尼拉：菲律宾华裔青年联合会、德拉萨大学中国研究室，1992 年，第 223～224 页。

# 三、华人的地区分布与祖籍的关系

华人向海外的移民是一种连锁式移民,其基本特征是最早出洋的移民在海外某地站稳脚跟后,又牵亲引戚地让后来者与己相聚一处,这些后来者又让更多的人来到同一地方,从而形成同一籍贯的人聚居一处的局面。在菲律宾,华人的地区分布与其祖籍有着明显的关系,追溯其缘由,就是这种连锁式移民所造成的。以下两表反映出不同历史时期华人的分布与其祖籍的关系。

表 2-5 1891—1896 年间晋江籍与厦门—同安籍华侨在菲的地区分布

| 比例 | 晋江籍占<br>75%～100% | 晋江籍占<br>40%～74% | 厦门—同安籍占<br>75%～100% | 厦门—同安籍占<br>40%～74% |
|---|---|---|---|---|
| 地区 | 那牙<br>独鲁曼<br>树里交<br>描东牙示 | 甲米地<br>马尼拉<br>亚巴里<br>怡朗 | 和乐<br>古达描岛<br>朗吗倪地<br>三宝颜 | 宿务<br>描戈律<br>仙彬兰洛<br>洪溪礼示 |

注:百分比为在华侨总数中所占份额。

资料来源:D. F. Doeppers, Destination, Selection and Turnover among Chinese Migrants to Philippines Cities in the 19th Century, *Journal of Historical Geography*, Vol.12, No.4, 1986.

表 2-6 1971—1972 年间祖籍福建各县的华人在菲的地区分布

| 祖籍 | 怡朗 | 朗吗倪地 | 拉牛板 | 纳卯 |
|---|---|---|---|---|
| 晋江籍 | 59.0% | 8.5% | 90.5% | 6.4% |
| 南安籍 | 23.4% | 5.1% | 5.8% | 81.6% |
| *禾山籍 | 7.0% | 69.5% | 0.7% | 3.5% |
| 同安籍 | 0.2% | 5.1% | — | 0.6% |
| 龙溪籍 | — | — | 1.5% | 4.4% |
| 安溪籍 | 0.7% | 3.4% | | 0.3% |

续表

| 祖籍 | 怡朗 | 朗吗倪地 | 拉牛板 | 纳卯 |
|---|---|---|---|---|
| 惠安籍 | 3.0% | — | 0.7% | 0.6% |
| 其他县 | 1.5% | 8.5% | 0.7% | 2.6% |
| 合计 | 99.8% | 100.1% | 99.9% | 100.0% |

注：1.＊者含厦门籍。

2.表中数据统计略有误差，第二栏至第五栏合计数据应为94.8%、100.0%、99.9%、100.0%。

资料来源：J. T. Omohundro, *Chinese Merchant Families in Iloilo—Commerce and Kin in a Central Philippine City*, Manila: Ateneo de Manila University Press, Athens: The Ohin University Press, 1981, p.24.

表2-5所示晋江籍与厦门—同安籍分别占75%以上的8个城市中，晋江籍占优势的4个城市分布在自北至南的广阔地区：那牙在美骨半岛；独鲁曼在礼智岛；树里爻在棉兰老；描东牙示在南吕宋。而厦门—同安籍占优势的4个城市则全部偏处南部一隅：和乐在苏禄群岛；古达描岛和三宝颜均在棉兰老；朗吗倪地在东黑人省。同表所示两个地缘群体分别占40%～74%的8个城市中，其分布则显示出晋江籍占北方优势而厦门—同安籍占南方优势的趋向：前者的亚巴里、马尼拉和甲米地都在吕宋岛，只有怡朗在南岛；后者的宿务和描戈律在南岛，而仙彬兰洛和洪溪礼示在吕宋岛。可见19世纪末晋江籍华侨乃广泛分布于菲岛，然又相对侧重于北部；厦门—同安籍华侨则在南部有明显的优势。

表2-6所示情况中最值得注意的是，晋江、南安、厦门这3个地缘群体如何在北、中、南的4个城市中分别显示其人口优势。晋江籍在中部大城市怡朗占近3/5，在北部城市拉牛板更占到9/10以上。南安籍在南部大城市纳卯占八成以上，在怡朗也占近1/4。厦门籍则在中部城市朗吗倪地占七成左右。其他地缘群体在上述4个城市中均处于微不足道的地位。而且除怡朗外，其余3市均以某一地缘群体构成华人居民的绝大多数。可以说这相当典型地反映了20世纪70年代华人在菲的分布与其祖籍的关系。

　　上述两表相较,还可以发现,尽管近百年来华人社会发生了巨大的变迁,但同一籍贯的人们聚居一处的传统并没有被抛弃。19世纪末晋江籍占优势的怡朗、厦门籍占优势的朗吗倪地,到了20世纪70年代,此两地的华人籍贯构成仍未有太大的变化。那些人数不太多的地缘群体,其同籍聚居的传统更强固一些。如广东人多聚居于北吕宋的碧瑶和中吕宋的荷浪牙波;金门人则多聚居于棉兰老的怡里岸。[①] 此亦可为上述两表之补充与旁证。

　　我们已经通过文献资料揭示了华人的县、市级籍贯与其在菲居住地分布的关系,如果能进一步揭示村、镇(乡)级籍贯与华人分布的关系,无疑将使问题的研究更加深入,但是这方面的文字记载十分缺乏。不过笔者在菲时曾采访过一些年长的华人,从他们的口中得知了一些这方面的信息。现从中选出数例,借以进一步说明华人的籍贯与其聚居地分布的关系。

　　许龙宣,男,1908年生,祖籍晋江县龙湖镇龙玉村。据许氏称,与他同村的人现在在菲的有1000多人。他说:"早年家乡生活苦,人们多以务农为业,所以有亲戚朋友在海外的,多靠他们牵引外出。我们村的人多数来菲律宾,去别处的少。"许氏来菲后受雇于数家店,后在一家经营侨汇的商家当了经理。有了一点财力之后,他便一个接一个地让乡亲们来到马尼拉。他花钱为他们办入境手续,为他们提供住处,为他们找工作,直至他们在马尼拉立足为止。当然,先期来到马尼拉的龙玉村人,不止他一个这么做,所以现今大多数来自该村的人都生活在马尼拉。[②]

　　郭辅昆,男,1912年生,祖籍晋江县石狮镇前坑村。郭氏的父亲早年来菲,在吕宋岛北端的亚巴里埠开杂货店。他说:"父亲带来菲律宾的同乡、朋友有60多人。他每隔两三年就回国一次,每次都

　　① 吴文焕:《菲律宾华侨义山碑文的史料价值》,《近代中国史研究通讯》第18期,1994年。

　　② 《访问许龙宣谈话记录》,马尼拉,1992年7月15日。

有人跟他来菲。"其父同样也为后来者垫钱买船票、办居留手续，直至为他们找工作。亚巴里位于加牙鄢河的入海口，是北吕宋的商品集散地，所以聚居了许多华侨，来自前坑村的乡亲也多半到此地落脚、谋生。据郭氏称，战前那里一直是乡亲们聚居的地方，他本人也是战后才迁居马尼拉的。[①]

　　钟玉环，女，1922 年生，祖籍厦门市禾山乡钟宅村。钟氏的父亲早年到苏禄做生意，后将其母接去那儿，钟氏即出生于苏禄。1942 年钟氏与陈和祥在苏禄结婚，陈氏为厦门市禾山乡寨上村人，其父亦为早年在苏禄经商而在那儿成家立业。钟氏说："苏禄有许多禾山乡人，各村的都有，我年青时的印象，仅寨上人就有几十个。禾山人中以姓陈的最多，我们姓钟的比较少。"后因苏禄战乱，不少华人迁出，钟氏与其丈夫亦于 1974 年迁往马尼拉。[②]

　　陈清汉，男，1908 年生，祖籍厦门市禾山乡寨上村。陈氏的父亲很早就去了苏禄，陈氏亦于 18 岁时去苏禄。他说："当时在苏禄的闽南人，以永春人最多，厦门禾山人次之。禾山人中各村的都有，其中寨上人有几十个，都姓陈，还有钟宅人，都姓钟。永春人大多也姓陈。"据陈氏称，他的家族在苏禄算是不小的家族，他家七兄弟就有 4 个在苏禄，四家合起来就有 40 多个人。20 世纪 70 年代中期他家迁往马尼拉，他的一个兄弟则迁往三宝颜。[③]

　　上述例子表明，同籍相聚确实是华人选择居住地的一个原则。无论是大都市还是边远地区，都可以看到同乡乃至同村的华人聚居一处的情况。这是因为华人向海外移民虽然是分散地、无组织地进行的，但在移民指向这一至关重要的问题上，却不能不沿着一条追寻血亲的既定线索进行。而在传统社会中，地缘或者说籍贯，乃是

---

① 《访问郭辅昆谈话记录》，马尼拉，1992 年 10 月 21 日。
② 《访问钟玉环谈话记录》，巴西市，1992 年 5 月 5 日。
③ 《访问陈清汉谈话记录》，马尼拉，1992 年 6 月 25 日。

血缘的空间投影,[①]这一点因闽南多单姓村而更形突出。所以上述例子中,华人聚居大多表现为既是同姓相聚又是同籍相聚。实际上,同县、市的华人聚居一处不过是同村、镇的华人聚居一处的反映,后者才是同籍相聚原则的真正出发点。

## 四、华人的行业分布与祖籍的关系

海外华人在居住国的分布既与其祖籍明显相关,就必然使人联想到其行业分布是否也与祖籍有关系? 华人从事的行业是其谋生的手段,他们对行业的选择余地是不多的,既成的事实往往是,前期抵菲的亲友从事何种行业,后来者亦随而从之。就此而言,可说华人的行业分布与其祖籍确有关系。但是,跨行业经营的倾向又使得这一关系显得模糊不清。为慎重对待这一问题,我们拟从具体事实入手,在此基础上才做出结论。

菲律宾相同祖籍的华人从事同一行业的典型,莫过于晋江石圳李氏所从事的木业。石圳人多数姓李,出自该乡的李清泉以木业起家而成巨富。日本学者李国卿在《华侨资本的形成和发展》一书中有如下描述:

李清泉出生于福建省,1901 年出洋到菲律宾,他注意到了菲律宾的国土有 42% 为森林所覆盖,并成功地经营了造林→伐木→制材→加工→销售→出口等联合企业体系,荣获了"菲律宾木材大王"的称号。众所周知,目前木材已经成为菲律宾的主要出口产业部门。据说以李氏财阀为首的华侨系统企业集

---

① 费孝通:《乡土中国》,北京:生活・读书・新知三联书店,1985 年,第 72 页。

团约控制了菲律宾木材交易额的 80％。[①]

1907 年李清泉从父亲和叔父手中接掌成美木业公司后，使家族事业有了很大发展，先后在马尼拉市、南甘马仁省和西黑人省等地开设了木材商行、锯木厂和伐木场等，"均规模宏敞，容纳数千华菲工人，全菲木业，由他操纵"[②]。

李清泉的大型联合企业里容纳了许多来自家乡石圳的宗亲和乡亲。有的虽未成为他的企业雇员，但也经营木业。这里有一个由地缘群体形成商业网络的问题。笔者曾采访过一位同样是经营木业的李仲谋，亦出自石圳李氏。此人生于 1920 年，约比李清泉晚一代（李清泉生于 1888 年），但早在其祖父时，他家即已在菲经营木业，而其祖父与李清泉之父约为同一代人，[③]所以这种地缘而致业缘的情况，早已出现在石圳李氏的移民史和创业史当中，只不过到了李清泉的时代表现得更加突出罢了。曾任菲律宾石圳同乡会理事长的李连炮告诉笔者，现今石圳李氏在菲者有 1 万人左右。[④] 由此可知 20 世纪 20—30 年代李清泉事业的鼎盛，曾促使更多的石圳人到菲来从事木业，因而形成石圳李氏人数众多且控制菲华木业的局面。

这种地缘而致业缘的情况在别的群体中也不乏其例。早在西班牙统治菲律宾的中期，禾山籍华侨就在大型商店的经营上占有优势。当西班牙人将马尼拉的八连市场迁往巴石河以北之后，"现时的洲仔岸当时便成为一条最兴盛的街道了。当时聚居洲仔岸的华

---

① 李国卿著，郭梁等译：《华侨资本的形成和发展》，福州：福建人民出版社，1984 年，第 208 页。

② 吴辅仁：《菲律宾木业概况》，《菲律宾岷里拉中华商会三十周年纪念刊》己编，马尼拉，1934 年，第 102 页。

③ 《访问李仲谋谈话记录》，武六干省瑾银道社，1992 年 9 月 1—2 日。

④ 《访问石圳同乡会谈话记录》，马尼拉，1992 年 11 月 24 日。

侨多属福建禾山人,所营商店规模宏大……洲仔岸无处发展时,禾山华侨便将商店扩展至后面那条新辟的'新街'……"①一直到西统后期,禾山人仍执这一带商业之牛耳。

但是,由于华人家族的事业往往有跨行业的倾向,所以当事业有成者牵亲引戚来菲时,这些来自同一祖籍地的人有时就会从事不同的行业。如果说上述石圳李氏与木业的关系是一种地缘型行业式网络的话,那么下面要谈到的晋江亭店杨氏与多种行业的关系则是一种地缘型综合式网络。一篇侨乡调查报告对晋江县亭店乡旅菲华侨杨嘉种的事业做了如下描述:

> ……杨嘉种继承父业之后,大力发展其父事业,在岷里拉(马尼拉)的那士吗尔迳街开设洽成总行,又在三描、礼智、宿务、描迟士沓、岷兰佬(棉兰老)等处开设三十多个分支行店……到欧战(第一次世界大战)期间,亭店乡通过杨嘉种的大力牵引以及其他宗亲互相牵引的结果,旅菲者已达六百多人……杨嘉种经营的企业较多,所以杨姓宗亲所操职业也不如蒋姓(另一侨乡旅居印尼宗族的情况)那么单纯划一。②

杨嘉种的企业是跨行业的,既有收购土产、进出口贸易,又有运输业,所以由他牵引至菲的乡亲也就被安排在不同的行业。然而他们既属同一个综合式网络,尽管行业不同,却也有着内在联系。李清泉的例子表现为行业的单一性,而杨嘉种的例子表现为行业的多样性。在后一种情况下,祖籍与行业的关系被模糊化了,但因这些行业同属一个企业而互为关联,它们的工作性质虽不同,但在经营上环环相扣,是另一种意义上的"同行",所以由同一地缘群体来从

---

① 刘芝田:《中菲关系史》,台北:正中书局,1964 年,第 423 页。
② 庄为玠:《泉州旅印(尼)菲侨村的调查研究》,《泉州华侨史料》第一辑,1984 年。

事这一系列环节的工作,正是地缘而致业缘的另一种表现形式。

在其他地缘群体中也有类似杨氏企业的情况。禾山籍华侨黄妈超、黄瑞坤兄弟于19世纪末在宿务创办了金顺昌公司,并不断牵亲引戚地将乡人带来菲岛加入公司。其后代将该公司发展成为一个集收购土产、进出口贸易、批发零售、航运、汇兑等于一体的跨行业公司,并且仍不断招收乡亲为职员,直至太平洋战争爆发前公司停业为止。禾山籍乡亲在该公司内虽从事不同行业的工作,但彼此间并不隔绝且有一定的流动性,如受聘于该公司的禾山人林金崎便从事过好几种工作。[①]

所以我们的结论是,华人企业无论表现为行业的单一性还是行业的多样性,其从业人员的地缘纽带都是存在的,只不过行业分布与祖籍的关系时而显见时而隐晦而已。

# 五、华人的婚姻家庭与祖籍的关系

缔结婚姻关系从而组织家庭,是个人生活的需要也是种族延续的需要,海外华人亦不例外。那么,华人的婚姻家庭与祖籍有什么关系呢?我们知道,"现代海外华人的婚姻仍是以传统中国婚姻为基础。尽管其间有不少变更,这类婚姻仍包含某些要素",其中之一便是,"他们多半和同一方言背景的人结婚",亦即"男女双方来自同一方言群。而实际的婚配对象,来自较方言群更小的圈子"。[②] 换言之,祖籍往往成为择偶时需要考虑的因素之一。

---

① 菲律宾名人史略编辑社编:《华侨名人史略》,马尼拉:菲律宾名人史略编辑社,1931年,第118~119页,附录第39~40页;杨静桐:《菲律宾华侨年鉴(1935年)》,马尼拉,1936年,广告页。

② 傅利曼(Maurice Freedman)著,郭振羽等译:《新加坡华人的家庭与婚姻》,台北:正中书局,1985年,第112页。

笔者在菲期间通过采访马尼拉华人的一个次方言群厦门禾山人，了解到该地缘群体的婚姻与祖籍关系的一些情况。[①] 现据以列表如下：

表 2-7　马尼拉厦门禾山籍华人的婚配与祖籍关系表

| 姓名 | 祖籍地 | 出生地 | 配偶姓氏 | 配偶祖籍地 | 配偶出生地 |
| --- | --- | --- | --- | --- | --- |
| 陈禾祥 | 禾山寨上 | 禾山 | 钟氏 | 禾山钟宅 | 禾山 |
| 何明皎 | 禾山何厝 | 三宝颜 | | 晋江 | |
| 陈功勋 | 禾山寨上 | 禾山 | 薛氏 | 禾山庵兜 | 禾山 |
| 陈清汉 | 禾山寨上 | 禾山 | | 禾山曾厝垵 | |
| 黄锦狮 | 禾山田头 | 禾山 | 陈氏 | 禾山寨上 | 苏禄 |
| 黄庆仁 | 禾山塔埔 | 厦门 | 高氏 | 晋江 | 马尼拉 |
| *孙里祺 | 禾山田头 | 禾山 | 黄氏 | 禾山塔埔 | 禾山 |
| 叶温仲 | 禾山双涵 | 禾山 | 陈氏 | 禾山岭兜 | 禾山 |
| *陈永庆 | 禾山后门 | 甲万那端 | 吴氏 | 禾山穆厝 | 禾山 |
| 陈炳安 | 禾山祥店 | 禾山 | 林氏 | 厦门 | 宿务 |
| 吴民权 | 禾山穆厝 | 宿务 | 施氏 | 晋江 | 马尼拉 |
| 孙春申 | 禾山田头 | 马尼拉 | 薛氏 | 禾山庵兜 | 马尼拉 |
| 叶民族 | 禾山仙岳 | 宿务 | 陈氏 | 禾山寨上 | 宿务 |
| 陈振民 | 禾山寨上 | 禾山 | 洪氏 | 禾山洪文 | 马尼拉 |

注：*为配偶留在家乡者。

表中显示，14 对夫妻双方全部来自同一个方言群，其中有 10 对双方都来自禾山乡，占 71.43％（如果以双方都来自厦门计，则有 11 对，占 78.57％）。值得注意的是，5 位出生于菲的第二代男性移民中，有 4 位仍然娶籍贯为同一个乡的女子为妻。再者，7 位出生于菲的第二代女性移民中（2 位出生地不明者不考虑在内），有 4 位仍然嫁与籍贯为同一个乡的男子为妻。这说明，在菲律宾华人中，籍贯

---

① 据笔者访问马尼拉禾山人的谈话记录，1992 年 3 月至 1993 年 3 月。

确实是择偶的一个重要因素，即使是出生于菲的第二代移民也不例外。这当中，男子对配偶的籍贯要求会更严格些。

比较一下其他地方华人的婚姻状况是有益的。据笔者对宿务的禾山籍华人的调查，[①]接受采访的 38 位禾山人当中，配偶同为禾山籍的 19 人，占 50.0％；配偶为厦门市人的 3 人，占 7.9％（二者相加占 57.9％）。而配偶为晋江人的 12 人，占 31.6％；配偶为南安人的 3 人，占 7.9％；配偶为菲律宾人的 1 人，占 2.6％（三者相加占 42.1％）。宿务禾山人配偶为同乡的比例低于马尼拉，是因为参加统计的较为年轻的华人较多，他们的择偶范围已经放宽了。即便如此，同乡的比例仍占到半数，仍能说明籍贯对于婚姻的重要性。

又据 20 世纪 60 年代在新加坡华人社会的一次调查，在 385 对新婚夫妇中，有 290 对双方都来自同一方言群，占 75.3％；其中 160 对双方都来自同一个县，占总数的 41.6％。[②] 新加坡华人的祖籍地远不像菲律宾华人那么集中，华人配偶中同县的比例如此之高，已很能说明问题。籍贯对于华人婚姻的重要性，从这里再一次得到证明。

如果以村这一级的籍贯来考察表 2-7 当中 14 位男性禾山人的婚配对象，便可发现没有一个是与同村的女子结婚。这说明海外华人仍然严格遵守同姓不婚的习惯，而这一习惯乃是源于其家乡通行的同族不婚的原则的。还有一个问题。该表中所示的 14 对华人夫妇中，有 12 对是同居于菲的，只有 2 对是分居于菲、中两地的。而那 2 对夫妇中的丈夫又都是在菲另娶有菲人女子的，亦即实行"两头家"的家庭制度。尽管他们的家庭和事业的重心都在菲，但祖籍地的"家"仍然是不可或缺的，留在祖籍地的结发妻子仍然具有正统的地位。

---

① 据笔者访问宿务禾山人的谈话记录，1993 年 1 月。

② 傅利曼（Maurice Freedman）著，郭振羽等译：《新加坡华人的家庭与婚姻》，台北：正中书局，1985 年，第 112 页。

笔者采访出生于菲的禾山籍华人何明皎（表 2-7 所列 14 位男性华人之一）时,他有如下一段谈话:

> 父亲年轻时就到了苏禄,后来又回故乡成亲。我的母亲是禾山仙岳人,父亲和母亲结婚后,把母亲带到苏禄,后来又迁往三宝颜。我有一个姨母嫁给禾山围里一位姓陈的,后来他们举家来菲,去了宿务。另一个姨母嫁给了禾山殿前一位姓陈的,后来他们一家也去了宿务。另外,我还有几个舅舅也在宿务。以前禾山各社里的人互相通婚,因为人们不愿把女儿嫁出厦门岛,那时交通不方便……①

在这里我们可以看到,祖籍和婚姻共同形成了移民的纽带,而婚姻又是以祖籍为基础的。祖籍和婚姻共同作用的结果,是在移居地复制出了家乡的社会关系网,同时又强化了移民对家乡的关怀。年轻的华人出洋后又回到原籍成亲,甚至在移居地出生的第二代华人也回到原籍成亲（表 2-7 中的陈永庆即是）,并且所娶大都为同乡女子,突出地说明了祖籍在华人婚姻中的传统意义和实用价值。

婚姻是家庭的基础,家庭是婚姻的衍生。祖籍对于华人婚姻既如此重要,它对于华人家庭同样具有很大意义。地缘既为缔结婚姻的要素,而婚姻的缔结意味着新的家庭的建立,则地缘关系必对家庭发生作用。若把缔结婚姻双方的家庭视为两个圆圈,那么通过婚姻建立起来的新家庭就是这两个圆圈相交而互为重叠的部分。推动两个圆圈相交的动力是地域的接近,而相交的结果则是血缘的融合。这样,祖籍或籍贯对于家庭的组合,从而对于社会关系的重构,其意义便不言而喻了。

笔者在菲时曾采访了一个已历 4 代的华人家庭——祖籍南安的苏氏,其第一代娶的是南安人尤氏,第二代 2 位男性分别娶的是

---

① 《访问何明皎谈话记录》,马尼拉,1992 年 5 月 29 日。

南安人陈氏和柯氏。第三代共有3位男性和6位女性，其中男性分别娶的是南安人侯氏（1位）、晋江人洪氏（2位）；女性分别嫁予南安人蔡氏，晋江人张氏、李氏，惠安人孙氏，泉州人陈氏和潮州人高氏。第四代尚未婚配。[1] 通过婚姻，苏氏获得了广泛的社会联系，特别是第三代家庭成员的婚配超越了县级乃至省级籍贯的限制，从而改变了延续了两代的配偶地缘结构，赋予了该家庭以更大的社会交往圈。我们或许能从中看到籍贯在华人家庭变迁中所起的某种作用。

# 六、"大中见小"的独特祖籍格局

海外华人的祖籍问题既是社会问题又是文化问题。说它是社会问题，因为以祖籍为依据的地缘关系是华人社会的组织法则之一；说它是文化问题，因为无论华人的政治取向如何，其文化取向大都是源于祖籍地的传统文化。在菲律宾，华人祖籍地的高度集中，致使地缘组织的重要性不如血缘组织，从而形成有别于其他地方华人社会的特色。但这并不意味着祖籍问题就无足轻重了，相反，它在菲华社会中成为一个突出的、牵涉面很广的问题。本章通过对与祖籍有关的五个方面的问题之论述，探讨了以祖籍为标识的地缘关系在菲华社会的作用和影响，并力图以此为透视管道，来加深对菲华社会的认识。得当与否，尚待指正。

---

[1] 《访问苏金沪谈话记录》，马尼拉，1992年11月19日。

# 第三章

## 一个海外华人聚居地的考察
### ——宿务华人的历史与现状*

散布在世界各地的海外华人,形成了无数个大大小小的聚居地。称其为聚居地,只是说华人相对集中而已,并不意味着与当地居民相互隔离,恰恰相反,华人是在与当地居民杂居的情况下相对集中的。每一个这样的聚居地都有漫长的形成和发展的历史,它们的现状是它们的历史之延续。透过这些聚居地的历史和现状,可以观察到海外华人社会的方方面面。笔者曾经对菲律宾宿务市的华人进行过初步的考察,本章拟将其作为一个华人聚居地来加以研究,以便窥一斑而见全豹,从中探查出菲律宾华人社会的结构和运作方式。

一

宿务市位于菲律宾中部米沙鄢群岛之一的宿务岛东岸中段,为

---

\* 本章的英文改写版 A Study of the Philippine Chinese in Cebu City：Then and Now,发表于 *The Philippines as Home：Settlers and Sojourners in the Country*，Quezon City：Philippine Migration Research & Philippine Social Science Council，2001,可做参考。

宿务省首府，面积 280.9 平方公里，人口 61 万（1990 年）。[1] 该市人口居全菲各城市第五位，然该市之重要性实仅次于首都马尼拉，不仅为菲中南部经济中心，且为全国最大之内海航运港口。宿务还和其卫星城万佬威市、拉布拉布市（位于麦丹岛上）共同组成了大宿务地区。

宿务是菲律宾历史最悠久的城市。1521 年麦哲伦环球航行至宿务，称其为"前进中的贸易中心"，此时距葡萄牙人占领马六甲（1511 年）仅 10 年。其实，早在公元 1 世纪，阿拉伯商人就来到宿务与当地人进行贸易了。[2] 中国商人亦于元明时来此地贸易。麦哲伦于宿务被杀后，黎牙实比于 1565 年率西班牙舰队再度来到宿务，并以此为征服菲律宾群岛的据点，从而使宿务成为菲律宾第一个近代城市。

1571 年以后，马尼拉逐渐成为西班牙统治菲律宾群岛的中心，但宿务仍不失为南部重镇。1860 年宿务继马尼拉、怡朗等 4 个港口之后成为菲律宾第五个对外开放的港口，[3] 至 20 世纪 30 年代宿务已发展成为菲第二大工商业城市及港口。战后宿务经济的发展势头一直很好，特别是 20 世纪 80 年代中期以后，其经济发展速度一跃而居全菲前列，因而享有"南部皇后之市"的美誉。

宿务市所在的宿务岛面积 4697 平方公里，为菲律宾第九大岛。[4] 宿务岛土地贫瘠，雨量稀少，主要农作物为玉米。然渔、盐业兴盛，水产品丰富；矿业亦有一定地位，如宿务市附近的托莱多铜矿，20 世纪 60 年代中期为全菲最大铜矿。[5] 宿务市在菲律宾群岛

---

[1] *1992 Philippine Statistical Yearbook*，Manila：National Statistical Coordination Board，Republic of the Philippines，1993，p. 5.

[2] Lina Quimat，*Glimpses in History of Early Cebu*，Cebu City，1980，p. 3，p. 9.

[3] 金应熙主编：《菲律宾史》，开封：河南大学出版社，1990 年，第 279 页。

[4] 沈红芳编著：《菲律宾》，上海：上海辞书出版社，1985 年，第 2 页。

[5] 郑励志主编：《快速发展中的亚太地区经济》，上海：上海财经大学出版社，1996 年，第 309 页。

的位置适中,遂成为菲中南部的商品集散地,海运空运均十分发达,内外贸易都十分繁荣。

# 二

华侨前往宿务经商并旅居于此,其起始时间已不可考。但在 16世纪 60 年代西班牙人经营宿务以前,华侨已在此居住并从事贸易,是完全可能的。早在 15 世纪,中国商人就到过菲律宾大部分沿海地区,"这可由发现中国外销陶瓷器的菲律宾考古遗迹的分布情形看出一斑",其主要分布地点是马尼拉、宿务与和乐。① 在《明史》《东西洋考》等中国古籍里,宿务被称为"朔雾"。② 至 1594 年,"在宿务,华人已形成一居住地区,其人口约有二百名,此区域由耶稣会 Pedro Chirino 管理"③。这就是宿务华人的最早聚居地——八连。

所谓"八连"(Parian),乃交易场所之意,实则西班牙人为监督、控制华人并管理其贸易而强制性地让华人聚居一处之场所。西班牙殖民者在华人较多的地区均设八连以居之,宿务八连是菲律宾最早建立的八连之一。宿务八连在 1614—1828 年间还作为天主教的一个教区;在 1755—1849 年间还作为一个政区单位而存在,④就其作为政区单位而言,西班牙殖民当局任命华人首领为甲必丹,"在双方皆为华人的小民事诉讼中充当法官,为西班牙人收税,维持治安,

---

① 罗伯特·B.福克斯:《从考古记录看中国对菲律宾的影响》,《东南亚历史地理译丛》,新加坡:南洋学会,1989 年。

② 中山大学东南亚历史研究所编:《中国古籍中有关菲律宾资料汇编》,北京:中华书局,1980 年,第 23、42 页。

③ 陈荆和:《菲律宾华侨大事志》,《大陆杂志》第 6 卷第 5 期,1953 年。

④ Concepcion G. Briones, *Life in Old Parian*, Cebu City: University of San Carlos, 1983, p. 5.

作为华人社会和西班牙政府之间的中间人"[①]。这就是宿务最早的华人社会。

到了西班牙统治末期的 1886 年，宿务华侨数目为 983 名，就华侨聚居人数而言，仅次于怡朗（1157 名）而排名第三。[②] 1896 年菲律宾革命爆发后，局势动荡，一些不良分子借机抢掠、杀害华侨，此风亦波及宿务。1897 年三月（阴历），"施务（宿务）土民肇乱，先向华人铺户搜掠银物，旋有西班牙兵船到埠，挥兵登岸，击退乱党，班总督饬兵纵火，凡土人屋宇与华人铺户，焚毁一空"，"华人之旅于是间，约有千人之谱……死于乱者，殆大半焉"。[③] 宿务华人遭受空前劫难。华人所居之八连完全被破坏，幸存的华人于战乱之后散居宿务城内各处，八连自此不复存在。

# 三

美国统治菲律宾时期，是宿务华人在经济和社会两方面都获得较好发展的时期。就华侨人数而言，1918 年宿务华侨人数为 1662 人，1933 年为 2697 人，1939 年为 6117 人。[④] 前 15 年华侨人数增长了 62.3%，后 6 年则增长了 126.8%。不仅如此，由于后 6 年的大幅增长，使宿务华侨人数超过了怡朗，在华侨聚居城市人数的排列中跃居第二位。人数的增长意味着聚居规模的扩大，它与华人经济社

---

① Edgar Wickberg, *The Chinese in Philippine Life 1850—1898*, New Haven：Yale University Press，1965，p. 32.

② 陈荆和：《菲律宾华侨大事志》，《大陆杂志》第 6 卷第 5 期，1953 年。

③ 倚剑生编：《中外大事汇记》，《论说汇》卷首，转引自中山大学东南亚历史研究所编：《中国古籍中有关菲律宾资料汇编》，北京：中华书局，1980 年，第 180～181 页。

④ 布赛尔：《东南亚的中国人》卷八，"菲律宾华侨"，《南洋问题资料译丛》1958 年第 2～3 期。

会的发展是互为因果的。

美统时期宿务华人经济的发展,可以厦门籍人士的企业为例略述一二,因此间厦门籍华人在宿务的经济生活中扮演着重要的角色。例一为叶安顿(Yap Anton)的企业。《华侨名人史略》是这样描述叶氏的企业的:"叶君安顿,宿务埠侨界之前辈巨商也……父弃世,君始赴宿承父业而掌商政……收买糖产及其他之土物……君相其机宜,立将所储糖运往香港,适价值狂涨,赢利奇厚……一九一七年则置轮船以便运输土产与货品也。越岁又购一船。又三年更添置一艘……一九二九年值十万金之仓栈落成……"[①]叶氏以收购贩运土产起家,逐渐将经营范围扩及运输和仓储,最终形成一个大型商贸联合企业。从 1907 年的《宿务市工商名录》中,还可以知道叶氏还拥有五金店、帽店、旅馆等。[②] 可见他还经营零售业和服务业,尽管它们并非叶氏的主业。

例二为黄氏家族的企业——金顺昌公司。据《华侨名人史略》记载,该企业的创建者是黄妈超、黄瑞坤兄弟,二人"收买土产,用廉贾术,恒获奇羡。又采办申江、香港货品,推销于遐迩"。1903 年黄妈超去世,其子黄自来承之,"奋全付精神于商业,力求进取"。1916年黄瑞坤去世,其子黄平洋承之,堂兄弟二人"策划扩张,如收罗土产,以所置航舶运输之,以及所营出入口生意,皆益形发达"。从 20世纪初至 30 年代,"金顺昌行号震烁于商界中",1904 年其盈利即达30 余万比索。[③] 这也是一家经营范围从收购、运输到进出口的大型商贸企业。从《菲律宾华侨年鉴(1935 年)》中,还可以知道该公司的航运业务除货运外还有客运,此外还有专为华侨汇款回国服务的

① 菲律宾名人史略编辑社:《叶安顿传》,《华侨名人史略》,马尼拉:菲律宾名人史略编辑社,1931 年,第 95~96 页。

② *Rosenstock's Cebu City Directory*,1907,p. 502,pp. 504-505,p. 507.

③ 菲律宾名人史略编辑社:《黄瑞坤传、黄自来传、林金崎传》,《华侨名人史略》,马尼拉:菲律宾名人史略编辑社,1931 年,附录第 39、98、119 页。

汇兑业务。① 可见其在主业之外亦兼营他业。

厦门籍华侨是较早前往宿务创业并形成一股经济力量的华人地缘群体,这从以下事实可以得到证明:西班牙统治末期所委任的宿务华人甲必丹就是厦门人黄妈元,而美国统治初期清廷所委任的驻菲名誉领事也是黄妈元。② 再者,从宿务中华会所到宿务中华商会的组织,厦门籍商人都起主导作用,20世纪30年代宿务中华商会的职员半数是厦门人。③ 上述厦门籍华侨所拥有的两个企业,可说是代表了美统时期宿务华侨经济的发展水平。宿务贸易港口的优势决定了华侨的创业首先从创办商贸企业开始,限于当时宿务的经济开发水平,当地华侨也不可能一开始就创办较大的工业企业。但与西统时期相比,此时华侨企业中的实业成分明显增加了。

美统时期宿务华人的社会组织不像西统时期那样受制于殖民当局,获得了较大的发展空间。1912年陈允全、黄大岭、薛芬士、吴天为、廖天发、廖成员等人共同发起组织了宿务中华会所,"联络菲政界要人,以保护吾侨,而吾侨中有龃龉者,以中华会所为公断处"④。1923年宿务中华会所改组为宿务中华商会,成为当地华人社会的最高仲裁和协调机构。而早在1909年,宿务华侨兼善公所即告成立,下辖崇华医院和华侨义山,是为宿务华侨最早之慈善机构。⑤ 再者,华侨各宗亲会、同乡会也于此间纷纷成立。如陇

---

① 杨静桐编:《菲律宾华侨年鉴(1935年)》,宿务中华商会条,马尼拉,1936年,第40页。

② 碧濂:《宿务首任名誉领事黄妈元先生传》,郭公惠编:《菲律宾华侨史略》,马尼拉:公惠出版社,1949年,第30~31页。

③ 杨静桐编:《菲律宾华侨年鉴(1935年)》,宿务中华商会条,马尼拉,1936年,第40页。

④ 《陈允全先生传》,郭公惠编:《菲律宾华侨史略》,马尼拉:公惠出版社,1949年,第31页。

⑤ 林玉树:《宿务华侨兼善公所之略历》,郭公惠编:《菲律宾华侨史略》,马尼拉:公惠出版社,1949年,第33页。

西李氏宗亲总会宿务分会于 1935 年成立,[①]宿务广东会馆于 1924 年成立,[②]等等。这些纵横交错的社团组织,构成了宿务华人社会的架构与网络。

华人经济社会的发展促进了华人文化教育的发展。1915 年宿务中华中学成立,这是全菲建立最早的 3 所华侨学校之一。1926 年中华中学新校舍落成,这是宿务华侨募集了 16.2 万比索建成的,其规模之宏大,在菲中南部华侨学校中首屈一指。1938 年中华中学与迟于其建立的中山中学合并,改称华侨中学。并校后又"添置图书,充实仪器,开辟球场,增建课室"[③],使该校成为一所兼有小学部的完全中学。从中华中学到华侨中学的发展和演变,是美统时期宿务华人文化教育事业长足进步的集中体现。

总而言之,美统时期宿务作为菲律宾第二大华人聚居城市的地位已经确立,在此期间宿务华人的经济结构虽仍以商贸为主,但其他成分也有所增加;作为华人社会支柱的华人社团和华文学校,也是在此期间建立的。与西统时期相比,美统时期宿务华人社会的结构和功能都更加完善了。

# 四

1946 年菲律宾获得独立,从那时起直到 20 世纪 90 年代,宿务华人经济社会的发展可以分为 3 个阶段。1946—1965 年为第一阶

---

① 《菲律宾陇西李氏宗亲总会宿务分会新宇落成志》、《菲律宾陇西李氏宗亲会宿务分会金禧纪念刊》,宿务,1985 年。

② 省吾:《宿务广东会馆史略》,郭公惠编:《菲律宾华侨史略》,马尼拉:公惠出版社,1949 年,第 46 页。

③ 刘春泽:《宿务中华中学校史略》,郭公惠编:《菲律宾华侨史略》,马尼拉:公惠出版社,1949 年,第 33 页。

段，这是战后恢复、发展并由移民社会向定居社会过渡的阶段；1965—1975 年为第二阶段，这是经济社会进一步发展同时也是定居社会确立的阶段；1975 年至 20 世纪 90 年代初为第三阶段，这是华人社会加快演进的阶段。

1948 年宿务省的华侨人数为 6014 人，其中宿务市的华侨为 5062 人，后者占前者的 84％左右。与战前相比，宿务的华侨减少了，这自然是战争的结果。根据 1953 年外侨登记的数字，宿务省的华侨为 10272 人，按 84％计，宿务市的华侨应为 8629 人。与 1948 年相比，增长了 70.5％。[①] 至 20 世纪 60 年代中期，宿务市华侨人数估计为 25000 人。[②] 至 20 世纪 90 年代初，宿务市华人估计占全市人口的 1/10，亦即约 6 万人。[③]

战后宿务华人祖籍地的结构，亦即各地缘群体所占的比例，也发生了很大变化。蔡志信《宿务华侨概述》一文（1965 年）这样写道："侨胞籍贯，以福建晋江、南安两县为多，故通用闽南话，多带晋南腔调。其他省份侨胞，如广东省开平、台山等县居此者，亦都娴熟闽语。五十年前厦门禾山籍曾占多数……因此一般侨胞所操语言，纯为厦门禾山腔调，今已渐归淘汰矣。"[④] 可见厦门籍华侨的人数曾一度占优势，这与前述美统时期厦籍华侨的经济实力最为雄厚是一致的。战后晋江、南安籍华侨成为主体，不仅使华人社会的语言、风俗发生了变化，而且使各地缘群体经济实力的对比也发生了变化。

---

① 以上数据参考《菲律宾岷里拉中华商会五十周年纪念刊》，马尼拉，1954 年，已编第 12 页、庚编第 145 页。

② 蔡志信：《宿务华侨概述》，《菲律宾宿务东方中学金禧大庆特刊》，宿务，1965 年，第 33 页。

③ 这一估计数字及比例，是笔者 1993 年 1 月考察宿务华人社会时广泛征求意见后，根据大多数人的意见而得出的。

④ 蔡志信：《宿务华侨概述》，《菲律宾宿务东方中学金禧大庆特刊》，宿务，1965 年，第 33 页。

# 五

战后第一阶段宿务经济已表现出不凡的活力,华侨的踊跃投资是此间宿务经济发展的源头。以对宿务极其重要的进出口贸易来说,在华资的强大推动下,战后初期宿务口岸的进出口贸易就出现了迅猛的增长,见下表:

表 3-1 1947—1948 年间宿务口岸进出口贸易的增长

| 年度 | 进口贸易 | | 出口贸易 | | 顺差 | |
|---|---|---|---|---|---|---|
| | 进口额(比索) | 增长(%) | 出口额(比索) | 增长(%) | 顺差额(比索) | 增长(%) |
| 1947 | 28309166 | | 133194130 | | 104884964 | |
| 1948 | 66176909 | 134% | 194875085 | 46% | 128698176 | 23% |

资料来源:黄登士:《华侨对宿务复兴的贡献》,郭公惠编:《菲律宾华侨史略》,马尼拉:公惠出版社,1949 年,第 39 页。

如表 3-1 所示,虽然进口的增幅大于出口,但出口的绝对数额大大超过进口,所以仍出现巨额顺差。这对于战时遭受严重破坏的宿务来说,尤为不易。若无华资的有力推动,这种情况是根本不可能出现的。

1965 年出版的《菲律宾宿务东方中学金禧大庆特刊》介绍了该校董事会的董事和名誉董事,其中绝大部分是工商界人士。由于东方中学是宿务当时最大的华文学校(其前身即华侨中学),所以其董事会几乎囊括了宿务所有有实力的华人企业家,很有代表性,从中既可看出华人资本的行业分布,又可看出华人各地缘群体经济实力的对比。现据以列表如下:

表 3-2　20 世纪 60 年代宿务华人企业家的祖籍分布及行业分布

| 姓名 | 祖籍 | 行业 | 姓名 | 祖籍 | 行业 |
|---|---|---|---|---|---|
| 庄温秋 | 金门 | 收购土产、进出口 | 戴凤八 | 南安 | 布业 |
| 陈取评 | 晋江 | 食品、餐馆 | 吴玉树 | 晋江 | 航运 |
| 黄颖锥 | 晋江 | 收购土产、进出口 | 施维雄 | 晋江 | 百货 |
| 陈佩三 | 晋江 | 药店 | 蔡敦须 | 晋江 | 商业 |
| 吴尚美 | 晋江 | 五金、保险 | 余迪民 | 台山 | 旅馆 |
| 周卿云 | 永春 | 五金、地产、建筑 | 吕希宏 | 厦门 | 椰油生产及出口 |
| 吴朝宗 | 晋江 | 五金、地产 | 陈长赞 | 南安 | 汽车零件 |
| 王光明 | 南安 | 碾米业、食品 | 吴声敬 | 南安 | 收购土产、碾米业 |
| 林正复 | 晋江 | 百货、建筑 | 施维鹏 | 晋江 | 百货 |
| 刘光铭 | 南安 | 百货 | 吴仲巧 | 晋江 | 鞋业 |
| 陈耀珍 | 厦门 | 橡胶制造 | 李雪煌 | 晋江 | 木业 |
| 吴约瑟 | 晋江 | 航运、保险、地产 | 王津涯 | 南安 | 商业 |
| 谢逢源 | 厦门 | 汽车零件、电影院 | 吴家沐 | 晋江 | 商业 |
| 傅孙构 | 南安 | 杂货、食品加工 | 谢德意 | 晋江 | 药店 |
| 黄炳煌 | 晋江 | 商业 | 刘维管 | 晋江 | 商业 |
| 陈允和 | 漳州 | 商业 | 张声点 | 晋江 | 商业 |
| 马　回 | 台山 | 餐馆 | 黄冀粽 | 南安 | 百货 |
| 柳舜人 | 惠安 | 航运 | 吴远园 | 晋江 | 百货 |
| 黄社祉 | 南安 | 布业、制衣 | 曾振民 | 晋江 | 杂货 |
| 陈云南 | 晋江 | 百货 | 刘荣宗 | 晋江 | 百货 |
| 吴振成 | 晋江 | 航运 | 洪溯培 | 晋江 | 五金 |
| 李健能 | 南安 | 商业、鞋业 | 陈芳藻 | 晋江 | 玻璃制造 |
| 陈祖友 | 晋江 | 杂货 | 施江水 | 晋江 | 商业、食品加工 |
| 林咸碧 | 晋江 | 金融、航运、地产 | 张建赐 | 晋江 | 收购土产 |
| 黄朝贵 | 厦门 | 商业 | 吕安蕊 | 厦门 | 碾米业 |
| 杨永岩 | 南安 | 布业 | | | |

表中所列 51 人中,晋江籍 29 人,占 56.86％;南安籍 11 人,占 21.57％;厦门籍 5 人,占 9.80％;(广东)台山籍 2 人,占 3.92％;金门、永春、惠安、漳州籍各 1 人,分别约占 1.96％。可见战后晋江籍和南安籍华人已成为宿务华人经济的主导力量,战前曾居宿务华人经济实力首位的厦门籍华人已退居其后了。这是宿务华人各地缘群体经济实力对比的重大变化。

51 人当中,从事两种及以上行业者为 16 人,占 1/3,说明跨行业经营是相当普遍的现象。从行业结构来说,商业以及与之相关的加工和服务业仍是宿务华人的主要行业;某些传统的基础工业如航运、建筑等,华人仍有一定优势;而某些新兴的制造业如橡胶、玻璃等,华人资本也已崭露头角。总之,表现出一种行业多样化以及资本向实业流动的趋势。

战后第二阶段宿务华人资本继续由商业向工业转移,不少工业企业即创办于这一时期。如原先经营收购土产和碾米业的吴声敬于 1974 年创办了生产活性炭的 Cenapro 化学品有限公司;原先与其兄合办船务公司的吴玉树也于 1973 年自创树必寿船务公司(Sulpicio Lines,Inc.)。[①] 经过本阶段的发展,宿务华人经济已完成了由倚重商业到工商业并重的过渡,经济结构发生了重大变化。

战后第三阶段宿务华人经济继续扩充,特别是 1986 年以后宿务经济的发展速度居全菲前列,华人在经济上所发挥的作用更加显著。1986—1990 年间,以宿务市为经济中心的宿务省取得了令人瞩目的成绩:出口增长了 1.28 倍;新企业的资本增长了 9.35 倍;新注册的投资增长了 37.3 倍。[②] 除了出口加工区的设立以及外资的涌入以外,华人企业的快速发展亦功不可没,以下数例可以为证:

例一,吴声敬的 Cenapro 化学品有限公司,每月生产活性炭 750吨,供应全球所需。厂房面积达 21 公顷,且附设有布袋厂,日产 10

---

① 黄栋星:《宿务华商精英》,《Forbes 福布斯(中文版)》1992 年第 6 期。

② 燕青:《宿务的经验说明了什么》,[菲]《世界日报》1991 年 2 月 17 日。

万条布袋，供装运活性炭所用。1990年总收入1.75亿比索，为全菲第784家大公司。

例二，吴玉树的树必寿船务公司，总部在宿务，全菲各大港均有分支机构。拥有25艘船，其中1989年购置的"菲律宾公主号"豪华客货轮为菲内海最大客货轮。1990年总收入11.21亿比索，为全菲第124家大公司。

例三，吕氏家族的行裕油厂，为远东最大的椰油厂，世界最大的椰油出口公司之一。1990年日产椰油800吨，80％外销欧美和日本。同年营业额11.5亿比索，总资产6.23亿比索，为全菲第93家大公司。

例四，黄氏家族的通用面粉厂，为大型食品生产联合企业。1988年日产面粉1800立方公吨；面包发酵粉20立方公吨；所属养鸡场每月孵鸡200万头，1990年总资产43.16亿比索，总收入55.35亿比索，为全菲第18家大公司。①

上述数例都是大型工业和交通企业，是在长期积累的基础上进一步发展起来的，很能代表宿务华人的创业经历。此外，一些商业企业经过积累也出现了大型化的倾向，如施氏家族的白金行百货连锁店、吴奕辉的罗宾逊百货公司等。在战后第二阶段工商并重的格局奠定后，第三阶段宿务华人的工商业又有了齐头并进的发展。当然，在华人大型企业的地位日益显著的同时，华人的中小型企业仍旧发挥着巨大的作用。1986—1990年间，宿务86％的工商业收入仍然来自中小型工商企业。② 华人中小企业仍然充满活力，是不言而喻的。

---

① 黄栋星：《宿务华商精英》，《Forbes福布斯（中文版）》1992年第6期；笔者在宿务的调查。

② 燕青：《宿务的经验说明了什么》，［菲］《世界日报》1991年2月17日。

# 六

在战后第一、二阶段中,宿务华人社团创立之多是空前的。在五花八门的社团中,最重要的可说是商会、宗亲会和同乡会三种,它们构成了宿务华人社会的组织架构。战前即成立的宿务中华商会,至 20 世纪 60 年代改称宿务菲华商会。"所以改变名称,因为许多华商,经已归化取得菲籍,在法律上为菲国公民。以一个菲国公民,加入外侨商会,在法律上似有困难。名称改变之后,困难消解。"①这便是移民社会演变为定居社会的反映。除菲华商会外,还有各行业的华人商会,如麦绞(碾米)、米业(米商)、铁业(五金)、布业、百货业、木业、杂品(杂货)、鞋业、餐馆业商会等。但是这些行业商会与菲华商会只有联系而无统属关系。

血缘性的宗亲会,至 1968 年为止,宿务华人共成立了 12 个。其中有让德吴氏、西河林氏、江夏黄氏、太原王氏、陇西李氏、有妫堂(陈、胡、田、虞、姚五姓)等。这些宗亲会大都以菲律宾×氏宗亲会宿务分会为其名称,但实际上它们只是宿务华人或南岛地区华人的宗亲会,而非全国性宗亲会的分支。它们大都建有永久性会所,一部分作为宗祠和办公场所,一部分出租取利以充经费。② 地缘性的同乡会,在宿务有广东会馆、金门会馆、(晋江)深沪同乡会等。除广东会馆外,宿务是马尼拉以外地区唯一一个设有同乡会的华人聚居地。③ 这

---

① 傅孙构:《宿务侨社的组织》,《菲律宾宿务东方篮球队回国劳军比赛纪念特刊》,宿务,1968 年。

② 傅孙构:《宿务侨社的组织》,《菲律宾宿务东方篮球队回国劳军比赛纪念特刊》,宿务,1968 年。

③ 洪玉华编:《菲律宾华人文化的持续》,《华人移民:施振民教授纪念文集》,马尼拉:菲律宾华裔青年联合会、德拉萨大学中国研究室,1992 年,第 233 页。

凸显出宿务作为全菲第二大华人聚居城市的重要性。

战后第三阶段，宿务华人社团在结构和功能上进一步朝着有别于传统模式的方向发展。它们更多地参与菲律宾大社会的各种事务，无论是组织还是个人，都表现出融入菲律宾大社会的趋势。

笔者1993年1月考察宿务华人社会期间，恰逢宿务菲华商会举行职员换届选举及就职典礼。笔者应邀参加了这一活动，得以有机会亲身了解到转型中的华人社团的变化。就其结构亦即人员构成而言，与传统的商会只注重经济不同，入选职员的政治色彩显得浓厚了。在新当选的1993—1994年度宿务菲华商会职员中，有数位具有政治家和外交官身份的名人，他们是：吴朝平，菲巡回大使；钟福华，前众议员、西棉三米示省省长；吴华昌，宿务市前副市长；周清楠，菲外交官（以上为常务顾问）；周清琦，菲驻新加坡大使（名誉会长）；周清瑜，菲外交官（工商主任）。他们的当选，显然具有商会将更深地卷入当地政治事务的含义。

就其功能亦即其所发挥的作用而言，与传统的商会主要是维护华商的利益不同，在社会关怀的层面上，新型的商会已经宽泛了许多。在1993年1月7日举行的就职典礼上，再次当选理事长的林咸碧做了会务报告。"林先生列举许多要务，诸如沟通民情、洽调治安、舒解法律、拯救灾黎，以及商总（菲华商联总会）之农村校舍方案，商会同仁都能按部就班，达成指标。"①可以看出其会务已超越华人社会的范围而扩及菲律宾人社会。就在同一天，宿务举行了一所由华商捐建的乡村小学的移交仪式。至于赈济灾民，更是商会所常年坚持的。由于宿务是台风灾害多发区，因而商会将救灾视为义不容辞的职责并不懈地履行之。

笔者1993年1月在宿务考察期间，重点采访了设在宿务的菲律宾厦禾公会。这是一个祖籍厦门（包括禾山与市区）的华人同乡

---

①　《宿务菲华商会职员就职典礼盛况热烈》，〔菲〕《联合日报》1993年2月1日。

会组织,成立于1979年。为什么该会成立的时间如此之迟? 早在20世纪30年代,马尼拉就有了厦门人的同乡会——禾山公会,[①]然而战后它已不复存在。宿务是厦门人聚居最多的地方,本应有其同乡会。但宿务中华商会长期掌握在厦门人手中,或许因此厦门人便没有了建立同乡会的迫切要求。当该会成立时,华人社会已经进入了一个新的发展时期,所以该会一开始就不像旧式同乡会那样仅是为了维护某一地缘群体的利益,而是发挥着多层面的功能。

据厦禾公会的负责人介绍,该会的主要活动有:一、救灾济贫,如1990年宿务遭受40年来最强大台风之袭击,损失惨重,该会捐款数万元赈灾;1988年圣诞节该会前往Dulho贫民区赈济,向贫民分发食品。二、义诊,从1991年开始每逢周末请医师到会所进行义诊,任何人都可前来就诊。三、发放教育补助金,凡祖籍厦门的华人或华裔均可提出申请,经审查批准后即可向其子弟发放补助金,每人每年500元。四、联络乡谊,该会3次组团去厦门参观访问,并参与宿务—厦门姐妹城市的各项活动。五、参与华人社会的活动,该会作为宿务菲华各界联合会的团体会员,积极参与其倡导的各项活动。[②]

笔者调查了厦禾公会会员的祖籍地(村级)和出生地,试图从中找出某种联系,这或许能有助于说明华人社会的传统与变革之间的关系。现据调查材料列表于下:

表 3-3　宿务菲律宾厦禾公会部分会员的祖籍地与出生地

| 姓名 | 祖籍地<br>(村级) | 出生地<br>(国别) | 姓名 | 祖籍地<br>(村级) | 出生地<br>(国别) | 姓名 | 祖籍地<br>(村级) | 出生地<br>(国别) |
|---|---|---|---|---|---|---|---|---|
| 何安顿 | 何厝 | 华 | 钟福华 | 钟宅 | 华 | 肖清鹤 | 乌石埔 | 华 |
| 黄亮生 | 徐厝 | 菲 | 李恒国 | 后埔 | 华 | 吕希宗 | 吕厝 | 菲 |

---

① *The Commercial & Industrial Manual of the Philippines*,1938—1939, Manila,1940,p. 708.

② 《访问菲律宾厦禾公会谈话记录》,宿务,1993年1月7日。

续表

| 姓名 | 祖籍地（村级） | 出生地（国别） | 姓名 | 祖籍地（村级） | 出生地（国别） | 姓名 | 祖籍地（村级） | 出生地（国别） |
|---|---|---|---|---|---|---|---|---|
| 薛汉强 | 庵兜 | 菲 | 肖美川 | 乌石埔 | 菲 | 吕崇毅 | 吕厝 | 菲 |
| 何贵良 | 何厝 | 华 | *黄美珠 | 田头 | 菲 | 何振华 | 何厝 | 华 |
| 陈耀珍 | 屿后 | 菲 | *薛淑萍 | 庵兜 | 菲 | 黄根源 | 祥店 | 菲 |
| 黄根德 | 祥店 | 菲 | 陈邦英 | 寨上 | 菲 | 林庆祺 | 湖边 | 华 |
| 黄亨利 | 文灶 | 菲 | 叶汉民 | 仙岳 | 菲 | 陈文生 | 市区 | 菲 |
| 黄振甫 | 田头 | 菲 | 孙亚成 | 泥金 | 华 | 曾闿 | 曾厝垵 | 华 |
| 黄一平 | 薛厝 | 菲 | 刘祖念 | 枋湖 | 菲 | 陈水池 | 市区 | 华 |
| 孙振群 | 泥金 | 菲 | 肖寅鸣 | 乌石埔 | 菲 | 黄立志 | 薛厝 | 菲 |
| 周鹤龄 | 市区 | 华 | 李瑞源 | 市区 | 华 | 黄泰岳 | 薛厝 | 菲 |
| 周松柏 | 凤头 | 菲 | 黄振藏 | 田头 | 菲 | 叶振声 | 仙岳 | 华 |
| 黄树义 | 市区 | 华 | 陈世续 | 仙岳 | 菲 | 林庆隆 | 湖边 | 华 |
| 林庆谅 | 湖边 | 华 | 杨广源 | 湖里 | 菲 | 陈振礼 | 殿前 | 华 |
| 陈自强 | 枋湖 | 菲 | 黄荣郁 | 薛厝 | 菲 | 陈天保 | 殿前 | 菲 |
| 王挺生 | 市区 | 菲 | 江渊理 | 屿后 | 菲 | *叶淑英 | 仙岳 | 菲 |
| 叶庆禄 | 仙岳 | 菲 | *林珠珠 | 前埔 | 华 | | | |

注：*者为女性。

　　表中所示 50 人中，出生于菲者达 32 人，占 64%，显示出第二代华人构成了该会的主要成分。若以祖籍地和出生地均相同者为准划分这些会员（每村仅 1 人的不计入），则有 7 个村的会员全部出生于菲，2 个村的会员全部出生于华。另有 4 个村及市区二者兼而有之。这说明什么问题呢？祖籍地和出生地均相同的情况占大多数，说明华人在建立家庭的地点选择方面受到的最大影响来自最小的地缘群体——同村的人。这反过来又说明了来自同一个村的人在海外聚居地的相关性，这种相关性在华人身上一代代传下去，形成了组织的纽带，形成了传统。不管华人社团如何变化，这些带有根本性的纽带和传统并没有改变。

# 七

战后之初,因宿务华侨中学校舍已破坏殆尽,华侨便再度集资兴建校舍。1950 年该校部分教师另组南岛中学,两年后复并入,但校名改为中国中学。1961 年校名又改为东方中学,这是因为菲律宾自独立以来,加紧对华文学校的督察并酝酿将其菲化,此外,“因华侨归化入菲籍者甚多,本校学生具菲籍者已超过半数,比例且在继续增加中,倘继以‘中国’为名,已非适宜”①。这同样是移民社会向定居社会转变的表现。

1948 年宿务华侨基督教会创办建基学校,初始为小学,后相继设初中和高中,并改称建基中学。1954 年宿务华侨天主教会创办圣心书院,两年后改为圣心中学,后又分为圣心男校与圣心女校。1957 年宿务佛教会创办普贤学校,后改为普贤中学。至 20 世纪 60 年代中期,宿务华文学校在校生总数已超过 5000 名。②

1974 年宿务东方中学获菲教育部批准开办高等商科与秘书科一年级,次年又获准办二年级,东方中学遂改为东方学院。③ 至此宿务华人所兴办的华文学校具备了从幼稚园到高等学校的完整体系。

但是,随着马科斯颁布的关于外侨学校菲化的第 176 号总统令的实施,至 1976 年全部华校均已菲化,宿务华校亦不例外。如单纯从中文教学的角度来看,华校已不复存在,因中文课已压缩至每日

---

① 《宿务东方学院校史》,《菲律宾宿务东方学院创立七十五周年纪念特刊》,宿务,1990 年,第 21 页。

② 庄温秋:《宿务华侨教育之今昔》,《菲律宾宿务东方中学金禧大庆特刊》,宿务,1965 年。

③ 《宿务东方学院校史》,《菲律宾宿务东方学院创立七十五周年纪念特刊》,宿务,1990 年,第 21 页。

100 分钟，只相当于一门外语课。但从华人文化传承的角度来看，华校仍在发生作用，学生仍在其中接受中华文化的熏陶。对于宿务这样一个华人聚居地来说，华校仍有存在的必要。

战后宗教在宿务华人中逐渐兴起。"侨胞昔日来菲仍多遵循我国习俗，重孝道，祭祖先，过年节，以事务繁杂，多无暇顾及宗教信仰。十几年来，人口剧增，风尚所趋，分门别户，宗教团体兴起，有如雨后春笋。"[1]宿务华人宗教信仰包括天主教、基督教、佛教、道教及地方神崇拜等。其机构团体，天主教有圣心院、青年联谊会；基督教有礼拜堂、聚会所、青年会；佛教有定慧寺、居士林、香光莲社；道教有定光宝殿；地方神庙有石狮城隍公庙、九重天阙慈善堂等。宗教信仰已成为宿务华人精神生活不可或缺的一部分。

# 八

经过战后三个阶段的发展和演变，作为华人聚居地的宿务，已由一个外侨聚居地变成一个菲律宾国内少数民族的聚居地。这样一个马尼拉以外全菲最大的华人聚居地，和别的华人聚居地一样，无论是其个人成员还是其社会整体，都具有两重性。

宿务华人虽大部分已取得菲籍，从法律上来讲已是菲律宾公民，但从文化认同上来讲，他们仍然是中国人。在相当程度上，他们依旧认同中华传统文化，尽管他们或多或少已接受了菲律宾本地文化。此其一。

宿务华人经济虽已融入当地经济，已经确确实实地成为当地经济的一部分，但它们依然具有相对的独立性，华人企业之间的关系更为密切，业务往来更为频繁，中小型企业尤其如此。此其二。

---

① 蔡志信：《宿务华侨概述》，《菲律宾宿务东方中学金禧大庆特刊》，宿务，1965 年，第 33 页。

宿务华人社会虽已成为当地社会的一部分,从一个侨民社会演变成一个菲律宾国内的少数民族社会,但它毕竟还是当地大社会中的小社会。作为个人,华人的社会关系最多的仍是存在于华人之间。作为族群,华人仍有共同的语言和共同的风俗习惯。作为社会,华人亦有自己的组织、团体、机构。所以它毕竟还是一个有别于当地大社会的小社会。此其三。

这就是宿务华人社会的现状。而现状是历史的延续,追溯宿务华人的历史,可以发现它经历了一个这样的演进过程:其聚居人口由少到多;其经济规模和结构由小到大,由简单到复杂;其社会结构和功能从不完善到完善;其与菲律宾人的关系从疏离到密切;其与菲律宾大社会的关系从被动适应到主动整合。

如果说西班牙统治时期的宿务华人还只是一个外侨小群体,其社会还只是一个粗具规模的外侨社会的话,那么美国统治时期的宿务华人就是一个人数颇众的外侨群体,并且已具备完善的社会组织及其运作功能。而战后的宿务华人则成为当地社会的一个少数族群,其组织及运作更加成熟,而且由华人组成的小社会,还是作为当地菲律宾人大社会的有机组成部分而存在并运行的。

华人的两重性就是在上述演进过程中逐步具备的,而宿务华人的这种演进及其双重文化的兼摄,又可以说是菲律宾华人社会变迁的缩影。对宿务这一华人聚居地的考察,可以小窥大地探查菲律宾华人社会的结构和运作。

# 九

华人移居海外并形成大大小小的聚居地,一开始就注定了他们不可能按照传统社会的模式在聚居地重建华人社会,因为华人没有政治权力。但无所不在的传统文化却能渗进华人社会生活的各个领域,使他们自觉或不自觉地保持民族文化的特色。这样,海外华人聚居地的社会便成为既类似又有别于中国本土的独特的华人社会。这些聚居地的中坚力量是富于财力的有产阶级，这恰恰是中国本土的城市所缺乏的，是他们主宰着这些聚居地的经济、文化和社会生活。由于他们的胸襟和眼光，也由于生活环境的潜移默化，他们大都对中外文化采取兼容并蓄的态度。因此他们又成为海外华人聚居地文化变迁的内在动力。当聚居地的华人社会由移民社会变成定居社会之后，这些人已开始在政治上寻求表现自己的机会。未来海外华人聚居地社会的发展，很大程度上取决于他们。对海外华人聚居地的进一步研究，或许能以他们为突破口。

# 第四章

# 菲律宾华人知识化新移民的特点

　　20 世纪 70—80 年代开始的华人向海外的新一轮移民,与以前的华人移民相比,已有很大的不同。关于华人新移民的研究正越来越引起人们的关注和兴趣。由于华人新移民移入国的社会发展状况千差万别,新移民本身的构成也颇为复杂,因此有必要先从具体的国家入手进行一些个案研究,以便将来在此基础上对世界范围内的华人新移民做总体的研究。

　　本章选择菲律宾华人新移民作为研究对象,是由于笔者有机会到菲律宾对华人社会进行实地调查,并对一些新移民进行采访,获得了一些第一手的资料。文中所谓的"知识化新移民",乃是相对于劳力型的老移民而言的,与"知识分子"这一概念并不能等同,尽管这些新移民当中确有一些是名副其实的知识分子。此外,知识化新移民只是新移民中的一部分而不是全部,劳力型老移民也不能百分之百地代表所有的老移民,不过为了行文的简便,本章一律以新移民、老移民称之。此二点应予注意。

　　本章将主要从经济活动的角度考察新移民的特点。按照创业—发展—提高这一顺序,本章将逐一地阐述各个阶段中新移民所表现出来的与老移民不同的特点,最后将分析产生这些特点的原因。

# 一、从向往成功到学习专业中表现出
# 明确的创业意识

就出国目的而言，新、老移民的最大不同之处在于，老移民是自发地求生存，而新移民是自觉地求发展。从 19 世纪末直到第二次世界大战结束后的初期，"对于中国移民来说，他们移居外国的主要动机是想谋生和逃避在中国的苦难"[①]，"闽粤两省的地瘦人稠，与南洋一带的地肥人稀，又可以说是这些人们所以要到南洋各处的主要原因"[②]。可以说，是求生存的本能驱赶他们出国的。然而，20 世纪70—80 年代开始出现的新移民，其出国并非由于在国内无法生存，因为基本的生活保障乃是没有问题的。那么，他们出国的动机是什么呢？可以说，是一种求发展的意识驱使他们出国的。

ZZD 于 1967 年大学毕业后工作一直很卖力，可是由于他的家庭出身是资本家而未被领导重用，失望之余想报考研究生又未被批准，遂决心出国。ZRQ 是 1969 年"上山下乡"到农村的，他说："促使我出国的原因就是在农村没有前途。我的家庭成分是资本家，调动没希望。"ZTF 曾就读于某名牌大学，他说："'文革'时因我的家庭成分是华侨工商业者，曾受到冲击。"毕业后分配的工作又很不理想，这都是促使他后来出国的原因。同样是毕业于名牌大学的 ZDF 则说国内收入太低。"历经三年困难时期、'文化大革命'，我感到前途

---

① 吴元黎等著，汪慕恒等译：《华人在东南亚经济发展中的作用》，厦门：厦门大学出版社，1989 年，第 208 页。

② 陈序经：《南洋与中国》，广州：岭南大学西南社会经济研究所，1948 年，第36 页。

无望,遂有出国打算。"①在十年动乱中,一些有志青年不甘沉沦,他们不满足于浑浑噩噩地过日子,而决心到海外去开创事业。这在新移民中是很有代表性的。他们在谈话中反复提到的前途问题,很清楚地显示出他们出国并非为生存而是为发展,亦是为了追求一种事业上的成功。

就对成功的理解而言,新、老移民也有很大的不同。老移民在自发地走上出洋谋生之路后,也会想取得成功,不过在他们看来,成功就是出人头地、衣锦还乡。老移民出洋的原因大多是"个人因无业或失业,以致难以谋生,因此冒险出洋"。他们"在外营业兴盛之后,必回国完婚,以夸耀于乡里"②,他们"一到家乡则买田、造屋、结婚、酬神、演戏、宴会,手头阔绰,场面热闹"③,总之是为了一扫自己在乡人心目中的旧印象。显然,出国目的与对成功的理解是联系在一起的。在这方面,新移民则要复杂得多。新移民出国既然并非为了基本生活需求,其对成功的理解自然也就较为深刻。如果说老移民对于"成功"的理解比较侧重于外在评价的话,那么新移民对此的理解则比较侧重于自我肯定。

在笔者采访的几十位事业有成的新移民中,多数人对于他们所受到的社会评价并不特别看重。经营一家家用电器工厂的 ZTF,其产品于 1991 年在西班牙的一次展销会上获得了一项技术与品质奖,但他并未应邀前往领奖,他说还有更重要的事等着他去做。而当他们坚信自己的行为是正确的之时,他们便会对其后果加以肯定。当经营椰油厂的 LDM 因帮助别人建厂而遭到同行嫉恨时,他

---

① 这是笔者在菲律宾期间采访记录的,以下凡未注明出处的新移民谈话及其状况描述,均源于这些访谈录,被访者的姓名以其汉语拼音的首个字母代之。访谈时间为 1992 年 3 月至 1993 年 3 月,地点为大马尼拉地区和宿务市。

② 陈达:《南洋华侨与闽粤社会》,上海:商务印书馆,1938 年,第 48、149 页。

③ 黄西燕:《九十年来的华侨社会》,《菲律宾华侨善举公所九十周年纪念特刊》,马尼拉,1967 年,已编第 84 页。

却认为同类的厂子多了，竞争之下有利于消费者，因而自己是成功的。显然，新移民心目中的成功是一种实现自我的成功，它的最终评判者应该是自己，而评判的标准则在于是否创造出实质性的业绩。

就学习创业而言，老移民一般是通过学习经商、学习人际交往从而走上创业之路的。而新移民既要学习经商，又要学习创办实业；既要学习人际交往，又要学习专业技术。如若不然，其创业道路恐将变得相当狭窄。在美国统治菲律宾时期，"华人既得自由从事商业活动，也就大量地转入商场，菲华社会发展成了一个只包括商店老板与佣员的单纯商人社会"①。而商业关系归根结底是人与人之间的关系。老移民在他们成为"新客"的那一天起就开始了这种学习经商和学习与人打交道的过程。对于新移民来说，事情就不那么简单了。

仍然以上面提到的那两位为例。ZTF说："我与别人合股开办工厂，生产汽车零件……我虽是股东，但也亲自开机床。"后来在经营中发现，市场对汽车零件的要求是批量大、改型快，小厂难以适应，因而逐渐转产家用电器，从此他一心扑到产品的研制上。此外他还要应付错综复杂的家庭关系（其父另娶菲女为妻）以及棘手的劳工问题。LDM在创办椰油厂的酝酿和实施过程中，学习了椰油厂几乎所有设备的工艺，硬是用自己的双手把粉碎机、运输带、油滓分离机等制造出来了。同时他还学习了精油提炼的整个过程。因此他创办椰油厂的资金只相当于别人的几十分之一。而他在帮助别人建厂的过程中也得以广交朋友，创造了良好的人际氛围。此二例说明，新移民的创业过程是一个更为复杂的学习过程，特别是当他们想创办实业时更是如此。反过来说，也正是执着的创业精神支撑着他们闯过了一道道难关。

---

① 施振民：《菲律宾华人文化的持续》，《"中央研究院"民族学研究所集刊》第42期，1976年，第127页。

　　总之,从出国动机、对成功的向往,一直到学习着探索着开始走上创业之路,新移民都表现出意欲成就一番事业的抱负。与老移民相比,他们的创业意识是十分明确的。之所以如此,是因为他们是具备一定文化水平的知识化移民,同时也与战后新技术革命刺激下社会经济生活的复杂化和多样化有关。

## 二、从探索市场到管理企业中展示出以智取胜的明显倾向

　　如果说劳力型老移民的发展道路之特征乃是以力取胜,那么知识化新移民的发展道路之特征便是以智取胜。在探索和扩大市场以及企业的经营管理等方面,都可以看出这种差异。

　　首先我们来看看在探索和扩大市场方面二者的差异。由于老移民大都是来自农村的文化水平很低的华人,"这些华人企业的业主往往都倾向于自给自足思想,并显示出那些通常与自给自足农民相类似的心理特征"[①]。表现在行动上,他们对市场的探索是局限于小范围内的,他们扩大市场的做法是渐进式的,结果是可想而知的。这些"从事于零售商业或服务业,包括餐馆、洗衣店、理发店和货摊等等"的老移民,"其销售额和资本额往往都是有限的"[②]。

　　反观新移民,其所作所为则大异其趣。在下面这两个典型事例里,我们可以看到他们对市场的探索是大范围的,他们扩大市场的做法是跨越式的。

　　例一,WYY 于 1980 年与人合作在马尼拉开办首家闽台风味的

---

　　①　吴元黎等著,汪慕恒等译:《华人在东南亚经济发展中的作用》,厦门:厦门大学出版社,1989 年,第 79 页。

　　②　吴元黎等著,汪慕恒等译:《华人在东南亚经济发展中的作用》,厦门:厦门大学出版社,1989 年,第 81 页。

餐馆,1985年拆伙后自办餐馆,至1993年他已拥有4间同名称的餐馆,均地处繁华闹市及商业中心,每间都生意兴隆。分析WYY扩大市场的方法,可以从餐馆的空间分布和客源的阶层分布这两个角度来加以考察。WYY最早的那间餐馆位于拥挤陈旧的华人区内,他的第一间分店则一举跨越好几个社区,开设于新兴的商业金融中心,之后的两间亦选择了交通繁忙、商业繁华之处。与此同时,餐馆的饭菜考虑到了不同阶层的需要,遂使顾客的来源大为扩展。

例二,HZX自1983年起在马尼拉经营离合器和刹车皮的产销,10年中从1间店发展到7间店,并设有多处工场,成为连锁商号。我们同样可以从HZX对店址的选择中看出他对市场的认识。HZX的选址原则有两条:一是只要街区繁华、销售额有保证大幅增加的,就不惜重金租下店面;一是勇于面对竞争,专挑那些同行商店集中之处设店。一次有两处店面供其选择,两处的月租金相差1000元,他到实地观察客流量后选择了较贵的一处,后来证明他是对的。

有趣的是,上述两位新移民在讲述其创业经历时,都不由自主地将自己与老移民做了对比。WYY说,他的一位比他年长许多的、从小在菲长大的哥哥(可视为老移民),拥有一家生意不错的糕饼店,有人劝其开分店,但这位守旧的店主始终不愿意。HZX则说了这么一段富于哲理的耐人寻味的话:"在费用和销售额这两个矛盾的方面中,销售额是矛盾的主要方面。只有解决扩大销售额的问题,才会成功。若把眼光盯在费用上,就会永远停步不前。许多老华侨开的菜籽店就是失败在这一点上,他们一辈子在偏僻的地方经营菜籽店,从未想到要在热闹一点的地方租个店面开创新局面,因为他们害怕开销大、费用大,会入不敷出,所以只能永远停留在一个很小的经营规模上。"在这里,新移民的胆识得到了充分的展示,而这种胆识乃是建立在缜密的观察与思考之上的。

接着我们再来看看在企业的经营管理方面新移民与老移民的差异。由于这方面必须进行多角度多层面的比较,为了一目了然,兹先列表于下:

表 4-1　新移民与老移民经营管理方式比较表

| 角度与层面 | 新移民 | 老移民 |
|---|---|---|
| 指导思想 | 巧干,借助他人 | 苦干,身体力行 |
| 决策依据 | 既据调查,又凭直觉 | 主要凭直觉 |
| 用人倾向 | 亲、贤二者侧重贤 | 亲、贤二者侧重亲 |
| 管理模式 | 集权、分权杂糅式 | 集权统揽式 |

现在进行具体的讨论。就指导思想而言,老移民赤手空拳只身出洋闯天下的经历,造就了他们凡事苦干,身体力行的处世态度。例如,"华侨菜籽店绝早开店深夜关店",开设菜籽店的商人"没有时间休息或放假",而且"通常需要店主全家人去服务"。[1] 他们"上菜市买菜","都自己挑回,并不雇载货马车"。[2] 与老移民相比,新移民的特点是善于巧干。ZQM 初抵菲时帮父亲做鱼脯生意,他很快发现"那是一种很辛苦而利润又不大的生意"。他说,他的祖父和父亲两代人在菲都是干这一行的,"但我看出这样下去没有发展前途",并且很快改行闯出自己一条路子。其他新移民也是在不断地探索着事半功倍创下业绩的途径,很少有人像老移民那样一辈子干一行的。于此可见新移民是善于用巧干代替苦干的。

我们说老移民在经营管理方面以身体力行为指导思想,并不是说他们完全不求之于人,"因为创造一个家庭的财富是不能孤立地进行的,必须买进、卖出,交换信息,向人借款,征求别人意见等等"。[3] 我们这样说的意思是,老移民在度过了最初的"拢帮"阶段而自立后,便以凡事求之于己为荣。当然这是由他们的小本经营所决

---

① 魏煜孙:《华侨对菲律宾经济的贡献》,《新闻日报年刊》,马尼拉,1958 年,第 207 页。

② 黄西燕:《九十年来的华侨社会》,《菲律宾华侨善举公所九十周年纪念特刊》,马尼拉,1967 年,己编第 84 页。

③ 高伟定(S. B. Redding)著,张遵敬等译:《海外华人企业家的管理思想——文化背景与风格》,上海:上海三联书店,1993 年,第 86 页。

定的。新移民的特点则是善于借助他人的力量。如 WYY 在最初与人合伙经营餐馆时，只是出力不出钱，自己并未投入资本，然而却因此积累了资金和经验。又如 HZX 经营离合器与刹车皮最初只是作为他的一个同学的工厂之代销店，然而他却以此为起点发展出一个颇具规模的产销网络。这种"借鸡生蛋"的方式是新移民的事业得以快速发展的原因之一。

就决策依据而言，老移民主要是凭直觉做出决策。在老移民创办的企业中，"仍然存在一种依靠主要人物个人战略的模式"，"一个人可以在办公桌旁连续地做出所有关键性决策"，"总经理似乎凭直觉就能知道什么是他得心应手的"。[1] 这主要是因为在这类企业中所有权与经营权是结合在一起的。当然"这并不是说靠直觉做的决策都是缺乏信息基础的，相反，个人头脑中有某一特定行业或企业环境的知识——往往是多年积累起来的——为他们提供了专门为凭直觉决策设计的工具"[2]。老移民凭熟悉情况进行直觉判断确实取得不少成功，但这毕竟与现代企业的决策机制相去甚远。

新移民虽然仍旧无法完全摆脱华人企业传统的决策模式，但毕竟已经向现代企业的决策模式迈进了一步。换言之，在新移民的决策过程中，感性与理性是并存的。这种感性就是直觉，而理性则是来自调查研究的科学依据。ZQM 说："我搞经营管理有两条原则。一是理论联系实际，随时搞调查研究。我每到一地都十分注意观察当地的风土民情，这与我在中国的经历有关，因此我总能掌握到大量的信息。一是一切以生产为中心，到生产现场去，不是关在办公室里。实践出真知，通过实践才能解决问题。"此话在那些来自中国大陆的，接受过相同教育的，有过类似经历的新移民当中，有一定代

---

① 高伟定著，张遵敬等译：《海外华人企业家的管理思想——文化背景与风格》，上海：上海三联书店，1993 年，第 286 页。

② 高伟定著，张遵敬等译：《海外华人企业家的管理思想——文化背景与风格》，上海：上海三联书店，1993 年，第 300 页。

表性。但是在新移民当中,也不乏相信直觉甚至相信命运的例子。如在事业上颇为成功的 ZFY 说:"做生意在很大程度上靠运气,靠福气,其次才靠拼搏。"在这里,找不到理性决策的地位。所以说,就整体而言,新移民的决策意识是新旧参半的。

就用人倾向而言,老移民是兼顾亲、贤,然侧重于亲。老移民的企业通常是建立在血缘和地缘基础之上的。"公司的关键职位通常均由子女、兄弟、姐妹、叔伯、侄甥儿女以及一些远亲担任,妻子也可以在丈夫旁边担任重要角色,例如财务或人事主管。"[①]雇员与老板是同乡也是司空见惯的事,不过同乡担任的职务一般不如亲戚重要。"虽然如此,但看来还是有一条严格的规则在起作用,那就是表现必须是好的,才能安排他承担一定的责任。"[②]也就是说,先决条件是亲,亲而贤者才是最好的人选。当然,非亲而贤能者也不是绝对被排斥在外,不过其才干要相当出众才有可能入选。

新移民用人倾向的侧重点已经发生了变化,亦即其侧重点已由亲转移到贤。例如,HZX 说:"我招收雇员有两种来源:一是在报上登广告公开招聘,一是亲戚朋友介绍。我倾向于用前一种人,虽然非亲非故,但只要有才干、忠实可靠即可用。"在他的连锁店中,他和他的妻子分别掌管一间主要的店,其余的店由雇用的经理人员掌管。这些人要从售货员做起,经过四五年的实际工作,取得一定业绩,方可被委任。HZX 说:"你买我卖的小生意人人都会做,难的是大笔的生意。如果哪个售货员能将大宗的买主吸引住,达成交易,就说明此人的水平高于一般售货员,就具备了继续加以培养的条件。经理人员就是从这种人当中选拔的。"显然,此时唯一的考虑乃是贤而非亲了。

---

① 高伟定著,张遵敬等译:《海外华人企业家的管理思想——文化背景与风格》,上海:上海三联书店,1993 年,第 180 页。

② 高伟定著,张遵敬等译:《海外华人企业家的管理思想——文化背景与风格》,上海:上海三联书店,1993 年,第 180 页。

　　还有一例，在新移民中虽非常见，却是代表着一种发展趋势。WCM 是一位拥有两家大型房地产公司相当部分股份并任其总裁的新移民企业家。他说："在我的两家公司的 800 多名员工中，除了一位是我十几年前的同事外，没有一个是我的亲戚朋友。这样我比较容易与员工相处，因为人人平等，没有人与我有特殊关系，可以公平竞争。"在他的企业中，高级管理人员 90％是菲律宾人，只有 10％是华人，中下级管理人员几乎 100％是菲律宾人。WCM 说："高级管理人员中有的年薪达几百万元，待遇相当高。这样他们就会尽心为企业工作，并不在乎老板是华人还是菲人。"①此例中的用人情况已经和现代企业的制度化的人事管理完全一致了。虽然这种情况即使在华人新移民的企业中亦属罕见，但却代表了华人企业在用人方面越来越注重才干而非血缘、地缘等特殊关系的发展方向。

　　就管理模式而言，老移民是属于集权统揽式这种类型的。现代企业组织理论告诉我们，"专业化、标准化和规范化之间有着相当明显的联系，三者都反映出企业被组织的程度"，"我们可以把三者结合的结果称为'活动的结构化'（structuring of activities）"。②老移民的企业之结构化水平都是比较低的，而低水平的结构化通常意味着决策的高度集权化。一般来说，华人家族企业的所有权理所当然地是与经营管理权相重合的。所以，"实际上所有华人家族企业都是由一位深深埋头于日常事务的'一家之主'掌管的"③，他是企业的灵魂，许多事情都必须直接向他汇报，他拥有最终的决定权。我们把这种管理模式称为"集权统揽式"。

---

　　①　这是笔者再度赴菲时采访记录的，访谈时间为 1996 年 9 月 4 日，地点为大马尼拉地区马加智市。

　　②　高伟定著，张遵敬等译《海外华人企业家的管理思想——文化背景与风格》，上海：上海三联书店，1993 年，第 206～207 页。

　　③　高伟定著，张遵敬等译《海外华人企业家的管理思想——文化背景与风格》，上海：上海三联书店，1993 年，第 217 页。

　　新移民的管理模式虽然还不能说脱离了集权统揽式,但也并非如出一辙,而是已经渗入了现代企业分权分层管理的因素。拥有一家包装纸箱厂的 ZQM 说:"我每天工作 10 个小时以上,许多关键的工作我都亲自设计,亲自指挥。"从这一点来看,他与老移民并无二致。而拥有一家家用电器工厂大部分股份的 ZTF 则说:"有一个时期我扩大生产规模,建厂房,买设备……当时工厂的管理几乎由我一个人负责……后来便按产品种类和工序的不同而分设几个厂……我培养了几个人,帮我管理分散在几个地方的工厂。"据他所说是为了防止工人联合起来闹罢工才这样做的,实际上其中也有一个规模扩大迫使结构化提高的因素在里面。因为规模的扩大必然带来授权,"而授权却需要工作结构化"①。从这一点来看,他与老移民已经不同了。

　　上述二例给我们一个启示:企业所有权形态由完全向不完全的变化,是企业管理模式发生变化的内在动因。ZQM 拥有完全的所有权,而 ZTF 只拥有部分的所有权,所以二者的管理模式就不同。随着华人企业向上市股份公司的转化,在所有权与经营管理权逐渐分离的情况下,其管理模式也必然发生变化。上文提到的两家大型房地产公司的总裁 WCM 是这样说的:"我的两家公司都是上市公司。我虽然掌管着企业,但这纯粹是因为我干这行干得不错,并不是因为我是大股东。我们企业的股权与管理是完全分开的。我们的股东有数万个,我们的企业是以公众股为主的,不像有些上市公司股权主要掌握在某一家族手中。"②此例可谓最好的说明。当然,大部分新移民的企业仍介于先进的和守旧的管理模式之间,可以说是一种过渡形态,我们不妨称之为"集权、分权杂糅式"的管理模式。

――――――――――

　　①　高伟定著,张遵敬等译:《海外华人企业家的管理思想――文化背景与风格》,上海:上海三联书店,1993 年,第 207 页。

　　②　这是笔者再度赴菲时采访记录的,访谈时间为 1996 年 9 月 4 日,地点为大马尼拉地区马加智市。

以上我们从四个层次论述了知识化新移民在企业运作方面的特点。从经营智慧的角度考察问题，我们可以看到新移民企业家正处在这样一个过渡时期，亦即从以感性知识为主的传统型智慧阶段过渡到以理性知识为主的现代型智慧阶段的时期。与老移民相比，他们之所以是"以智取胜"，就是因为他们多了一点理性，多了一些科学的思想方法。但是他们当中除极少数人外，显然还没有完全摆脱传统而成为现代意义上的企业家。不过从整体上来说，他们正在朝这个方向发展。

总之，从探索和扩大市场一直到企业经营管理的方方面面，新移民表现出了不同于老移民的一系列特点。产生这些特点的根本原因，乃在于他们的文化水平高于老移民，亦即他们的"知识化"特性，同时也在于经济发展和社会变化对他们提出了更高的要求。

# 三、新移民特点探源：专业知识与社会知识，智力因素和非智力因素

菲律宾华人知识化新移民特点之成因是什么？让我们先从"知识化"入手来进行探讨。在这里，对知识的理解应该是广义的，既包括专业知识，也包括社会知识。对于他们抵菲之后所从事的行业来说，他们的专业知识可以说是不够甚至是缺乏的。但是由于他们大都是高中或大学毕业，具备较快地掌握专业知识的能力，所以能在较短的时间内适应本行业的要求。在宿务和万佬威两市各开有一间油漆店的CXY，20世纪60年代初毕业于某大学化学系，他说："我感到经营油漆与我原先的专业比较有关系，因此对有关商品的知识掌握得比较快。"在马尼拉创办椰油厂的LDM，高中毕业后曾当过两年车工和钳工，因而能迅速掌握榨油设备的制造工艺。至于那些知识背景与所从事行业关系不大的人，也能够触类旁通地学习本行业、熟悉本行业。在这方面，文化水平较低的老移民是无法与

之相比的。

丰富的阅历给予了这些新移民以广博的社会知识。他们不仅经历了"文革"前、后迥异的社会氛围,而且许多人曾在香港待过一段时间且备尝艰辛,抵菲后又历经事业上的峰回路转和人际关系中的风风雨雨。正如 LDM 所说,"经历多,体验就多,就更有头脑,看事情就看得更透",逆境使他们增长智慧和人生经验,也使他们性格成熟,思想深刻。他们后来在企业经营管理上的成功与此是有密切关系的。ZRQ 的音响设备厂历经曲折终成同行业的佼佼者后,有人问他的成功之道,他说:"我为什么能成功? 一时很难说清,但我要说经验很重要。"这里的经验就是社会经验,或者说社会知识。老移民所生活的那个时代,社会变化远没那么剧烈,华侨之间的关系亦相对单纯,故在这方面较之新移民恐略逊一筹。

让我们再来看看与知识有联系但又有区别的智力因素和非智力因素吧。所谓智力因素,指的是新移民对专业和社会的观察、思考、判断等能力;所谓非智力因素,则指的是他们的毅力、责任心、适应性等。这两方面的能力对他们的创业、发展和提高都是至关重要的。

先谈智力因素。前文在谈到新移民探索和扩大市场的特点时,我们举了 WYY 和 HZX 这两个例子,从智力因素的角度来分析,我们可以发现,同样是面对竞争,WYY 采取的是避实就虚法:不与大餐馆争承办大型筵席之短长,而从不起眼的小吃入手,以此吸引各阶层顾客;HZX 采取的是避虚就实法:挤进同行集中的街区,那是顾客汇集之地,较易吸引顾客。从中可以看出他们透过现象看本质的能力以及判断事物发展的能力。两人原来学的都是文科,但在生意场上却屡操胜算,除了独特的知识结构外,出奇制胜的经商智慧也是其成功的原因。

再谈非智力因素。尽管新移民在出国之前历经磨难,但他们大都对"文革"前所受的教育持肯定态度,这是因为他们深切地感到基本的人格精神在他们创业过程中的重要性,而这种人格精神正是由

"文革"前的教育制度培育出来的。HPG 说："我们这些人从小所受的教育决定了我们只能走正道,只能循规蹈矩去创业。"ZDF 则认为这批人的特点是没有不良嗜好、品行端正、努力工作。有人还指出他们在国内接受的某些思想观念出国后转化成了创业的动力和毅力,如 LDM 说："'穷则变,变则通'的信条,在我们一无所有到海外闯路子时,就成为一种信念,鼓舞我们求变求通,开创事业。"

# 四、新时期造就新移民

如果说新移民的文化水平较高,因而其智力因素略胜老移民一筹的话,那么在那种正统的人格形塑的环境下形成的非智力因素,也不比老移民差些。正是二者的结合,造就了他们的特点,也造就了他们的成功。

本章之所以将知识化新移民与劳力型老移民做了对比,并概括出新移民的特点,是由于二者可视为两个不同时代的华人移民的典型。由于新移民的文化水平及其他方面的素质都较高,所以他们的创业速度加快了,走向成功的道路缩短了。当然,除了自身的条件以外,外在的条件也较为有利,比如中国的强大使他们在海外免遭那种老移民遭受过的欺侮;牵引他们到海外的亲戚的经济实力也比较雄厚;等等。就前一点而言,这些新移民是深有感触的,所以尽管他们当中有些人在出国前曾受到不公正的对待,出国后仍对中国充满了感情。就后一点而言,虽然这些新移民到了海外之后,有一些亲戚是把他们当作劳力使用的,但另一些亲戚确实在他们的创业过程中予以支持。凡此种种,在探讨新移民的特点和成功时都必须加以考虑。限于篇幅,本章无法在这方面多费笔墨,容待日后再做补充。至于菲律宾华人新移民的特点在各国华人新移民中是否具有代表性,也只有留待日后的研究及读者的批评来证实了。

# 第五章

# 菲律宾华侨抗日游击支队的社会基础

　　菲律宾华侨抗日游击支队(简称"华支")是第二次世界大战期间由旅居菲律宾的华侨组成的抗日武装队伍,它在日本帝国主义占领菲律宾期间与之进行了艰苦卓绝的斗争,立下显赫战功,为世界反法西斯战争的胜利做出了贡献。在3年又6个月时间里,华支对日作战260余次,歼敌2020余人,而在牵制及歼灭菲律宾日本占领军的战略行动中,华支所发挥的作用又是上述数字无法涵盖得了的。华支建军时仅有52人,全盛时也不过700余人。人数如此之少的华侨抗日战士,为何能在异国土地上取得辉煌战绩? 这无疑是个值得探讨的问题。要解答这个问题,必须从研究华支的社会基础入手。本章拟从以下三个层面对此进行研究:一、华支与祖国人民及菲律宾华侨社会的关系;二、华支与菲律宾各政治力量及菲律宾人民的关系;三、华支干部战士的社会经历和家庭背景。这三个层面的研究,对我们理解华侨史上这非凡的一页,或许能有所帮助。

## 一、华支与祖国人民及菲律宾华侨社会的关系

　　中国人移居菲律宾的历史源远流长。由于地理位置的接近,菲律宾华侨与祖国的关系极为密切。七七事变后,中国人民的抗日战争全面展开。菲律宾华侨社会是支援祖国抗战最积极、最热烈的海

外华侨社会之一。一方面,菲华社会不仅不吝千金地为祖国抗战事业提供大批物资援助,而且派出许多优秀儿女回国参战。另一方面,祖国的抗日战争也对菲华社会产生了深刻影响。在民族意识高涨的情况下,大批菲华青年踊跃参加各种社会活动,同时涌现了许多进步团体。他们在声援祖国抗战的同时,也大大增强了自身的凝聚力。所有这一切,都为太平洋战争爆发后菲律宾华侨的抗日斗争(包括武装斗争)奠定了坚实的社会基础。

华支的建军及其武装斗争的展开,都极大地得益于中国人民的抗日斗争,尤其是中国共产党领导下的抗日武装斗争。华支成立初期,隶属于菲律宾人民抗日军(简称"民抗军"),番号为第 48 支队。为什么以此数字作为番号呢? 当时民抗军总部的用意是:由于中国的八路军和新四军威名远扬,菲律宾人民非常敬佩,所以用 4 和 8 两个数字组成"48",用来称呼华侨支队,以此表示希望它像八路军、新四军那样,发挥游击战的特长,成为全军的楷模。①

如果说番号还只是形式,那么从华支的建军思想更可以看出它与中共领导下的人民战争的战略战术之渊源关系。华支建军前,先后在中吕宋邦邦牙省的仙范村(San Juan)和曼地利村(Mandili)举办了"游击干部训练班"和"军事政治训练班"。当时菲律宾华侨左翼抵抗运动的最高领导人许敬诚(许立),以及后来分别出任华支总队长的黄杰(王汉杰)和政委蔡健华(余志坚),都担任了这两次训练班的主讲人。一篇回忆文章写道:"许立组织大家学习了毛泽东《论持久战》等著作后⋯⋯说,在菲律宾坚持武装斗争,虽然回旋余地不像中国那么大,但在这个具体战场上也可以牵制敌人。日寇的兵力是有限度的,由于兵力不足,优势只是相对的。我们⋯⋯困难不是绝对的,是可以克服的。大家在他的启发下,树立了坚定的信心。"②可见

---

① 梁上苑、蔡健华:《华侨抗日支队》,香港:广角镜出版社,1980 年,第 37 页。

② 泉州华侨抗日史编委会:《菲岛华侨抗日风云》,厦门:鹭江出版社,1991年,第 217 页。

持久战的方针正是华支奉行的战略。领导者们原先"认为要跟中国一样,要进行游击战就必须有深山大岭做根据地",后来经过实地调查,"才知吕宋岛这些大山里,人口稀少,粮食缺乏,疟疾流行,游击队如果藏在山里,根本没有作战机会,也就谈不上抗日杀敌了",进而认识到,"没有深山大岭做根据地,只要得到人民的支持,中吕宋平原也是可以打游击的",因而"更加理解朱德同志所说的'游击队没有民众,等于鱼没有水'这句名言的意义"。① 这是一个如何因地制宜地运用游击战的战术的认识过程。华支就是这样从中共领袖那儿汲取战略战术思想,并以此作为其建军思想的。

华支建军后,领导者们还编写了《中国革命军队优良传统》作为教材,并制定了三大纪律、八大要求、八项注意等。其中的三大纪律是:"一切服从抗日,抗日高于一切;爱护老百姓;服从命令听指挥。"②华支建军思想的这一重要组成部分,也直接源于中共领导下的革命军队。

从组织上来说,华支的主要领导人,以及虽未正式担任华支领导职务但起实际领导作用的人物,都是受中国革命阵营的派遣,或是在菲律宾加入革命组织,或是回中国在革命军队中受过训练的。如许敬诚,1925 年定居菲律宾,次年在菲加入共青团,1930 年由共青团员转为共产党员。为了革命工作他多次往返于中、菲两国之间。1938 年廖承志在香港建立八路军办事处后,许敬诚与廖承志及其助手连贯建立了密切联系,并在他们的帮助下在菲开展工作。③又如李永孝(李炳祥),1905 年出生于菲律宾,1922 年回中国读书,

① 梁上苑、蔡健华:《华侨抗日支队》,香港:广角镜出版社,1980 年,第 25～26 页。

② 泉州华侨抗日史编委会:《菲岛华侨抗日风云》,厦门:鹭江出版社,1991年,第 45～46 页。

③ 泉州华侨抗日史编委会:《菲岛华侨抗日风云》,厦门:鹭江出版社,1991年,第 211～215 页。

1924 年加入社会主义青年团,同年加入共产党。第一次国内革命战争期间他担任过苏联顾问鲍罗廷的英语翻译,1927 年返菲,一直担任重要领导工作。[①] 许敬诚和李永孝虽未正式担任华支领导职务,但在华支的组建乃至以后的活动中都发挥了极其重要的领导作用。而担任华支主要领导的黄杰、蔡健华、王西雄(华支参谋长)等,也都是共产党员,他们也曾多次往返于中、菲两国之间,在中国接受政治军事训练,还参加了国内的抗战。如蔡健华于 1938 年参加菲律宾华侨救国义勇队(后改称菲律宾华侨回国随军服务团),之后留在新四军工作,以后重返菲;[②]王西雄于 1939 年参加菲律宾华侨各劳工团体联合会回国慰劳团,之后也留在新四军工作,以后亦重返菲。[③]

还有一种情况。有些来自中国的领导人虽然表面上与华支没有直接的关系,但他们在宣传、组织菲律宾华侨进行抗日的工作中发挥着重要的甚至是关键性的作用,因此也应把这种情况视为华支与中国革命存在关系的表现。例如,1941 年宋庆龄和廖承志商议要到菲律宾去办一份宣传抗日的报纸,因此派林林作为代表去菲。林林曾与郭沫若一起办《救亡日报》,在这方面富有经验。1941 年 6 月林林抵菲,经过半年多的筹备,办起了《华侨导报》。在三年地下斗争中,该报在宣传抗日的同时,培养了不少华侨干部。[④] 许多华侨青年都是通过阅读该报,或参加该报的出版发行工作,最终参加到包括华支在内的抗日队伍中去的。因此该报的领导人在客观上发挥着像前文提到的几位领导人那样的作用。

---

① 泉州华侨抗日史编委会:《菲岛华侨抗日风云》,厦门:鹭江出版社,1991 年,第 221~225 页。

② 泉州华侨抗日史编委会:《菲岛华侨抗日风云》,厦门:鹭江出版社,1991 年,第 170 页。

③ 郭建:《悼念王西雄同志,学习王西雄同志》,《雁来红》1992 年第 7 期。

④ 《老归侨林林致词》,《北京菲律宾归侨联谊会会讯》1991 年第 1 期。

　　华支干部战士都是旅居菲律宾的华侨，他们根植于菲律宾华侨社会中，深受菲华社会蓬勃发展的抗日救亡运动的熏陶和影响，这就为日后参加抗日武装斗争奠定了思想和组织基础。早在九一八事变发生后不久，马尼拉华侨就发表声明主张对日宣战和抗战到底，呼吁抵制日货和筹募抗战基金。1931 年 11 月 30 日，303 个华侨组织联合成立了菲律宾华侨救国协会。此后，菲华社会不断筹款捐献给中国抗日军队。如捐献给马占山东北义勇军 40 万美元；捐献给在上海英勇抗战的十九路军 80 万美元。菲华社会还大力抵制日货，日本对菲律宾的输出和输入因此大幅度下降。①

　　七七事变后，菲华社会的抗日救亡运动有了进一步发展。1938年 5 月 1 日宣告成立的菲律宾华侨各劳工团体联合会（简称"劳联会"），是各左翼华侨劳工团体的联合组织，以团结抗日为中心，致力于开展抗日救亡的宣传，积极发动华侨工人以人力物力支援祖国抗战。劳联会的重要干部日后有不少成为华支的骨干。如劳联会筹委会委员郑显玉，后来成为华支第一大队队长；另一位筹委会委员高剑锋，后来成为华支驻马尼拉办事处副主任。进步劳工组织实际上成了为抗日斗争培养干部的摇篮。劳联会还发动工人群众支援华侨爱国人士出版《建国报》，其下属组织有的也出版小型刊物，如店员救亡协会出版《战时店员》，等等。劳联会还支持华侨文化界人士组织的"国防剧社"开展宣传抗日的文娱活动。许多华侨工人、店员日后参加华支，都与这一段经历密切相关。所以，进步劳工组织实际上还是造就抗日战士的学校。②

　　其他华侨爱国团体也在中国国内抗战全面爆发后积极展开活动。如以中华商会为主，联合受其影响的各华侨社团而组成的"抗

---

　　①　孙福生：《菲律宾华侨抗日游击支队》，《东南亚史论文集》，郑州：河南人民出版社，1987 年。

　　②　泉州华侨抗日史编委会：《菲岛华侨抗日风云》，厦门：鹭江出版社，1991年，第 1～16 页。

敌会"，在发动捐款支援祖国抗战方面做了大量工作。作为商人和雇主的团体，它在支持工人、店员参加抗日斗争方面也有积极的表现。又如洪门系统的各团体机构，也以各种方式支援祖国抗战。由于洪门组织在菲华劳工阶层有广泛影响，与左翼社团的关系也很密切，日后以洪门人士为主的菲律宾华侨抗日锄奸义勇军与华支在战斗中互相支持，也就在所必然了。[1] 菲华社会同仇敌忾的抗日情绪，形成了团结御敌的政治氛围，对后来成为华支战士的工人、店员的影响是不容忽视的。

太平洋战争爆发后，劳联会联合各抗日团体，成立华侨抗日护侨委员会，由许敬诚任主席，是菲岛沦陷初期华侨左翼抵抗运动的最高领导机构。在该会组织下，1941 年 12 月各抗日团体的干部集体疏散到农村去。次年 2 月，这批干部中的一部分又分别被派往沦陷区各城镇开展抗日地下斗争，另一部分则留在农村参加武装斗争。从此，左翼抵抗运动形成了四大组织，除华支外，其余三个组织是：菲律宾华侨抗日反奸大同盟（简称"抗反"）；菲律宾华侨青年抗日迫击团（简称"迫击团"）；菲律宾华侨抗日锄奸义勇军（简称"抗锄"）。这四个组织接受统一领导，形成了一个联系紧密的网络，在对敌斗争中相互支持。可以说，如果没有其余三个组织的配合，华支要取得辉煌的战绩是不可想象的。

抗反是战时菲华最大的抵抗组织，由许敬诚亲自担任主席，人员有上万，从首都马尼拉到各区、各省市，凡是有华侨聚居的地方，都有其组织在活动。抗反对华支的支援是多方面的。从输送干部战士，到供应军需药品；从帮助华支建立交通站，到派人前往华支驻地劳军慰问。凡是华支需要的，抗反就把它当成首要任务来完成，或予以积极配合。例如 1944 年 7 月抗反协助华侨文化界人士组团慰问华支，并动员征集慰问物资，将价值 10 万多元的慰劳品送往华

---

支驻地;1944 年 9 月抗反全力支持和协助华支马尼拉中队在敌人心脏打杀伪华侨协会头子的战斗行动;等等。① 迫击团、抗锄也在各方面支援华支,如 1944 年 8—9 月,迫击团团长陈培德等十几位成员转移到农村地区加入华支,为华支增添了生力军。② 又如 1945 年 3—4 月,在解放菲岛的最后战斗中,抗锄与华支第三大队一起挥师南下,共同配合美军消灭继续顽抗的日军。总之,华支以农村武装斗争为主,其他 3 个组织以城市地下斗争为主,华支与它们交叉渗透,形成了一个城乡呼应、武装斗争与地下斗争结合的体系,从而使华支获得了一个超越自身的广大的组织基础。

　　从个人的角度加以考察,菲律宾华侨中只要是稍有爱国心的,无不对抵抗运动给予全力的支持。当菲岛即将沦陷,急需将抗日团体的干部疏散到农村去时,撤离任务是相当艰巨的。最大的困难是缺乏交通工具。在这危急关头,马尼拉市百阁区有一位叫郭文炳的华侨商人(胜利铁业公司的经理),慨然地把他仅有的两部五吨卡车献了出来。抗日团体用这两部卡车往返数趟,安全地疏散了一大批人,这些人后来都成为包括华支在内的各抵抗组织的骨干。后来这两部卡车在战乱中毁弃了,③然而这却换来了菲华社会抗日有生力量的保存。正是千千万万个像郭文炳那样的华侨,构成了抵抗运动的群众基础。

　　这里也应指出,属于中国国民党系统的菲律宾华侨右翼抵抗运动(包括华侨战时血干团、华侨青年战时特别工作总队、华侨抗日义勇军、迫击 339 团 4 个组织),在中国国内国共第二次合作,菲华社

---

　　①　泉州华侨抗日史编委会:《菲岛华侨抗日风云》,厦门:鹭江出版社,1991 年,第 57、67、72 页。

　　②　王顺流:《华支与迫击团》,菲律宾华支退伍军人总会编:《菲律宾华侨抗日游击支队建军四十五周年纪念特刊》,1987 年。

　　③　泉州华侨抗日史编委会:《菲岛华侨抗日风云》,厦门:鹭江出版社,1991 年,第 41～42 页。

会民族团结高涨的背景下，也和左翼抵抗运动一样，与侵占菲岛的日军进行了英勇的斗争。虽然左翼组织与右翼组织之间从未有过正式联系，也没有配合作战过，但因同为华侨抗日组织，故客观上形成相互声援的局面。双方的领导人之间有的是同学或朋友关系，其来往也有助于共同的抗战事业。双方在营救出被敌伪俘获的对方人员时，也都将其送还对方。[①] 这也从另一个侧面反映了华侨抵抗运动所拥有的广泛的社会基础。

以上从华支与祖国人民及菲华社会的关系这一层面，论述了华支的社会基础。抗战的共同事业使祖国人民和菲律宾华侨在传统的血缘、地缘关系之外，又多了一个团结御敌的支点。中国革命的理论和经验也使菲华进步力量的思想意识和斗争策略得到升华。这一切又外化为华支的组织和战斗力所必需的人员和物资的保障。舍此基础，华支的业绩及其在历史上的地位都将不复存在。

# 二、华支与菲律宾各政治力量<br>及菲律宾人民的关系

中菲两国人民的友谊源远流长，这种友谊在近现代世界人民争取民族解放的斗争中得到进一步加强。进入 20 世纪 30 年代，由于法西斯势力的崛起，中菲两国人民面临着共同的威胁，因此两国人民和进步力量都感到有必要加强团结共同对敌。日本占领菲律宾期间，华侨的抗日斗争与当地人民的抗日斗争是紧密结合在一起的。菲律宾的贫苦农民和城市平民是华侨抵抗运动在侨居国的群众基础，华侨游击队和地下组织与他们的关系是鱼和水的关系。

20 世纪前 20 年，菲律宾工农运动风起云涌。1917—1919 年，

---

① 《访问吴伯谦谈话记录》，厦门，1995 年 6 月 3 日。吴伯谦为华支建军时的52 名队员之一。

出现了一批战斗性较强的农民革命组织。在中吕宋的一些省份,建立了许多农民协会。20世纪20年代末,全国性的工人组织也相继诞生。在此基础上,菲律宾共产党于1930年宣告成立。1933年又建立了社会党。两党是当时进步力量的代表。曾经是菲律宾宗主国的西班牙的国内战争,以及中国的抗日战争,都对菲律宾产生了很大影响。20世纪30年代末,获得合法地位的菲共指出,日本法西斯是菲律宾的主要威胁,并发表《为建立反军阀法西斯主义统一战线致菲律宾与中国人民书》,说明它已认识到中菲两国人民共同抗日的必要性。1939年,菲共与左翼工会、农会及其他进步团体组成了"人民阵线"。日军开始进犯菲律宾之时(1941年12月7—10日),菲共中央召开了紧急会议,制定了抗日《十二项纲领》,提出团结一切力量,建立统一战线的方针政策。[①] 所有这一切,都为菲律宾人民的抗日斗争做了思想上和组织上的准备,也为华侨抵抗运动的兴起造就了有利的社会环境。

华支的组建就是在菲律宾人民和进步力量的大力支持下进行的。太平洋战争爆发后,菲岛形势突变,日军迅速挺进,美军急剧败退。华侨左翼抵抗运动为避敌锋,保存实力,选择了农民运动基础雄厚的中吕宋乡村,作为疏散干部的去处,并意在以此作为游击战的根据地。在菲律宾全国农民协会主席玛特奥·德尔·卡斯蒂略(Mateo Del Castillo)的帮助和引导下,由左翼领导人许敬诚带领的一批干部于1942年1月中旬抵达中吕宋邦邦牙省干打描社的曼地利村,并受到全国农协副主席范·费柳(Juan Feleo)的热情接待。当地农会干部当即把这些华侨抗日骨干分散安排到农民家中食宿,安顿好他们的生活。先期抵达中吕宋的另一批干部随即也汇聚于此。他们在后来回忆道:"诚朴而直爽的菲律宾农民热烈地表示欢迎,对待我们好像兄弟姐妹一样。"[②]

---

① 金应熙主编:《菲律宾史》,开封:河南大学出版社,1990年。
② 梁上苑、蔡健华:《华侨抗日支队》,香港:广角镜出版社,1980年,第15页。

游击战的方针确定之后，随即遇到两个问题：一是组织形式问题，一是武器问题。华侨左翼抵抗运动的领导人一开始并未考虑单独组织游击队，只是决定协助菲律宾人民组织游击队，并加入他们的队伍中去。那时一些农会领袖也来到左翼干部落脚的乡村附近，准备组织游击队，于是双方取得联系，共同进行准备工作。与此同时，日军的暴行促使许多农民自发地展开武装斗争。1942 年 3 月 13 日爆发的曼地利伏击战，揭开了菲律宾人民抗日武装斗争的序幕。由干打描社农会负责人、女英雄费利珀·古拉拉（Felipa Culala）率领的一支百余人的队伍，在这次战斗中毙伤敌伪 50 多人，缴获 30 多支枪。有数名华侨战士也参加了这次战斗，如高华岳（后任华支总队副队长）、谢清，以及一名姓李的青年。①

1942 年 3 月 29 日，菲共在中吕宋邦邦牙、新依丝夏、丹辘三省交界处的森林里召开了各游击队代表会议，华侨左翼抵抗运动的负责人和一些干部也参加了会议。会上宣布建立菲律宾人民抗日军，并推举出了这支队伍的领袖，路易士·塔鲁克（Luis Taruc）任总司令，加斯道·阿里汉特林诺（Casto Alejandrino）任副总司令，玛特奥·德尔·卡斯蒂略任政委，他们都是著名的共产党员或社会党员。② 参加曼地利军政训练班的华侨青年分散加入了民抗军各支队。在以后的一个多月里，他们与同一个作战单位的菲律宾青年并肩作战，在实践中得到锻炼。但是由于语言、生活习惯的不同，他们感到与当地青年混合编队不能充分发挥自己的特长。鉴于这种情况，华侨左翼领导人和民抗军领导共同批准了他们提出的单独组队的要求。③ 5 月 19 日，由 52 位华侨青年组成的菲律宾人民抗日军第 48（华侨）支队诞生了。从中我们可以看到，华支乃是脱胎于菲律

---

① 梁上苑、蔡健华：《华侨抗日支队》，香港：广角镜出版社，1980 年，第 23 页。
② 梁上苑、蔡健华：《华侨抗日支队》，香港：广角镜出版社，1980 年，第 26 页。
③ 孙福生：《菲律宾华侨抗日游击支队》，《东南亚史论文集》，郑州：河南人民出版社，1987 年。

宾人民抗日武装的队伍,二者关系之密切是不言而喻的。

华支成立时,队员都把枪支归还民抗军各支队,只有暂时借用的来福枪7支和短枪2支。武器的缺乏成为严重的问题。除了从敌伪手中夺取之外,相当部分的武器仍需依靠农民群众和民抗军的协助才能获得。许多村民在得到美菲军遗弃的武器时,自动献给华支。在美菲军遗留武器最多的描沓安半岛,华支也与民抗军第六支队一起前往搜集并得到大批武器。再者,华支在1943年1月22日于仑巴(Catungba)战斗以前,也一直未单独对日军作战过,而是与民抗军一起共同作战。所以华支成立和初步发展的阶段,在各方面仍与民抗军有着千丝万缕的关系。

1943年5月华支南征开辟新区,到达南吕宋后,经民抗军同意,取消了第48支队的番号,脱离民抗军,成为一支独立的队伍。直到这时,华支才改变了其隶属民抗军的地位。华支与民抗军关系的变化,一方面表明它已经成长壮大,可以独当一面地对敌作战;另一方面也说明菲律宾人民抗日武装对它的培育已经完成,新的形势要求它有更大的独立性和主动权。二者的关系虽然变了,但是华支根植于菲律宾人民当中这点却始终未变。日后华支与民抗军在协同作战中相互支援,生死与共,双方都有不少干部战士在增援对方的战斗中英勇献身,充分说明了这一点。

由于战前菲律宾的政治力量极其分散,因此战时的游击队名目繁多,无法形成统一的抗日队伍,有时甚至互相攻伐。面对这一复杂局面,华支在建立最广泛的抗日统一战线的方针指导下,视所有游击队为自己的友军,始终与它们友好相处。加上华支以英勇善战著称,因而赢得了它们的尊重和支持。当华支南征进军到武六干和黎刹两省交界处时,遇到了友好的美菲军游击队,吃到了出发以来的第一次真正的饭菜。当华支抵达内湖省和塔亚巴斯省交界处的桑帕洛克时,与在这一带活动的菲律宾后备军官游击队(ROTC,Reserve Officers' Training Corps)和马京(Marking)游击队取得了

联系,后者派出向导带领华支抵达目的地内湖省的帕埃特—隆戈斯
地区。① 在南吕宋活动的两年里,华支与各种政治背景的抗日游击
队都建立了良好的关系,经常与它们互通消息,交换情报,还与
ROTC签订了互助协定,承诺在军事和经济方面互相帮助对付日
寇。在此期间,华支还充当了各游击队间纷争的调解人。② 所有这
一切,都说明华支在菲律宾社会中有着良好的基础。

从个人的角度加以考察,每一个有民族气节的菲律宾人都视华
支为自己的队伍,给予无保留的支持。菲人经常主动为华支送情
报、当向导、送粮食,甚至把劫余的最后一点粮食送给华支。华支战
士负伤后,菲人就设法把伤员转移到安全的地方治疗。有的菲人更
是冒着生命危险协助华支歼敌。一篇回忆文章在谈到解放仙沓古
律示的战斗时写道:当守敌基本被歼后,"我们正要休息,又有菲人
跑来报告,稻田里有几个敌兵潜伏着。时已入夜,我们再次组织兵
力包围追击,直到全歼这小股残敌"③。菲人的报告使华支避免了遭
敌袭击的危险,且使残敌全部被歼。华支指战员正是从切身体会中
认识到,"在异国的土地上同日本侵略者作战,如果脱离了菲律宾人
民,将会寸步难行,无法生存"④。华支不仅依靠华侨群众,而且依靠
菲律宾群众,才使自己立于不败之地。

这里也应指出,华支与美军也维持着良好的关系。受西南太平
洋战区美军总司令麦克阿瑟(Douglas MacArthur)将军委任的美菲
军游击队负责人安德逊(Bernard Anderson)少校与华支领导人有

① 陈守国(Antonio S. Tan)著,梁上苑译:《菲律宾"华支"游击队》,《南洋资
料译丛》1984年第1期。

② 梁上苑、蔡健华:《华侨抗日支队》,香港:广角镜出版社,1980年,第122~
123页。

③ 杨文泉:《战斗在异邦》,泉州市菲律宾归侨联谊会编:《泉州市菲律宾归侨
联谊会成立二周年纪念特刊》,1992年。

④ 泉州华侨抗日史编委会:《菲岛华侨抗日风云》,厦门:鹭江出版社,1991
年,第92页。

着良好的个人关系，对华支和民抗军的态度也是开明和友好的。当美军开始在太平洋战场进行反攻时，时常派出潜艇装运军火等物品供给菲律宾各游击队，安德逊少校便分别将这些物资转给包括华支在内的南吕宋各抗日队伍。华支收到的第一批物资是药品，包括金鸡纳霜、碘酒、红药水、绷带、卫生棉、胶布等，以后又陆续收到药品、地图、书报杂志和各种宣传品。① 1945 年 2—6 月，华支配合美军进行解放吕宋岛的战斗，在这期间，美军发给华支队员全部服装和武器，除了不编番号外，其他都和美军士兵一样。② 同年 8 月战争结束时，华支战士复员的待遇之一是从美军那儿每人领取 5 个月的工资，并按军衔发给。③ 这也从一个独特的视角反映了华支社会基础的广泛性。

以上从华支与菲律宾各政治力量及菲律宾人民的关系这一层面，论述了华支的社会基础。华支与菲律宾人民的鱼水关系，与菲律宾进步力量的密切合作，是其立于不败之地的根本保证。世界反法西斯统一战线的形成，也给华支造就了有利的国内外环境。舍此基础，华支的生存和胜利同样是不可想象的。

## 三、华支干部战士的社会经历和家庭背景

一支由华侨青年组成的规模不大的队伍，在异国土地上，与千百倍于己的敌人展开英勇机智的搏斗，敌人不仅不能消灭它，反而屡遭其重创。除了歼敌之外，它还在为盟军提供情报、解救盟军战俘、保护菲律宾人民和华侨的生命财产等方面做出巨大的贡献。华

---

① 梁上苑、蔡健华：《华侨抗日支队》，香港：广角镜出版社，1980 年，第 133～134 页。

② 梁上苑、蔡健华：《华侨抗日支队》，香港：广角镜出版社，1980 年，第 211 页。

③ 梁上苑、蔡健华：《华侨抗日支队》，香港：广角镜出版社，1980 年，第 227 页。

支的战斗力源于它在中菲两国人民中都有着深厚的基础，又源于它的每一个成员都具有很高的素质。而这种高素质，又与华支成员的社会经历和家庭背景密切相关。

华支队员来自华侨工人、店员、学生和新闻工作者。战前他们为了谋生，漂泊菲岛，备尝人生的艰难曲折。艰苦的生活造就了他们坚韧的品格和百折不挠的意志；丰富的阅历又使他们见多识广且具有很强的适应能力。他们虽然家庭背景不尽相同，但都受到中华文化的熏陶，具有强烈的民族意识。再加上接受了进步思想，使他们在参加华支后都能一以当十地发挥出自己最大的能量，全身心地投入抗日斗争中去。

以下我们从华支干部战士中选取几个个案，作为实例来说明问题。

陈村生，1917 年生，祖籍福建晋江深沪。父亲是知识分子，倚才傲世，家教极严。母亲早逝，他自小在严父督导下成长，养成沉着坚韧倔强的个性。在家乡小学读书时，他一直保持优等成绩。1932年他南渡菲岛谋生，先后在马尼拉洲仔岸新益昌杂货店和金吉银楼当过伙夫，又在建华布店货仓当过搬运工，在王城月光餐馆当过招待员。他每天不顾工作劳累，坚持上英文夜校学习，并坚持锻炼身体。1939 年他参加餐馆工会工作，后被选为该工会秘书长，并担任劳联会执委。由于领导工人罢工，他被老板开除，几经辗转后在一家镜具店当绘图工。战争爆发后他是抗反的创建人之一，1943 年转入华支，先后任大队指导员和总队参谋长，1945 年 4 月在配合美军解放南吕宋的战斗中牺牲。[①]

蔡宜呼，1919 年生，祖籍福建晋江东石。父亲早年旅菲，在蜂牙丝兰省拉牛板市中心开设一间大型布店，他于十二三岁时由父亲接到菲律宾，先后就读于马尼拉普智学校、曙光学校和华侨中学。

---

① 泉州华侨抗日史编委会：《菲岛华侨抗日风云》，厦门：鹭江出版社，1991年，第 238～240 页。

菲岛沦陷后，父亲的布店被迫关闭，他也回到拉牛板。由于他常与华侨爱国青年来往，受其影响，决定投奔华支参加抗战。在征得父亲同意并得到其经济上的资助后，他与另四名华侨青年一起，历尽千辛万苦，躲过日寇追击，辗转找到邦邦牙省的华侨左翼抵抗运动联络站，进入游击区，参加了华支。他在华支中历任战士、班长、排长。[①]

吕孙博，1923 年生，祖籍福建晋江深沪。他于 1940 年到菲律宾描东牙示省丹拉湾镇投奔舅父，在舅父开的菜籽店里当伙计，每天工作十几个小时，但仍千方百计地挤时间看书，因此阅读了许多进步书籍。菲岛沦陷后舅父的店被迫关闭，他也躲藏于乡村。因见报载有人组织抗日活动，遂萌发了参加的念头。之后与华侨左翼抵抗运动有所接触，进而参加了地下斗争，并于 1944 年转入华支。他认为自己参加华支是受爱国心的驱使，但有一件事也成为他的动力，就是他感到菲律宾老百姓因为华侨的英勇抗战，改变了过去认为华侨只会赚钱的片面看法。[②]

李志成，生年不详，祖籍金门，出生于荷属东印度（今印尼）。幼年家庭小康，一度回国读书。自日寇占领金门后，他不甘为"顺民"，愤而离开辗转赴菲。初抵菲时在马尼拉一家糖果厂做工，后经友人介绍往南吕宋当店员。日军侵占菲岛后毅然参加抗反，从事地下工作，1942 年 10 月华支扩军时他应召入伍。他身材魁伟，战斗英勇，冲锋陷阵从不退缩，而且文武双全，被《华侨导报》委派为驻华支的通信员，许多在该报发表的华支消息均出自他之手。1944 年 5 月

---

① 威廉·蔡：《向马尼拉挺进》，泉州市菲律宾归侨联谊会编：《泉州市菲律宾归侨联谊会成立二周年纪念特刊》，1992 年；《访问蔡宜呼谈话记录》，厦门，1995 年 6 月 25 日。

② 吕孙博：《从山林到平原》，菲律宾华支退伍军人总会编：《菲律宾华侨抗日游击支队建军五十周年纪念特刊》，1992 年；《访问吕孙博谈话记录》，马尼拉，1992 年 5 月 18 日。

16 日,华支进攻地耶拔省三巴乐社(今马尼拉三巴乐区),在激烈的战斗中李志成不幸头部中弹,壮烈牺牲,留有遗作《踏上光明之路》,描写自己参加华支的经过。[①]

　　陈振佳,1926 年生,祖籍福建厦门禾山。为避日寇铁蹄,1938年他与家人一起作为难民来到菲律宾,先后在甲米地的面包厂、宿务的皮绒鞋料店,以及马尼拉的杂货铺、皮鞋店和中药房当学徒。菲岛沦陷后失业,在马尼拉当街头小贩。此时他接触了一些华侨进步青年,开始阅读革命书籍。1943 年 6 月参加抗反,参与《华侨导报》的发行工作。1944 年 9 月转入华支马尼拉中队,年底转移到游击区加入华支第三大队,历任战士、班长、代理排长。他的家庭成员和亲戚朋友有不少参加了国内外的抗日活动。1938 年 5 月厦门沦陷后,其父陈菊农曾自菲律宾前往新加坡,参与组织新加坡厦门公会,旨在支援家乡人民抗战,并救助避难南洋之同乡。[②] 在菲律宾,其父亦热心于进步文化运动,倡办过《小说丛刊》,在乡侨中有一定影响。[③] 他的二哥先于他参加了抗反。他的一个堂姐在新加坡因积极参加当地华侨的抗日宣传活动而被英国殖民当局驱逐出境。他的另一个堂姐则自菲返国参加了新四军。战争爆发时他正在马尼拉鹤寿堂药房工作,该药房的主人是他姐夫的父亲、侨界名医苏必辉。苏氏是华侨抗敌会委员,战时其药房被日军查封,苏氏也被关押。所有这一切都对他产生很大影响。[④]

　　上述个案说明以下问题:第一,华支干部战士都具有一定的文化水平,入伍前他们都通过阅读进步书籍汲取了革命思想,增强了

---

　　① 黄杰、蔡健华、里昂:《菲律宾华侨抗日游击支队的三年游击战纪实》,原载于 1945 年《华侨导报》,1982 年重新打字复制,第 83~84 页。

　　② 沈雅南:《本会初创十年概述》,《新加坡厦门公会金禧纪念特刊》,1988 年。

　　③ 颜文初:《三十年来菲律宾华侨报纸事业》,《小吕宋华侨中西学校三十周年纪念刊》,1929 年。

　　④ 《陈振佳自传》,1955 年。

民族意识，所以他们是自觉地投入抗日斗争中去的。这一点与一般自发的抗日武装队伍有本质的区别。第二，他们中有的人在战前就是工人运动的骨干，而且大部分在参加华支前都经历过地下斗争的考验和锻炼，这就为其日后参加武装斗争做好了思想上和组织上的准备。第三，他们的社会经历体现了海外华人的共性，那就是为了生存而拼命工作。这种精神在战时必然会转化为对敌搏杀的旺盛斗志。第四，无论是出身于贫寒之家还是较富裕的家庭，他们的参战都得到了亲人的支持和肯定，这是由抗日斗争的全民性决定的。因为日本的侵略不仅给华侨的祖国造成了巨大的灾难，而且打断了华侨在海外发展事业的过程。国恨与家仇交织在一起，必然使华支战士饱含对敌仇恨而英勇拼杀。

## 四、深厚社会土壤结出菲岛抗日硕果

综合本章所论，菲律宾华侨抗日游击支队的社会基础可以从三个层面加以认识。首先，华支的斗争是祖国人民的抗日斗争在海外的延伸，也是菲华社会抗日斗争的组成部分。中共领导下的人民战争是华支战略战术思想和组织形式的源泉和楷模，菲华左翼抵抗运动则以城乡结合、地下斗争与武装斗争结合的方式，将华支纳入其体系，给予它兵员、物资以及其他方面的支持和配合。这是华支在祖国国内和侨居国华侨社会中的基础。其次，华支的斗争是菲律宾人民反抗日本侵略的斗争之一部分，也是世界反法西斯战争的一个环节。菲律宾人民和进步力量视其为兄弟、战友，华支的组织脱胎于此，华支的活动根植于此。另外，盟军的支持对华支来说也是不可或缺的。这是华支在侨居国和国际上的基础。最后，华支的每一个干部、战士作为各自社会关系的总和，具体展现了华支这样一个特殊历史条件的产物，是如何在深厚的社会基础上成长壮大并结出胜利硕果的。

中编　经济管理

# 第六章

# 美统时期菲律宾厦门籍华侨的经济状况

## 一、美统时期菲律宾华侨经济发展的背景

1898 年美国击败西班牙取得菲律宾,接着又镇压了菲独立运动,于 1901 年完成了对菲的占领和控制。此后直到 1946 年 7 月菲宣布独立,菲律宾为美国殖民地。其中 1935 年 9 月以后为自治领,1942 年 1 月至 1945 年 7 月为日本占领时期。

美国统治时期,菲律宾的生产有了发展,经济也趋向活跃,美菲自由贸易政策的实施,使美工业品得以向菲倾销,而菲之农业初级产品和加工产品亦可运销于美。西班牙对菲经济开发无所作为,美则力促菲的经济开发,它鼓励建立农场,引入先进设备和技术,发展交通运输事业,设立银行信贷机构。1903 年美规定以金本位为基础在菲发行新的货币;菲币两比索(Peso)等于一美元。有美元做后盾,菲币相当稳定,且方便了对外贸易。凡此种种,都为华侨在菲的经济活动提供了较为良好的环境。再者,美国标榜"民主""法治",西班牙殖民当局强加给华侨的苛捐杂税,以及对其生命财产的威胁、剥夺等现象随之消失,也为华侨的经济活动提供了基础和保障。

当然,美统时期华侨经济发展仍受到种种限制。1921 年的簿记法,1922 年的禁米条例,1923 年的内海航运菲化案,1924 年的排

华风潮，1930年停止发给华侨菜籽店营业执照，以及1940年的公共市场菲化案，都极大地打击了华侨商业。再者，菲律宾民族主义的兴起，其民族资本对华侨资本的排挤，加上美、日等外国资本的强有力竞争，都给华侨经济的发展增加了艰难险阻。

从世界经济的影响来看，第一次世界大战期间和战后初期（1914—1920），由于战争的影响，国际市场对菲律宾一些原料和产品需求大为增加，促使其价格大为上涨。菲经济作物的种植和农产品加工有了迅速发展，其出口成倍增长。这种形势也促使华侨增加投资，使他们在农产品收购、加工、出口和菲内海航运等经济领域有了较大发展。然而，两次世界大战之间的世界经济危机，特别是1929—1933年的经济危机，又沉重打击了菲律宾华侨的经济。第二次世界大战时日本对菲的占领，更使菲律宾华侨经济濒临毁灭，财产损失几近华侨战前在菲投资的总额。[①]

## 二、菲律宾厦门籍华侨的人数和地区分布

根据20世纪50年代的统计，厦门市（不包括同安县）旅居海外的华侨约为7万人，其中35.4％侨居菲律宾，为24780人。[②] 又据20世纪50年代的估计，菲律宾的华侨和华人共约25万人，[③]如此则厦门籍华侨约占菲律宾华侨的10％。据菲律宾1939年的户口调查，

---

① 王文良：《新殖民主义的发端：20世纪初美国对菲律宾的统治》，《美国研究》1993年第3期；黄滋生、何思兵：《菲律宾华侨史》，广州：广东高等教育出版社，1987年，第315～320、463页。

② 林金枝等：《近代华侨投资国内企业史资料选辑（福建卷）》，福州：福建人民出版社，1985年，第30页。

③ 赵松乔等：《菲律宾地理》，北京：科学出版社，1964年，第61页。

华侨人口为 117487 人,[①]以 1/10 计,厦门籍华侨为 11749 人。当然这仅是估计数字。

菲律宾华侨的分布情况是,65.5％分布在吕宋岛,15.3％分布在米沙鄢群岛,其余分布在棉兰老岛、苏禄群岛和巴拉望列岛。[②] 但是,厦门籍华侨的分布乃侧重于南岛,包括米沙鄢群岛,棉兰老岛、苏禄群岛等。1891—1896 年间,和乐、古达描岛、三宝颜和朗吗倪地 4 个城市的华侨,厦门—同安籍的比例高达 75％～100％。同一时期丝内、拉加罗沓、宿务、描戈律、危洛描丹、仙彬兰洛、黎牙实比、洪溪礼示 8 个城市的华侨,厦门—同安籍的比例为 40％～74％。上述 12 个城市中,后 4 个属吕宋岛,前 8 个属南岛。此外,1822—1894 年间,马尼拉的华侨中,厦门—同安籍的比例从 17.5％下降为 9.9％,而 19 世纪 90 年代,51 个省级中心城市的华侨中,厦门—同安籍的比例为 27.0％。[③] 综合考察以上数字,从绝对数量来说,19 世纪末南岛的厦门籍华侨应不会少于包括马尼拉在内的吕宋岛。再从 20 世纪 70 年代的情况来看,包括禾山在内的厦门籍华侨华人,在怡朗、朗吗倪地、拉牛板、纳卯 4 个城市的华侨华人中所占的比例分别是 7.0％、69.5％、0.7％、3.5％。[④] 其中比例最低的拉牛板还是属于吕宋岛,其余 3 市均属南岛。虽然目前仍未掌握美统时期这方面的统计数字,但从上述几组不同时期的数字来看,厦门籍华侨的分布侧重于南岛这一结论当大致无误。

①　《菲律宾岷里拉中华商会五十周年纪念刊》,马尼拉,1954 年,庚编第 145 页。

②　赵松乔等:《菲律宾地理》,北京:科学出版社,1964 年,第 65 页。

③　D. F. Doeppers, Destination, Selection and Turnover among Chinese Migrants to Philippine Cities in the Nineteeth Century, *Journal of Historical Geography*, Vol. 12, No. 4, 1986.

④　J.T. Omohundro, *Chinese Merchant Families in Iloilo—Commerce and Kin in a Central Philippine City*, Manila: Ateneo de Manila University Press, Athens: The Ohio University Press, 1981, p. 24.

# 三、菲律宾厦门籍华侨经济地位的评估

厦门籍华侨移居菲岛的历史十分悠久，早在明中叶即不断见于记载。清初赴菲谋生的厦门移民仍络绎不绝。西班牙统治菲律宾的最后二十几年，亦即 19 世纪 70—90 年代，厦门籍华侨移居菲岛的人数又有所增加。这一时期的厦门移民除出卖劳力者外，有不少人从事零售商业和手工作坊的经营，积累了资本，后来构成美统时期华侨经济中坚力量之一部分。

美国殖民政府于 1902 年将"排华法案"（Chinese Exclusion Act）援用到菲律宾，限制华工入境。此外，美又大力保护及扶植菲人劳工，使其取代华人工匠的地位。这一政策促使菲华社会的职业结构发生了变化。由于华侨得以自由从事商业活动，他们便大量地转入商场，于是"菲华社会发展成了一个只包括商店老板与佣员的单纯商人社会，这是菲律宾华人与东南亚其他地区华人社会最不相同的地方"①。

菲华社会的领导力量是各地的商会。② 它们负责协调华侨社会内部的关系，并就各项事务与政府交涉以维护华侨的利益。在商会中任职的多为在各地经商有成、具有一定经济实力的华商，正如菲律宾华裔学者施振民所说，"海外华人社会领袖的特色是几乎完全以经济条件来决定其社会地位"③。根据杨静桐编撰的《菲律宾华侨年鉴（1935 年）》，我们可以看到厦门籍华侨在各地商会中担任了许

① 施振民：《菲律宾华人文化的持续》，《"中央研究院"民族学研究所集刊》第 42 期，1976 年。

② 黄明德：《菲律宾华侨经济》，台北："侨务委员会"，1956 年，第 174 页。

③ 施振民：《菲律宾华人文化的持续》，《"中央研究院"民族学研究所集刊》第 42 期，1976 年。

多职(见表 6-1)。

　　表 6-1 所列共 51 人,实际为 50 人,因为宿务的黄登士与朗吗倪地的黄登士为同一人,黄氏家族在两地均有产业,故黄登士同时在两地华侨商会任职。又,武运中华商会有一位委员未列出姓名,只以"致远公司"名义登记,亦为思明籍人士。所列 50 人当中,经理 8人,占 16％;协理 1 人,占 2％;经纪 1 人,占 2％;律师 1 人,占 2％;店东(商号主人)11 人,占 22％;股东 1 人,占 2％;经商 24 人,占48％;情况不明者 3 人,占 6％。这里应指出,在经理、协理当中,有的本身即是店东或股东,如黄登士既是瀛发公司经理,又是该公司股东;薛敏老既是中兴银行协理,又是该银行股东。再者,经商者当中,也含有经理人员和商号主人,只是未加具体说明而已,如宿务中华商会董事黄平洋为宿务金顺昌公司总经理,另一董事叶安顿为宿务叶安顿进出口商行主人,[①]但在职业栏下二人仅登记为"商"。总之,在各地商会任职的厦门籍华侨中,大部分应为具有一定规模的厂商的主人及兼有股东身份的经理人员,亦即上文所说的经商有成、积累了相当资本,从而构成华侨经济中坚力量之一部分的那些人。这一点将在下文的论述中进一步得到证实。

表 6-1　20 世纪 30 年代中期菲律宾各地华侨商会厦门籍人士的任职情况

| 商会名称 | 姓名 | 所任何职 | 籍贯 | 职业(身份) |
|---|---|---|---|---|
| 岷里拉中华商会 | 薛芬士 | 主席 | 思明 | 益华商业有限公司总经理 |
| | 虞永容 | 监委 | 思明 | 股票交易所经纪 |
| | 薛敏老 | 候补执委 | 思明 | 中兴银行协理 |
| | 杨荣绅 | 候补执委 | 思明 | 杨大新总经理 |
| | 黄士琰 | 审查主任 | 思明 | 益同人保险公司经理 |
| | 陈少轩 | 会计兼文牍 | 思明 | 不明 |

---

　　① 　杨静桐:《菲律宾华侨年鉴(1935 年)》,马尼拉,1936 年;*Rosenstock's Cebu City Directory*,1907.

续表

| 商会名称 | 姓名 | 所任何职 | 籍贯 | 职业（身份） |
|---|---|---|---|---|
| 怡朗中华商会 | 陈邦光 | 组织 | 思明 | 茂源经理 |
| | 吴国材 | 监察 | 思明 | 新福益号东 |
| 宿务中华商会 | 黄登士 | 财务 | 思明 | 商 |
| | 孔世礼 | 秘书 | 思明 | 律师 |
| | 黄平洋 | 董事 | 思明 | 商 |
| | 廖天发 | 董事 | 思明 | 商 |
| | 叶安顿 | 董事 | 思明 | 商 |
| | 杨成张 | 董事 | 思明 | 商 |
| | 黄允郁 | 董事 | 思明 | 商 |
| | 黄永长 | 董事 | 思明 | 商 |
| | 杨启祥 | 董事 | 思明 | 商 |
| 三描礼示华侨联合会 | 刘进才 | 执行委员 | 禾山 | 商 |
| | 钟扶西 | 执行委员 | 禾山 | 商 |
| 黎牙实备中华商会 | 李泉领 | 执行委员 | 同安 | 和美号东 |
| | 林嘉添 | 交际 | 思明 | 太裕盛经理 |
| 朗吗倪地中华商会 | 吕肯构 | 正会长 | 思明 | 顺成麦股东 |
| | 何达衷 | 副会长 | 思明 | 义源店东 |
| | 陈天送 | 财务部 | 思明 | 永瑞发公司东 |
| | 孙水答 | 董事 | 思明 | 允乐安东 |
| | 周文阵 | 董事 | 思明 | 晋发号东 |
| | 江神佑 | 董事 | 思明 | 宝记公司经理 |
| | 黄登士 | 董事 | 思明 | 瀛发公司经理 |
| | 黄水炎 | 董事 | 思明 | 瀛发布庄经理 |
| | 孙永盛 | 董事 | 思明 | 不明 |
| | 允华安 | 董事 | 思明 | 不明 |
| | 薛俩仪 | 董事 | 思明 | 仪发东 |
| | 王奖志 | 董事 | 思明 | 糖厂主 |

续表

| 商会名称 | 姓名 | 所任何职 | 籍贯 | 职业（身份） |
|---|---|---|---|---|
| 佬旺华侨工商联合会 | 许永福 | 交际 | 同安 | 新荣芳东 |
| | 潘振边 | 组织 | 同安 | 新联成东 |
| | 尤皆然 | 委员 | 同安 | 盛裕号东 |
| 武运中华商会 | 雷文登 | 副主席 | 思明 | 商 |
| | 杨子荣 | 文牍 | 同安 | 商 |
| | 叶顺良 | 外交 | 思明 | 商 |
| | 黄炳坤 | 委员 | 思明 | 商 |
| | 黄朝宗 | 委员 | 思明 | 商 |
| | 陈三联 | 委员 | 思明 | 商 |
| | 陈查某 | 委员 | 思明 | 商 |
| | 黄开榜 | 监察 | 思明 | 商 |
| | 叶诸葛 | 监察 | 思明 | 商 |
| | ××× | 委员 | 思明 | 商 |
| 兰佬华侨协会 | 陈正道 | 宣传 | 禾山 | 商 |
| 桂约社华侨工商联合会 | 陈赐传 | 执委 | 思明 | 商 |
| | 陈金城 | 执委 | 思明 | 商 |
| | 林美赐 | 财政科 | 思明 | 商 |
| | 林加寿 | 稽查员 | 思明 | 商 |

注：岷里拉即马尼拉；黎牙实备即黎牙实比。

如果我们把各地华侨商会中不同籍贯的任职者的人数加以比较的话，就可以清楚地看出分属各地缘群体的华侨在社会经济生活中所占据的不同地位。我们仍以《菲律宾华侨年鉴（1935年）》所列举的上述 10 个商会的职员名录为依据，列表 6-2：

表 6-2　20 世纪 30 年代中期菲律宾各地华侨商会任职者祖籍情况的比较

| 商会所在地 | 厦门 | | 晋江 | | 南安 | | 惠安 | | 永春 | | 安溪 | | 龙溪 | | 金门 | | 广东 | | 各商会职员总数 |
|---|---|---|---|---|---|---|---|---|---|---|---|---|---|---|---|---|---|---|---|
| | 人数 | % | 人数 | % | 人数 | % | 人数 | % | 人数 | % | 人数 | % | 人数 | % | 人数 | % | 人数 | % | |
| 岷里拉 | 6 | 20.7 | 16 | 55.2 | 5 | 17.2 | | | | | | | 2 | 6.9 | | | | | 29 |
| 怡朗 | 2 | 10.5 | 10 | 52.6 | 3 | 15.8 | 2 | 10.5 | 1 | 5.3 | | | | | | | 1 | 5.3 | 19 |
| 宿务 | 9 | 50 | 8 | 44.4 | 1 | 5.6 | | | | | | | | | | | | | 18 |
| 三描礼示 | 2 | 11.1 | 6 | 33.3 | 10 | 55.6 | | | | | | | | | | | | | 18 |
| 黎牙实备 | 2 | 16.7 | 8 | 66.6 | 2 | 16.7 | | | | | | | | | | | | | 12 |
| 朗吗倪地 | 12 | 85.7 | | | | | | | | | | | | | | | 2 | 14.3 | 14 |
| 佬旺 | 3 | 30 | 2 | 20 | | | | | | | | | 4 | 40 | | | 1 | 10 | 10 |
| 武运 | 10 | 55.5 | 1 | 5.6 | 5 | 27.8 | | | | | | | | | | | 2 | 11.1 | 18 |
| 兰佬 | 1 | 10 | | | | | | | | | | | | | 8 | 80 | 1 | 10 | 10 |
| 桂约 | 4 | 23.5 | 10 | 58.8 | 1 | 5.9 | | | | | 2 | 11.8 | | | | | | | 17 |
| 合计 | 51 | 31 | 61 | 37 | 27 | 16.4 | 2 | 1.2 | 1 | 0.6 | 2 | 1.2 | 6 | 3.6 | 8 | 4.8 | 7 | 4.2 | 165 |

注:1.厦门籍职员因各地分计,故合计仍为 51 人(实为 50 人,详前文)。另,其中同安籍人 5 人,占 165 人的 3%。

2.岷里拉即马尼拉;黎牙实备即黎牙实比。

表 6-2 中列举的 10 个商会,职员总数为 165 人,其中晋江籍所占比例最大,为 37%。其次为厦门籍(包括少数同安籍),占 31%。菲律宾华侨 85% 来自闽南,其中又有一半来自晋江,[①]因此晋江籍人士虽然在商会职员中所占比例最大,但与其在华侨人口中所占比重相较,仍嫌少。厦门籍人士虽仅占华侨总数的 1/10,但在商会职员中的比例却远高于此。即使扣除其中的同安籍人士,其比例也高

---

①　施振民:《菲律宾华人文化的持续》,《"中央研究院"民族学研究所集刊》第 42 期,1976 年。

出人口比重约两倍。另有一点亦应引起注意,即 9 个地缘群体中,只有厦门籍人士在 10 个商会中均占有位置,其余依次为晋江籍,8 个商会;南安籍,7 个商会;广东籍,5 个商会;龙溪籍,2 个商会;惠安、永春、安溪、金门,各 1 个商会。但是我们也应看到,《菲律宾华侨年鉴(1935 年)》一书中共列举了 18 个商会的职员名录,另有 8 个商会没有厦门籍人士任职,它们是甲万那端中华商会、丹辙华侨联和公益社、罗比示华侨联合会、里吧华侨联合会、北怡罗戈华侨公益社、安智计中华商会、礼智省和益商会、三描华侨商会。由此可见,厦门籍人士的经济力量在各地的发展是不平衡的,有的地区似缺乏较大的商号。不过,后 8 个商会的所在地与前 10 个商会的所在地相比,在商业上的重要性大多较为逊色。前 10 个商会的所在地包括了当时菲律宾 3 个最大的商埠马尼拉、怡朗和宿务,而后 8 个商会的所在地似未有一个称得上十分重要。所以,总的来说,美统时期厦门籍华侨在整个菲律宾华侨经济中所占的分量还是相当可观的,在各地缘群体经济实力的比较中,也是位居前列的。

　　以上是总体的考察,若再就各地情况进行个别的考察,同样可以看出厦门籍华侨在经济力量上的比例高于其人口比重。如马尼拉的厦门籍人士在该市华侨人口中的比例 19 世纪末不超过10%,[1]20 世纪 30 年代这一比例即使有所增加,也不可能翻一番,然而此时该市中华商会厦门籍职员的比例高达 20.7%,显然超过了其人口比重。又如怡朗的厦门籍人士在该市华侨人口中的比例 20 世纪 70 年代为 7%,[2]由于战后不再有大的移民潮出现,战前的同

---

① D. F. Doeppers, Destination, Selection and Turnover among Chinese Migrants to Philippine Cities in the Nineteeth Century, *Journal of Historical Geography*, Vol. 12, No. 4, 1986.

② J. T. Omohundro, *Chinese Merchant Families in Iloilo—Commerce and Kin in a Central Philippine City*, Manila: Ateneo de Manila University Press, Athens: The Ohio University Press, 1981, p. 24.

一比例应与此大致相当,因而 20 世纪 30 年代该市中华商会厦门籍职员的比例 10.5％,亦应高于其人口比重。再如 20 世纪 30 年代宿务中华商会的职员有 50％ 为厦门籍人士,而其在该市华侨人口中的比例也不会如此之高。1939 年宿务省有华侨 6117 人,其中大部分住在宿务市。1948 年宿务省的华侨有 84％ 住在宿务市,按此比例,1939 年宿务市的华侨应为 5138 人。[①] 而只有全菲厦门籍华侨的 1/5 以上集中于该市,才能达到其半数,这也是不可能的。因此厦门籍华侨在该市中华商会中的比例肯定也超过其人口比重。由此可见,个别考察的结果与总体考察的结果是一致的,亦即在华侨社会中,一般来说厦门籍人士的经济比重大于其人口比重。

## 四、菲律宾厦门籍华侨的行业分布
## 及其经济类型

表 6-1 所列举的 50 位各地华侨商会职员的行业分布十分广泛,包括银行、保险、证券、收购、批发、零售、进出口、工业、航运等。若按所经营的商品加以划分,则包括土产(椰干、麻等)、杂货、粮食、糖、布、皮料等。除了具有华侨总商会性质的中华商会或类似的团体之外,华侨的各行业还有自己的商会。根据《菲律宾华侨年鉴(1935 年)》在这方面的记载,我们再把其中厦门籍华侨的任职情况列表 6-3。

该年鉴在这方面的记载是很不完整的,厦门籍人士的任职情况仅见于马尼拉和怡朗两地的 8 个行业商会。尽管如此,从表中仍可看到这些商会职员的行业分布包括珠细理(小百货或杂货)、布业、卷烟业、中药业、鞋业等,其中卷烟和中药这两样商品的经营尚未在表 6-1 中得到反映。

---

① 《菲律宾岷里拉中华商会五十周年纪念刊》,马尼拉,1954 年,已编第 12 页。

表 6-3　20 世纪 30 年代中期菲律宾华侨各行业商会厦门籍人士的任职情况

| 商会名称 | 姓名 | 所任何职 | 籍贯 | 职业（身份） |
|---|---|---|---|---|
| 岷里拉联合珠细理商会 | 洪天赐 | 正总理 | 思明 | 店东 |
| 华侨福联和布商会 | 吴昆山 | 执行委员 | 禾山 | 商业 |
| 岷里拉华侨烟商会 | 陈天配 | 议员 | 思明 | 联盛店东兼经理 |
| 岷里拉中华药商会 | 孙清标 | 评议 | 思明 | 普寿堂 |
| 岷里拉中华鞋业公会 | 孙清波 | 副会长 | 禾山 | 鞋商 |
| 岷里拉中华鞋业公司 | 杨荣绅 | 评议员 | 禾山 | 鞋商 |
| 怡朗华侨布商联合会 | 陈文安 | 评议 | 思明 | 合振号经理 |
| 怡朗华侨布商联合会 | 陈邦光 | 评议 | 思明 | 茂源号经理 |

注:1.华侨福联和布商会在马尼拉。

　　2.岷里拉即马尼拉。

笔者在菲期间曾采访了 20 位现居大马尼拉地区的厦门籍华侨与华人,了解到一些有关他们本人或其父辈在美统和日据时期所从事行业的情况,现将这些情况列表 6-4。

从被调查人数来看,20 位略嫌少,因此随意性可能大些。但从被调查人来自厦门市区、集美及禾山 13 个自然村;分布在菲 9 个地区的 11 个行业(皮料与鞋业为同行,椰干包括在土产当中)等情况来看,覆盖面还是比较大的,因此可说具有一定的代表性。表 6-4 中的旅行社、餐馆、汽车零配件商店和摊贩,都是表 6-1 和表 6-3 中的人物所不曾从事或经营过的。

表 6-4　美统及日据时期部分厦门籍华侨的行业分布情况

| 被访者姓名 | 叙述中经商或供职地点 | 叙述中所从事行业 | 叙述中人物之身份 | 被访者姓名 | 叙述中经商或供职地点 | 叙述中所从事行业 | 叙述中人物之身份 |
|---|---|---|---|---|---|---|---|
| 陈琼英 | 武运 | 杂货 | 店主 | 叶贞良 | 宿务 | 未详 | 商人 |
| 陈和祥 | 苏禄 | 杂货 | 店主 | 叶温仲 | 朗伦、马尼拉 | 布业、汽车零配件 | 店员、店主 |
| 钟玉环 | 苏禄 | 收购土产 | 商人 | 陈永庆 | 马尼拉 | 皮料 | 店员 |

续表

| 被访者姓名 | 叙述中经商或供职地点 | 叙述中所从事行业 | 叙述中人物之身份 | 被访者姓名 | 叙述中经商或供职地点 | 叙述中所从事行业 | 叙述中人物之身份 |
|---|---|---|---|---|---|---|---|
| 何明皎 | 苏禄、三宝颜 | 收购土产、贩运百货 | 商人 | 陈炳安 | 描戈律 | 未详 | 商人 |
| 陈功勋 | 朗吗倪地 | 杂货 | 店员 | 吴民权 | 宿务 | 杂货 | 店主 |
| 薛爱治 | 加帛示 | 收购土产、碾米工场 | 店主 | 孙春申 | 马尼拉 | 鞋业 | 店主 |
| 陈清汉 | 苏禄 | 收购土产、进口商 | 店主 | 吴幼源 | 马尼拉 | 餐馆 | 店主 |
| 黄锦狮 | 苏禄 | 摊贩 | 小商贩 | 叶民族 | 朗吗倪地 | 椰干 | 职员 |
| 黄庆仁 | 马尼拉 | 旅行社 | 职员 | 陈英俊 | 马尼拉 | 布业 | 店员 |
| 孙里祺 | 马尼拉 | 鞋业、杂货、摊贩 | 店员、小商贩 | 陈振民 | 马尼拉 | 皮料、摊贩 | 店员、小商贩 |

注：被访者的祖籍地包括厦门市区、集美以及禾山的13个自然村（围里、寨上、钟宅、何厝、庵兜、田头、塔埔、岭下、双涵、后门、祥店、穆厝、仙岳）。

比较表6-1、表6-3、表6-4，可以发现厦门籍华侨的职业分布呈上、中、下三个层次。表6-1中的人物多数为上层，少数为中层；表6-3中的人物多数为中层，少数为上层；表6-4中的人物多数为下层，少数为中层。表6-1和表6-3中有些人物是重合的，如杨荣绅、陈邦光，他们既是当地中华商会的职员，又是本行业商会的职员。而表6-4中的人物与前二表中的人物绝无重合的现象。这里所谓的层次，是经济实力和身份地位的综合反映。表6-1中的人物既有经营综合性企业的，也有从事金融业的，皆属复杂高级类型的经济活动。表6-4中的人物既有小店主，又有小商贩，皆属简单低级类型的经济活动。表6-3中的人物大致介于上述二者之间。三种类型的经济活动之从事者在经济实力上自然有大、中、小之差异，在社会地位上也必然有高、中、低之差别。当然这种区分并非绝对，有的人是处于两者之间的过渡层次。

## 五、从美统时期菲律宾厦门籍人士的几家
## 企业看华侨经济发展的趋势

两次世界大战之间的二三十年间,是华侨经济从传统到现代的过渡时期,也是华侨经济新的发展趋势的萌芽时期。如果说战后海外华人企业较为普遍地朝着组成股份公司和跨行业经营的方向发展的话,那么这种趋势在战前即已见端倪。由于大型企业在各方面的优势,它们较易于在新趋势中起带头作用。以下从美统时期厦门籍华侨拥有的几家大企业的概况,粗略探讨一下华侨经济发展的新趋势。

胜益胜泰有限公司、林云梯实业公司,拥有者林云梯、林珠光父子,祖籍禾山前埔。前者是一家从西方进口布类的商行,在对菲国内销售方面是批零兼营,全盛时在马尼拉拥有 7 间布店。后者则是一家房地产开发公司,20 世纪 20 年代注册资本为 2192310 比索(1096155 美元),在马尼拉和厦门均拥有许多不动产。①

馨泉酒厂、馨泉股份有限公司,拥有者陈迎来、陈家良父子,祖籍禾山围里。前者从 20 世纪 20 年代开始即为菲最大的酿酒厂,太平洋战争爆发前,该厂生产的酒占全菲酒类产量的 70%。后者经营的范围除酒类外,在战后初期已扩及建筑、炼油、玻璃、钢管、制糖、罐头、卷烟、银行、保险及进出口等行业,足见它在战前已具跨行业经营的一定基础。②

朗吗倪地瀛发行,拥有者黄妈超、黄登士叔侄,祖籍禾山祥店。瀛发行以英文名 Uy Matiao & Co.,Inc.(黄妈超股份有限公司)注

---

① 《新闻日报年刊(1926—1928 年)》,马尼拉,1928 年。

② 《陈迎来传》,菲律宾名人史略编辑社编:《菲律宾华侨名人史略》,马尼拉:菲律宾名人史略编辑社,1931 年;《华侨名人传续集·陈迎来》,台北:黎明文化事业公司,1987 年。

册，20 世纪 30 年代末注册资本为 40 万比索（20 万美元），年度营业额为 500 万比索（250 万美元），股票票面价值为 1000 比索。其业务主要分为两部分：一是进出口贸易，输出农副产品，输入工业制成品，同时代理外国公司的进口商品营销；二是交通运输，水路以代理的方式，陆路则自备交通工具运营。该公司在宿务等南岛重镇均设有分支机构。①

宿务金顺昌公司，拥有者黄妈超、黄瑞坤兄弟，祖籍禾山薛厝。金顺昌公司的经营业务包括国内贸易、航运、汇兑三大部分。其中的航运既代理外国轮船公司的业务，又以自置船舶运营，航线遍及南岛各商埠。1904 年黄氏兄弟聘禾山同乡林金崎为经理，同年该公司盈利达 30 余万比索。20 世纪 30 年代该公司由黄氏兄弟的第二代经营，由主要股东轮流出任经理。②

宿务行裕，拥有者吕氏家族，祖籍禾山吕厝。行裕以英文名 Lu Do & Lu Ym Co.（吕裕与吕音公司）注册，主要经营椰油的产销。20 世纪 30 年代吕氏第三代接掌公司后，将业务扩展至各种食用油、肥皂、棉花等，并聘用美国工程师柏宁克（Brink）主管生产部门，建立西式管理制度。1938 年其所产椰油开始外销欧美。战后该公司由无限公司改为股份有限公司，并成为亚洲最大的椰油生产厂家之一。

上述美统时期菲律宾厦门籍华侨拥有的企业，虽未摆脱"同族经营"的前资本主义性质，③但毕竟是朝着组成股份公司的方向发展的，并且采取了"以大家庭为基础的有组织企业管理方法"④，因此，

---

① *The Commercial & Industrial Manual of the Philippines*，1938—1939，Manila，1940.

② 杨静桐：《菲律宾华侨年鉴（1935 年）》，马尼拉，1936 年；《黄瑞坤传》，菲律宾名人史略编辑社编：《华侨名人史略》，马尼拉：菲律宾名人史略编辑社，1931 年。按：祖籍薛厝的黄妈超与祖籍祥店的黄妈超同名同姓。

③ 《椰油大王吕氏世家》，《菲华芬芳录》第 2 辑，1988 年。

④ 李国卿著，郭梁等译：《华侨资本的形成和发展》，福州：福建人民出版社，1984 年，第 270 页。

具有现代资本主义性质的各种因素在企业内部日益滋长。从经营范围来看，它们也朝着跨行业经营的方向发展，亦即从单一经营向多种经营发展，从单纯型企业向综合型企业发展。虽然当时众多的中小型企业尚未达到这一水平，但从战后海外华人企业的发展情况来看，当时这些大企业所表现出的这种发展趋势是十分有意义的。

# 六、天时地利人和成就厦籍华商

　　厦门籍华侨在一段时期内，与菲律宾来自闽南其他地区的华侨相比，在经济上的成就令人瞩目。厦门是近代中国东南沿海的新兴海港城市，赴菲谋生的厦门人得开放风气之先，他们中的许多人抵菲后的首选之地为中部的米沙鄢，应有某种必然性，因为那里岛屿密集、海港众多，使厦门人与生俱来的"以海为生"的天性得以发挥。当然，前近代的那种取之于海的鱼盐之利，此时已被以海为通道的经商谋利所取代。所以，厦门籍人士在那里经营的最发达行业为航运与商业，即便制造业也是与商业紧密结合在一起的。而米沙鄢群岛的许多港口城市之兴起，也与厦门籍移民的努力奋斗分不开。例如宿务以贸易立市，以海运为内外贸易的支撑，包括厦门人在内的外来移民成为这个海港城市崛起的关键力量。另一个引人注目的现象是，厦门籍人士于菲律宾特别是中部的米沙鄢，在其所经营的各项事业中，逐渐形成了广大且深厚的商业网络。19世纪末至20世纪初，许多厦门籍移民发迹于中部群岛。换言之，从厦门到菲律宾群岛（特别是中部）的移民链条，在移居地依靠天然的地缘关系，发展成了牢固的商业网络，从而奠定了这个地缘群体在工商业上成功的基础。

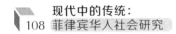
# 第七章

# 战前东南亚华侨企业的个案研究
—— 以菲律宾厦门籍华侨的企业为实例

　　两次世界大战之间(1918—1938 年)是世界资本主义经济起伏跌宕的时期,各国华侨经济因此做出适应性调整。华侨最集中的东南亚,也是其经济力量最雄厚的地区。二战前该地区华侨企业的成长,可视为战后全球性华人经济发展的滥觞。这一成长既体现为资本规模的扩大、管理水平的提高,又体现为股份公司的出现、跨行业经营的实施。本章选择菲律宾厦门籍华侨的企业,作为战前东南亚华侨企业的个案实例进行研究。这些企业都是当时较为大型的企业。本章将先对它们分别进行解剖分析,然后再做综合性的研究,将其置于东南亚华侨社会的背景下,适当地进行横向和纵向的比较,以便人们对其认识上升到一个新的层次。

　　首先我们对所选取的 5 家战前厦门籍华侨的企业进行个案分析。

## 一、胜益胜泰有限公司及林云梯实业公司

　　创始人林云梯,1866 年生,祖籍厦门禾山前埔。13 岁时"迫于饥驱,随里人浮海来菲",到马尼拉后,受雇于某商铺。数年后为小商贩,"从布帛起家,初试之顷……仅仅置一柜以陈列所采办之布

匹,或则旁及杂货,闽侨号曰布柜仔"①,再发展为小商铺,仍以经营棉布为主。之后林氏与两位堂兄弟合开布行,做进口生意,主要是通过英国商人进口欧美布匹。据林氏的一个儿子回忆,"英国人进口布总是先拿来问父亲他们要不要,再拿去问别人"②。第一次世界大战爆发后,该布行获利甚丰,起初每码布只赚 5 厘,到后来可赚 1 角,亦即利润提高了 20 倍。林氏的资本大多积累于此时。后因布行失火,林氏与其堂兄弟拆伙,此后他仍做布的生意,且经营规模不断扩大,极盛时在马尼拉有 7 间店铺,其中以洲仔岸的胜泰布店、后街仔的胜益布行最具规模,在全市布业中名列前茅。林氏"既成巨贾,富力臻数百万金,绫罗绸绮,积叠如山"③,经营范围从棉布扩及丝绸。林氏还斥巨资在马尼拉和厦门大举购置房产,在马尼拉有二三十幢,在厦门有三四十幢,这些楼房大多出租取利。④ 林云梯于1918 年去世,遗产归其正室夫人刘招(又名刘椒)及四子二女所有,但在 1932 年以前实际并未分家。20 世纪 20 年代,林氏家族的企业分为两个部分:一是胜益胜泰有限公司,经营布类;一是林云梯实业公司,经营房地产。胜益胜泰有限公司当时的广告说,该公司"特同德国驰名布厂监制国旗标色平青布,质料精良……无论大宗、零购,一律低廉……"⑤可见该公司仍然是一家从西方进口布类的商行,在国内销售方面,乃是批发、零售兼营。林云梯实业公司当时的广告则称,该公司"经营不动产业务,凡购买地皮,建筑屋宇,及房屋出租或贷放款项于有不动产之抵押者"⑥。

────────────

① 《林云梯传》,菲律宾名人史略编辑社编:《华侨名人史略》,马尼拉:菲律宾名人史略编辑社,1931 年。

② 《访问林聚彪谈话记录》,马尼拉,1993 年 2 月 26 日。

③ 《林云梯传》,菲律宾名人史略编辑社编:《华侨名人史略》,马尼拉:菲律宾名人史略编辑社,1931 年。

④ 《访问林聚彪谈话记录》,马尼拉,1993 年 2 月 26 日。

⑤ 《新闻日报二周年纪念元旦特刊》,马尼拉,1928 年 1 月 1 日。

⑥ 《新闻日报二周年纪念元旦特刊》,马尼拉,1928 年 1 月 1 日。

该公司注册资本为 2192310 比索，[1]在当时堪称巨资。其总理为林珠光，经理为刘舆进。刘舆进为刘招的侄儿，祖籍厦门禾山枋湖。

由于林云梯的主要继承人林珠光（刘招之子）常为公益事业捐赠巨款，且不甚留意于商场，故林氏家族之企业渐走下坡。起初林云梯实业公司仅马尼拉市的房租收入每月尚可达 3 万比索，但后来房产不断减少，此项财源便日益枯竭。如林珠光于 1927 年向中兴银行借款 20 万比索，以仙下其厘街一带的 16 处房产做抵押，后因无力偿还贷款，这些房产遂归中兴银行所有。加上企业用人不当，财务出现亏空，致使经营每况愈下。20 世纪 20 年代末 30 年代初，原有的店铺相继关闭，胜泰、胜益两间主店起初尚能维持，后亦关门大吉，胜益胜泰有限公司终于倒闭。1932 年林氏兄弟姐妹正式分家，林云梯实业公司亦告解体。[2]

## 二、馨泉酒厂及馨泉股份有限公司

创始人陈迎来，1869 年生，祖籍厦门禾山围里。15 岁时因家贫随族亲赴菲谋生，在马尼拉洲仔岸一家亲戚开的布店当学徒，6 年后"积蓄微资可谋独立"，遂辞职自营布店，"营业颇利达，盈余益丰"。然而他"不以零售商自满，锐意进展，求为制造家"，1902 年与另一华商宋圃合资在范伦那街创办馨泉酒厂（La Tondena）。酒厂初创时规模很小，但当时酿酒为菲国新兴产业，他深知其前途远大，乃专心致志经营，生产规模渐次扩大。1908 年他从一位西班牙商人手中购得 La Locomotora 酒厂，使生产规模进一步扩大。1913 年

---

① 《新闽日报二周年纪念元旦特刊》，马尼拉，1928 年 1 月 1 日。
② 《访问林聚彪谈话记录》，马尼拉，1993 年 2 月 26 日。

他与宋圃拆伙,馨泉酒厂由他独资经营。[①]

菲国酒精向以棕榈取汁酿造,但生长棕榈的沼泽地后多被改为养鱼池,使原料渐告枯竭。陈氏便转而采用被人当作废料的糖浆,以此酿制酒精。制糖是菲国重要产业,他与各大糖厂签订合同,使糖浆供应源源不断。1924 年他又买下著名的西班牙裔亚耶拉家族的酒厂 Destilerias Ayala,并获得酿造仙末迄白酒(Ginebra San Miguel)的权利,该牌号始创于 1834 年,是一种历史悠久的名酒。1929 年陈迎来以馨泉酒厂为基础,组成股份有限公司 La Tondena Inc.,[②]同年,该厂成为菲最大的酿酒厂。他又相继延聘美、英、德、西等国专家来厂精研并酿造名酒。太平洋战争爆发以前,该厂出产的酒已占全菲酒类产量的 70%。[③]

陈氏是一位勤勉的企业家,他亲自掌管各项业务,开拓精神促其成功,前述以糖浆取代棕榈汁酿制酒精即为一例。他还试验过将汽油与酒精混合成汽车燃料,并创办了菲律宾摩托酒精公司。[④] 这一事业虽未成功,但酒精可做汽车燃料已为后世所证明。

陈迎来的事业是多方面的,1920 年他与李清泉、薛敏佬等十余位侨界巨商一起合股组织了中兴银行,并任董事。他还在菲、中两国有多项投资,如马尼拉碾米厂、鲁曼投资信托公司、福建造纸厂、厦门罐头食品公司等。

陈迎来于 1950 年去世,由其子陈家良继任馨泉股份有限公司董事长兼总经理的职务。其余子女也在公司担任要职。战后该公

---

① Dr. Gideon Hsu, Don Carlos Palanca, Sr. Sino-Filipino Business, Industrial and Civic Leader, *The Annals of Philippine-Chinese Historical Association*, Vol. 9,1979.

② Dr. Gideon Hsu, Don Carlos Palanca, Sr. Sino-Filipino Business, Industrial and Civic Leader, *The Annals of Philippine-Chinese Historical Association*, Vol. 9,1979.

③ 《华侨名人传续集·陈迎来》,台北:黎明文化事业公司,1987 年。

④ 《华侨名人传续集·陈迎来》,台北:黎明文化事业公司,1987 年。

司已将经营范围扩及建筑、水泥、炼油、银行、保险、玻璃、钢管、制糖、罐头食品、电子、卷烟、国际贸易等行业，成为一家综合性的大型企业。[①]

# 三、瀛发行（黄妈超股份有限公司）

创始人黄妈超，1882 年生，祖籍厦门禾山祥店。其父早年去菲，在朗吗倪地经商。父亲去世后，其兄黄妈全继之。黄妈超于1898 年"与乡人共渡菲，赴朗埠，佐兄妈全共守父业"，时年十七。其兄去世后，他与另一华商杨永传合资创办瀛发行于朗吗倪地，并设分行于各商埠，时年二十。黄妈超本人"驻岷（马尼拉）办货，行务付托杨君主持之"，业务颇有发展。一年多后商行遭遇火灾，所幸当时商业颇为景气，该行信用又好，"故能于仓卒中重整旧业，始虽左支右绌，不久便恢复旧观"，并进一步发展，从事大宗土产的收购，"不数年生意发达，有骎骎之势"。1920 年黄、杨二人拆资分业，黄氏保留瀛发行的商号名称，开始独自经营。他扩大经营范围，设置麦绞（磨房）从事粮食加工。1926 年他在宿务开设进出口商行，仍以瀛发为商号名称。宿务瀛发行还兼营航运，代理船务，以便运输。次年他又在朗吗倪地创办妈超汽车运输公司，其线路贯通东黑人省，为当时屈指可数的华资运输企业之一。[②] 此外，在东棉三米示省的加牙马市也设有瀛发行的分行。

瀛发行的业务主要分两部分：一是进出口，亦即输出椰干、蔗糖等农副产品，输入五金、电池等工业制成品。其中的进口业务又包括两种不同的经营方式，即直接进口和代理外国公司的进口商品。

---

① 《华侨名人传续集·陈迎来》，台北：黎明文化事业公司，1987 年。

② 《黄妈超传》，菲律宾名人史略编辑社编：《华侨名人史略》，马尼拉：菲律宾名人史略编辑社，1931 年。

二是交通运输,其中也包括两种经营方式,即水运以代理的方式,陆运则自备交通工具运营。可知这是一家综合性的商贸及运输公司。此外,该公司还代表数家西方大公司如福特(Ford)、固特异(Goodyear)、风驰通(Firestone)、帕森斯(Parsons)等的在菲业务。[1]

瀛发行完全是按照股份有限公司的要求登记注册的。据《菲律宾工商指南(1938—1939)》记载,该行的英文名称是 Uy Matiao & Co.,Inc.,亦即黄妈超股份有限公司。其注册资本为 40 万比索,偿付资本为 30 万比索;其股票票面价值为 1000 比索,年度营业额为 500 万比索。这些公之于众的数字表明,该行是一家拥资甚巨的、合乎规范的公司。《菲律宾工商指南(1938—1939)》载其成立时间为 1914 年,应是该行的组织形式从传统的商行转变为现代的股份有限公司的时间。[2]

黄妈超何时去世未详。据调查,他去世后黄氏家族的产业便一分为二了,其子继承了朗吗倪地的产业,其侄黄登士(其兄黄妈全之子)则继承了宿务的产业。战后黄登士的企业发展成一家以食品生产和销售为主的跨国公司,其支柱企业通用面粉厂(General Milling)乃菲国最大的面粉生产厂家之一,其总部也迁往马尼拉,[3]而黄妈超儿子的企业反不如之。

## 四、金顺昌公司

创始人黄妈超、黄瑞坤兄弟。黄妈超(与前述瀛发行黄妈超同

---

[1] 《新闻日报年刊(1938—1939)》,马尼拉,1940 年,第 28 页。

[2] *The Commercial & Industrial Manual of the Philippines*,1938—1939,Manila,1940,p. 800.

[3] 《访问叶贞良谈话记录》,马尼拉,1992 年 9 月 15 日;《访问陈水池淡记录》,宿务,1993 年 1 月 12 日。

名同姓)生年未详,黄瑞坤生于 1867 年,祖籍厦门禾山薛厝。兄弟
二人于 1882 年赴菲,始则各谋营生,未几瑞坤"乃来宿务佐其兄理
米铺,时营业规模尚未大也"。数年后"张罗资本,扩而充之",于是
"收买土产,用廉贾术,恒获奇羡。又采办申江、香港货品,推销于遐
迩",其行号曰金顺昌。妈超之子自来,1892 年随父赴菲,时年十
三。妈超于 1903 年去世后,瑞坤、自来叔侄继续经营商行。自来
"奋全付精神于商业,力求进取,以善观时变、察百货之情,得弃取懋
迁之道",瑞坤遂将所业付之,自归故里,于 1916 年去世。此后自来
与瑞坤之子平洋共同"策划扩张,如收罗土产,以所置航舶运输之,
以及所营出入口生意,皆益形发达"。20 世纪初至 30 年代,"金顺昌
行号震烁于商界中"。1904 年厦门禾山田里人林金崎受聘为金顺
昌公司经理,这一年公司盈利即达 30 余万比索。黄自来以后还与
人合资组织华兴股份公司,"以营造修理轮船为业,被推为总理"①。

1927 年生于宿务的黄自来之子黄泰岳回忆道:"早在西班牙统
治时期,祖父就在宿务创办了金顺昌商行。我孩提时代的印象,该
公司经营许多种类的商品,还办船务,有 8 艘船,是当时宿务最大的
船班。这些船航行于菲律宾国内航线,主要航行于米沙鄢地区的武
运、武端、树里爻、怡里岸一带。当时在一个叫甘米银(Camiguin)的
岛上有我家公司的仓库,公司的船把椰干运到岛上晒干并贮存起
来。我们的船班既载人又载货。公司做米麦批发生意,收购安南
(越南)大米,也收购菲国州府的大米。公司收购椰干,然后卖给外
国人,同时也经营其他土产。"据他说,20 世纪 30 年代金顺昌公司的
主要股东有 3 人——黄自来、黄平洋、黄大岭,他们是堂兄弟关系,
公司总经理的职务由 3 人轮流担任。②

20 世纪 30 年代,一则金顺昌公司的广告介绍说,该公司的业务

---

① 《黄瑞坤传》、《黄自来传》、《林金崎传》,菲律宾名人史略编辑社编:《华侨
名人史略》,马尼拉:菲律宾名人史略编辑社,1931 年。

② 《访问黄泰岳谈话记录》,宿务,1993 年 1 月 12 日。

包括国内外贸易、航运、汇兑三大部分。国内外贸易又包括收购菲国土产(椰干、麻等)出口欧美,自中国及其他国家进口各种商品(大米、食用油等)来菲销售,并从事菲国本地商品的销售。航运包括代理外国轮船公司的业务,以及本公司航业部以自置船舶所开展的业务,前者乃国外航线,后者为国内航线。汇兑则是专为华侨汇款回中国而开展的业务。[①] 因此,金顺昌公司是一家兼营商贸、航运及汇兑的综合性公司。公司设有许多下属机构负责各方面的业务,如林金崎被聘为总店经理前还曾被聘为支店金顺昌布庄经理。[②] 金顺昌公司因经营不善,于太平洋战争爆发之前即关门停业。[③] 其衰落过程,尚待进一步研究。

# 五、行裕(吕裕与吕音公司)

创始人吕裕,1860 年生,祖籍厦门禾山吕厝。吕裕于 1877 年赴菲,先后在马尼拉和宿务受雇于人。1889 年在宿务创办小型的肥皂和蜡烛厂,以手工方法提取椰油为原料。1907 年吕裕返乡偕其子吕音再赴菲,从事前此已开始的椰油生产。这一年吕氏父子购置了第一部安德森式榨椰机,每日生产椰油 10 吨,标志着行裕油厂之开创。至 1933 年,行裕油厂已拥有 5 部榨椰机,日产椰油 50 吨。1933 年和 1935 年,吕裕、吕音相继去世,按菲国法律,吕裕与吕音公司(Lu Do & Lu Ym Co.)这一注册名称必须更改。为了保留这一名称,吕音的长子希宏便以吕裕(Lu Do)为姓;次子希宗则以吕音

---

① 杨静桐编:《菲律宾华侨年鉴(1935 年)》,马尼拉,1936 年,广告页。

② 《林金崎传》,菲律宾名人史略编辑社编:《华侨名人史略》,马尼拉:菲律宾名人史略编辑社,1931 年。

③ 《访问黄泰岳谈话记录》,宿务,1993 年 1 月 12 日。

（Lu Ym）为姓，于 1935 年重新注册登记。当时这是一家无限公司。①

　　吕氏第三代希宏、希宗、希福接掌行裕时尚十分年轻，但他们都受过良好教育，非前辈可比。如希宏曾就读于南方书院，"专研商科，于现代商场知识，造诣甚深。故后能本其所学，以周旋于国内外市场，辄操胜算"②。他们首先扩大生产规模和业务范围，1937 年收购马尼拉 Carrero Vidal 油厂，将其员工、设备并入行裕，并添置 10 部安德森式榨椰机、12 部水力榨椰机，同时将业务扩至菜油、人造奶油、油酥等的制造，销售范围也从米沙鄢扩及棉兰老。其次是改革企业运行机制，将旧式的家族经营逐步改造为现代企业组织。他们聘用美国工程师柏宁克（Brink）管理生产部门，柏宁克建立了一套系统的西式管理制度，为日后的现代化大规模生产打下基础。最后是开拓海外市场，1938 年行裕产品开始出口，首批椰油于这一年运往美国，从此它的椰油源源不断输往欧美。③ 到 20 世纪 30 年代后期，行裕已是一家以椰油产销为中心，同时经营国内外贸易及代理业务的综合性公司。其出口以椰子的相关产品，特别是椰油为主，同时也包括了以椰油为原料的其他产品，如肥皂等。④

　　太平洋战争爆发后，行裕的事业遭受重创。吕希宗回忆道："日据时代是我们一家人最艰苦的时期，我们不得不从头开始，恢复祖父时代用双手榨取椰油、制造肥皂的做法……"⑤然而战后行裕很快得到重建，1946 年 10 月已全面恢复椰油的生产和出口，并增加了航运和保险等业务，1948 年该公司由无限公司改为股份有限公司。

<hr>

　　① 《访问吕希宗谈话记录》，宿务，1993 年 1 月 11 日。

　　② 《吕希宏先生简介》，《菲律宾宿务东方中学金禧大庆特刊》，宿务，1965年。

　　③ A Brief Story of Lu Do & Ym Corp.，Cebu，1992.

　　④ 杨静桐编：《菲律宾华侨年鉴（1935 年）》，马尼拉，1936 年，广告页。

　　⑤ 《访问吕希宗谈话记录》，宿务，1993 年 1 月 11 日。

今日的行裕已是远东最大的椰油厂、世界最大的椰油出口公司之一。

# 六、厦门人企业的曲折前行

接下来我们在个案分析的基础上对这 5 家战前厦门籍华侨的企业进行综合研究。从创业道路来看，这 5 家企业的发展过程大体上是如下模式：零售商—批发商—进出口商；小制造商—大制造商。正如有的学者指出："几乎所有海外发财的华侨，开始时都是用靠劳动挣来的微小资金经营小贩，不久又从零售商上升为批发商，逐步攀登上商业流通机构的高峰。"① 上述厦门籍华侨创办的企业，正是沿着这样的轨迹发展的。

从组织性质来看，它们无一例外都是家族公司。华侨第一代创业者"希望能把企业传给子女，并一代一代地传下去。他不想看到别人插手到这个家庭企业里来……如果这些单个家庭企业终于有所扩展的话，那么一般也是通过与其同乡进行通婚所造成的"②。创业之初，出于筹措资金的需要，创业者可能与外姓人合资组建企业，但这种局面无法长期维持，一旦自身实力足以独立经营，必定拆资分业。即使是经理人员的选择，一般也优先考虑家庭成员或同乡、亲戚。因此上述厦门籍华侨的企业并未摆脱"同族经营"的前资本主义性质。③ 尽管如此，在组织形式上，它们毕竟是朝着组织股份公

---

① 李国卿著，郭梁等译：《华侨资本的形成和发展》，福州：福建人民出版社，1984 年，第 61 页。

② 吴元黎，汪慕恒等译：《华人在东南亚经济发展中的作用》，厦门：厦门大学出版社，1989 年，第 80～81 页。

③ 李国卿著，郭梁等译：《华侨资本的形成和发展》，福州：福建人民出版社，1984 年，第 270 页。

司的方向发展的,并且采取了"以大家庭为基础的有组织企业管理方法"①,从而使得具有现代资本主义性质的各种因素在企业内部日益成长。

从经营范围来看,上述企业在发展成为进出口商或大制造商后,资本已相当雄厚,其业务已不再局限于原先的范围,而是扩展到其他领域。其资本也以各种形式渗透到别的行业,如以投资参股或以合资兴办新企业的形式渗透到其他行业。总之它们是从单一经营向多种经营发展,从单纯型企业向综合型企业发展。

从发展结果来看,上述企业存在着两种不同的情况。一是发展成现代化的大型企业,一是没落、下降、分散为小型企业。这两种不同的结果,既与商场的激烈竞争有关,又与家族公司的分家析产有关。另外,管理思想与企业文化层面的原因也很重要。因此下面再就这一层面进行一些探讨。

中国传统的财富增值道路是"以末(商)致富,以本(农)守之"。对华侨来说,经商仍是致富的最佳方法,然使财富保值或增值的最佳途径已非购买土地,而是兴办实业。因此当华侨商业资本积累到一定程度时便会向工矿业、交通运输业、房地产业等发展。战前菲律宾厦门籍华侨的企业由商业型向工商业型的转变便是例证。上述馨泉、行裕两家企业分别以酒类和椰油生产为核心;瀛发、金顺昌则分别有交通运输业作为企业的组成部分;而林云梯公司也经营房地产。5家企业程度不等地拥有生产性实业,这是它们在战前获得发展的重要原因,也是其业主思路跟上形势发展的结果。

然而,拥有实业并不能保证其终获成功,经营管理方式如何从传统过渡到现代才是决定性的因素。馨泉、行裕聘请西方专家参与新产品研制和经营管理,显示出它们在这方面胜人一筹,所以成为成功的企业;瀛发、金顺昌在这方面尚停留在形式上而未有实质性

---

① 吴元黎著,汪慕恒等译:《华人在东南亚经济发展中的作用》,厦门:厦门大学出版社,1989年,第76页。

变化,因而其企业或部分成功或走向没落;林云梯公司在房地产开发上未持续拓展,而停留在传统的出租房产取利的阶段,故完全失败。在这当中,企业家的经营管理之倾向决定了企业的成败兴亡。

海外华人企业历来有"以人为中心的管理"的做法,并构成其企业文化之一部分。此法"在还没有成为世界各国企业家普遍采纳的做法的时候,华人予以采用,可能是不寻常的"①。馨泉的陈迎来在要求员工高效率工作之同时,对员工还倍加关怀,他被形容为"慈父般的"和"可接近的"业主。② 行裕的吕音善待员工,让他们在工作时有小憩吃点心的时间,这在战前的企业中是很少见的。③ "由于在上下级关系之外还存在着别的东西,所以他们(员工)喜欢这样的工作环境"④,从而使生产效率提高了。当然,以人为中心的管理在家族企业的条件下也易于导致任人唯亲,因为此时裙带关系便是那种天然存在着的"别的东西"。林云梯公司以业主的亲戚为经理而导致财务亏空;金顺昌的管理不善与其以家族中人轮流执掌业务恐亦有关。这都是这种企业文化的负面作用。因此,同样是华人企业,发展的结果却截然不同,端赖其企业文化的正、负面效应何者居于主导地位。

以上对 5 家菲律宾厦门籍华侨的企业做了一些综合研究,本章是将它们作为战前东南亚华侨企业的个案进行研究的,所以现在必须回到其特定的时代背景和区位条件中来。

两次世界大战之间的二三十年间,中国及亚洲其他各地区经历

---

① 高伟定著,张遵敬等译:《海外华人企业家的管理思想——文化背景与风格》,上海:上海三联书店,1993 年,第 231 页。

② Dr. Gideon Hsu, Don Carlos Palanca, Sr. Sino-Filipino Business, Industrial and Civic Leader, *The Annals of Philippine-Chinese Historical Association*, Vol.9, 1979.

③ A Brief Story of Lu Do & Ym Corp., Cebu, 1992.

④ 高伟定著,张遵敬等译:《海外华人企业家的管理思想——文化背景与风格》,上海:上海三联书店,1993 年,第 211 页。

着重要的变化,这些变化都给各地的华侨社会带来程度不同的影响。在东南亚,处于殖民化与非殖民化过渡阶段的各国,社会各方面也正由传统向现代转型。与侨居国经济息息相关的华侨经济,自然也不能置身事外。东南亚华侨企业的现代化,此间正处于接受现代企业的形式而尚未完全接受其内容实质的阶段。一位西方学者在考察 20 世纪 20—30 年代的印尼华侨企业之后说:"在多数情况下,华人所创办的这种有限责任公司,仅仅是家庭间的组织(私人公司),他们把募股集资反而放在次要的位置。而根据西方人的概念,资本的股份集合才是有限责任公司的主要特征。"①只要我们把前述菲律宾厦门籍华侨企业的情况拿来对照一下,就会发现这一结论对它们同样适用。

当战后华人企业的现代化进入实质性阶段时,其业绩又往往胜于东南亚当地民族的企业。有人对 20 世纪 80 年代初菲律宾华人与非华人商业公司的财务业绩进行了比较,发现在负债管理、资产管理、单位毛利、资产营业额、收款期和存货水平 6 个指标中,前者均优于后者,并指出华人企业的这一业绩源于"像民间智慧那样代代相传逐步积累起来的经验"②。前述菲律宾厦门籍华侨的企业有半数(5 个中的两个半)在战后成为现代化的大企业,是否也得益于源自经验积累的管理艺术呢? 答案应是肯定的。不过很显然,只有将传统的民族智慧与现代企业制度结合起来,华人企业才会走向成功。

① W. J. 凯特(W. J. Cator)著,王云翔等译:《荷属东印度华人的经济地位》,厦门:厦门大学出版社,1988 年,第 68 页。
② 高伟定著,张遵敬等译:《海外华人企业家的管理思想——文化背景与风格》,上海:上海三联书店,1993 年,第 234~238 页。

# 第八章

# 战后菲律宾华人经济的发展与变迁（1945—1955）

　　第二次世界大战以后，海外华人经济有了巨大发展和变化，已为世所公认。不过人们一般都把注意力集中在 20 世纪 60—70 年代及其以后，因为那是海外华人经济随着世界资本主义经济的高速发展而发生巨大变化的时期。战后最初阶段的海外华人经济受到注意的程度相对而言较为轻些。然而如果没有战后最初阶段打下的基础，海外华人经济在日后便不会有如此巨大的进步。本章拟对战后最初十年菲律宾华人经济的发展与变迁进行一些初步的探讨，以便提高人们对 20 世纪四五十年代海外华人经济的重视程度。文中的"华人"包括华侨和菲籍华人，与当今通用的"海外华人"这一概念，含义不尽相同，此点应予注意。

　　本章将首先论述战后最初十年菲律宾华人发展较快的几个农工行业，接着讨论此间华人商业的新变化，然后阐述这一时期菲律宾华人经济的特征，同时分析这些特征的成因。

一

　　从行业经济的角度考察战后菲律宾华人经济，有两点颇引人注目：一是一些新兴行业，乃因华人的经营方才形成气候；一是在一些传统行业中，华人经营的内容和方式均发生了程度不同的变化。以下选取几个较为典型的行业加以论述。

农业方面,最为突出的是蔬菜种植业。华人在菲事农者历来极少,战前华人从事蔬菜种植业者更是屈指可数。[①] 另外,菲律宾虽然盛产水果,蔬菜却种植不多,部分仰赖进口,战前尤其如此。战后以北吕宋敏讫省为中心的蔬菜种植业的兴起,是在华人直接推动下发生的。1948 年敏讫省黄有土等 8 名华侨成立了联合菜园组织,在离省会珍里达 52 公里处的亚督社莎鄹干村租赁了 300 多公顷土地,开辟菜园,种植马铃薯、卷心菜等。这是华人经营的第一家大规模种植蔬菜的农业企业,下设 8 个管理站,雇工达三四百人。此后数年中,华人经营的菜园如雨后春笋般兴起,并从敏讫省扩展到邻近省份。[②] 仅珍里达一带就有经营菜园的华人约 90 户,周围村社的华人菜园户则有 100 多户。其规模大都在数公顷至数十公顷之间。这一地区华人种植的蔬菜通过碧瑶的批发市场销往全国,使该地区成为本国最重要的蔬菜供应基地。[③] 以往菲律宾所需的马铃薯和卷心菜主要靠从美、德两国进口,北吕宋华人菜园户试种成功并大量生产以后,这种仰赖进口的局面便为之改观。20 世纪 60 年代以后北吕宋蔬菜种植业的经营者虽然 80％以上已是菲人,但华人早期的创业实在是功不可没的。[④]

轻工业方面,有纺织制衣、食品加工、卷烟、椰油等。以下分别论述之。

纺织制衣业。据各种文献记载,战前华人经营布业者甚多。然彼时所谓经营布业者,大多数乃是贩卖而非生产。战前拥有自己的

---

① 黄明德:《菲律宾华侨经济》,台北:"侨务委员会",1956 年,第 29 页。

② 《菲律宾华人》编辑委员会:《菲律宾华人:菲华时报创刊五周年特刊》,马尼拉:菲华时报社,1988 年,第 50 页。

③ 黄明德:《菲律宾华侨经济》,台北:"侨务委员会",1956 年,第 29 页。

④ 《菲律宾华人》编辑委员会:《菲律宾华人:菲华时报创刊五周年特刊》,马尼拉:菲华时报社,1988 年,第 51 页。

织布厂的华人是很少的。战后的情况则大为不同,"许多原来开布店的(华)人,后来都开了布厂,发达起来"①。当时华人创办的纺织厂有的规模是很大的。例如,战后不久即创办的"华人拥有的通用纺织厂(公司),或简称通纺公司,资本达一千万比索,而且是菲律宾的第一个私营联合纺织厂。当开工十足时,纺织厂每年将生产出四千九百万码棉织品,并且雇用大约三千名工人"②。这家英文名称为Universal Textile Mill 的大型纺织企业,是洪开年创办的。洪氏家族经营布业的历史很悠久,20 世纪初即已在马尼拉开设布店。③ 除了纺织厂,华人还开办制衣厂。例如,宿务华侨黄社祉"战后经营联胜布庄,业务发达,为本市布途巨商之一。又开设哈巴拿内衫厂,式样新颖,价廉物美,畅销于南岛各地"④。华人兴办纺织制衣企业的热潮推动了菲律宾国内棉纺织业和棉花种植业的发展。一位在 20世纪 50 年代从事布料采购的华人说:"随着时间的推移,菲律宾国内消费的布,进口布的比例下降而本国生产的布比例相应上升。"⑤足见华人对菲律宾民族工业的兴起做出了巨大的贡献。

　　食品加工业。战前华人经营的单纯的食品加工业是很少的。当时,由华人经营的与食品有关的加工业,一是"米绞",即谷物加工;一是"面包炉",即面包生产。前者往往是与谷物收购结合在一起的,后者则往往与餐饮业结合在一起,而且二者的规模一般都不大。战后尽管上述两种情况仍然存在,但单纯从事食品加工和生产的企业已为数甚多,有的且规模宏大。如 1955 年由宿务黄登士家族创办的通用面粉厂(General Milling)是一家大型食品联合企业,

　　① 《访问陈英俊谈话记录》,马尼拉,1993 年 2 月 20 日。

　　② 欧·马·阿利普(Eufronio M.Alip)著,周南京译:《华人在马尼拉》,《中外关系史译丛》第 1 辑,上海:上海译文出版社,1984 年,第 130 页。

　　③ 《访问郑丽真谈话记录》,计顺,1992 年 4 月 20 日。

　　④ 《黄社祉先生简介》,《菲律宾宿务东方中学金禧大庆特刊》,宿务,1965 年。

　　⑤ 《访问黄集顺谈话记录》,马尼拉,1993 年 2 月 17 日。

除生产阿拉斯加牌奶粉外，还从事其他多种食品的生产。该厂后来将生产基地从宿务扩展至马尼拉，至 20 世纪 80 年代它已成为全菲最大的面粉厂。[1] 其他例子还有宿务吴声敬"经营土产及麦绞业，甚有成就……曾独出心裁自行设计制造，建立麦油厂，以黍心榨油，甚为成功"；宿务施江水"战后一面从事商业，经营鹏记商业公司与 Viva 食品制造厂，一面从事文教事业"；等等。[2] 华人在菲律宾食品加工业从粗加工到精加工的过渡，从小规模到大规模的过渡等方面，都做出了有益的贡献。

卷烟业。战前菲律宾仅能生产供制雪茄的烟叶，而未能生产供制香烟的烟叶。战后由于卷烟业的发展，刺激了弗吉尼亚烟叶的种植，北吕宋南、北怡罗戈等省烟叶种植的面积逐年扩大，这样反过来又刺激了卷烟业的发展。于是，20 世纪 50 年代初期，烟叶成为菲律宾几种最重要的农产品之一，而卷烟业也成为全菲纳税最多的工业行业。在这一发展过程中，华人扮演着重要的角色。华人不仅在为烟农垫付资金及收购烟叶方面起着关键的作用（详见下文），而且在办厂生产卷烟方面也发挥着不可替代的作用。创办于战后的华人拥有的拉·佩尔拉雪茄与卷烟厂在 20 世纪 60 年代的年度纳税额是 2000 万比索以上，[3] 而 20 世纪 50 年代全菲年度卷烟税收总额为 1 亿 1200 余万比索。[4] 比较一下这两个数字，虽然由于年代不同尚难确定该厂所占比例，但可以肯定的是，这一比例是相当大的，足见华人烟厂在整个卷烟业中的分量之重。其实这一点并不奇怪。早在战前，华人烟厂便颇有名气了。例如，由林秉义家族创办的地球

---

[1] 《菲律宾黄登士家族》，《Forbes 福布斯（中文版）》1992 年第 9 期，第 100 页。

[2] 《吴声敬先生简介》《施江水先生简介》，《菲律宾宿务东方中学金禧大庆特刊》，宿务，1965 年。

[3] 欧·马·阿利普著，周南京译：《华人在马尼拉》，《中外关系史译丛》第 1 辑，上海：上海译文出版社，1984 年，第 130～131 页。

[4] 黄明德：《菲律宾华侨经济》，台北："侨务委员会"，1956 年，第 109 页。

烟厂及该厂所生产的地球牌香烟,在战前的菲律宾已是尽人皆知。[①]
而 20 世纪 70 年代以后兴起的福川烟厂,更是名播亚洲。战后初期
的华人卷烟业,正处于这样一种承上启下的发展阶段之中。

椰油业。菲律宾是世界最大的椰子生产国和主要的椰子产品
出口国,20 世纪 50 年代椰子产品出口数量居菲各出口商品之首,[②]
因此菲椰油业历来发达。收购椰子产品是华人的传统行业,而战前
也有一些华人设厂提炼椰油,不过生产规模大都比较小。战后华人
经营的椰油厂无论是数量还是规模都在战前之上。就数量而言,战
后最初 10 年华人拥有的椰油厂虽无统计数字,但从"60 年代华人普
遍进入椰油制造业"[③]这一情况来看,20 世纪 50 年代正是华人椰油
业大发展的前夜,其椰油厂的数目与战前相比当在逐步增加之中。
就规模而言,华人大型椰油厂也是在这一时期开始出现的。最典型
的例子莫过于行裕油厂。这家属于宿务吕氏家族的椰油厂在战前
已由手工榨油过渡到机器榨油,惜战时遭受重创,又倒退回手工操
作。战后,该厂于 1946 年 10 月成为全菲第一家全面恢复生产和出
口的椰油厂,并再次实现了机械化生产。1948 年 5 月该厂改组为股
份有限公司,从此蒸蒸日上,直至后来成为远东最大的椰油厂。[④] 战
后初期的华人椰油业,同样处在承上启下的发展阶段之中。

基础工业方面,有建筑、伐木与木材加工、橡胶、航运等,以下分
别论述之。

建筑业。菲律宾是第二次世界大战中遭受破坏最严重的国家
之一,各类建筑物大部分毁于战火,如马尼拉被毁楼宇的比例高达

---

①　杨静桐编:《菲律宾华侨年鉴(1935 年)》,马尼拉,1936 年,序言第 5 页。

②　黄明德:《菲律宾华侨经济》,台北:"侨务委员会",1956 年,第 107~108 页。

③　《菲律宾华人》编辑委员会:《菲律宾华人:菲华时报创刊五周年特刊》,马
尼拉:菲华时报社,1988 年,第 44 页。

④　A Brief Story of Lu Do & Ym Corp., Cebu, 1992.

9/10。① 然而在战后普遍缺乏资金的情况下，"甚至遭受炮火所毁的房屋建筑，物主也多未能加以重建"。于是，异军突起的华人建筑业便担当起各地战后重建的主要任务。他们"毅然决然地以所有储蓄投于各种行业，尤其是房屋楼宇的建筑与商业。当年全菲各大都市的繁盛商业中心之房屋，均多为当地的华侨所重建"②。战后初期任宿务中华商会主席的黄登士在《华侨对宿务复兴的贡献》③一文中提供了宿务建筑业发展的一些数字，现据以列表 8-1：

表8-1　战后宿务建筑物兴建数目及其价值表

| 年度 | 钢筋混凝土结构（座） | 价值（比索） | 其他结构（座） | 价值（比索） |
|---|---|---|---|---|
| 1945—1946 | 200 | 1160370 | 1623 | 1107766 |
| 1946—1947 | 537 | 5857715 | 902 | 653626 |
| 1947—1948 | 771 | 10308403 | 942 | 598550 |
| 合计 | 1508 | 17326488 | 3467 | 2359942 |

如表 8-1 所示，钢筋混凝土结构楼宇的兴建数目，后一个年度分别比前一个年度增长了 168.5％和 43.8％；价值则分别增长了404.8％和 76.0％。其他结构的楼宇之兴建数目与价值，各年度相比则增减不一。数目方面，1946—1947 年度比 1945—1946 年度减少 44.4％；1947—1948 年度比 1946—1947 年度增加 4.4％。价值方面，后一个年度分别比前一个年度减少了 41％和 8.4％。这样看来，钢筋混凝土结构的建筑是朝向大型化发展，而非钢筋混凝土结构的建筑则朝向小型化发展。但无论如何，宿务建筑业发展的速度是惊人的，黄氏在其文中将这一成就归功于人民，尤其是华侨商人，可见这些建筑物大部分都是华人兴建的。窥一斑而见全豹，从宿务的例

① 金应熙主编：《菲律宾史》，开封：河南大学出版社，1990 年，第 616 页。
② 黄明德：《菲律宾华侨经济》，台北："侨务委员会"，1956 年，第 122 页。
③ 郭公惠编：《菲律宾华侨史略》，马尼拉：公惠出版社，1949 年，第 38～40 页。

子可以推测战后华人建筑业是如何兴旺发达了。

伐木与木材加工业。菲律宾木材资源丰富,森林覆盖率很高。木业是华人的传统行业,战前从事木业的华人就很多。但是木业的环节很多,包括采伐、运输、加工(其中又有粗加工与精加工的区别)、销售等。战前华人多从事木材的加工(主要是粗加工)和销售,至多再加上运输,真正从事采伐的是很少的。战后则发生了变化。由于许多华人"取得了在吕宋、棉兰老、民都洛(岷罗洛)、帕奈(班乃)及其他岛屿的森林地带从事伐木的特许执照"[①],这些华人所拥有的木材场便兼具了伐木、加工和销售等功能。与战前相比,其功能是大大完备了。一位 20 世纪 50 年代初开始在美骨半岛从事木业的华人是这样陈述他的创业历程的:

> 1950 年台风造成椰业的巨大损失,收购椰干无法做了,我就改做木材生意。这一年我在那牙开办了自己的木场——复春木业,西名 Tabuco Lumber,从美骨地区的山林砍木材来卖。开始时以砍伐为主,只有小型的锯木厂,稍微加工后即转卖。也有向当地人买木材再转卖的。1956 年我办起了比较大型的锯木厂,进行各种建筑板材的加工。我的锯木厂连同山上的伐木场,规模最大时有数百名工人,拥有十几辆汽车……[②]

这种以采伐为先带动木业其他环节的创业道路,与战前华人木业经营者们的道路显然是不同的。或许这正能说明两个时期华人木材业的相异之处。并且,与战前相比,战后有更多的华人参与木

---

① 欧·马·阿利普著,周南京译:《华人在马尼拉》,《中外关系史译丛》第 1 辑,上海:上海译文出版社,1984 年,第 136 页。
② 《访问蔡文春谈话记录》,马尼拉,1992 年 12 月 21 日。

材经营,其厂数和资本投资也都大大增加了。[1]

橡胶业。对于战后的菲律宾来说,橡胶业是一种全新的行业。战前菲律宾不仅没有出产天然橡胶的历史,而且没有生产橡胶制品的历史。战后菲律宾橡胶业兴起,其开拓者也是华人,兹举二例如下。其一是,华侨蔡敦须于战后在宿务创办的东方橡胶厂,其"出品精良,畅销全菲各地"。蔡氏"又经营种胶业于保和(武运)岛,开菲国种胶业之先声"。蔡氏是一位"有科学头脑之企业家,家居常在实验室中"[2],这也是他不同于老一辈华人企业家的最大特点。正因为本身对科学技术有研究,所以才能在新行业的开拓中一显身手。其二是,华侨陈耀珍"战后与友人创办瓦克橡胶厂(Walker Rubber Inc.)于宿务市郊,亲任总理,规模宏大,出品精良,为菲岛橡胶巨头之一"[3]。陈氏毕业于菲律宾著名的马波亚技术工程学院,这与他在新兴行业中获得成功也是有关系的。橡胶是一种现代经济不可或缺的原材料,橡胶制品在各经济部门都得到广泛的应用。菲律宾之所以能在战后形成一个比较完整的橡胶工业体系(包括橡胶种植、橡胶轮胎及其他橡胶制品的生产等),华人是功不可没的。

航运业。菲律宾是一个岛国,海上运输对它来说,其重要性不言而喻。由于宿务是菲律宾最大的内海航运中心,因此华人很早就以此为基地发展航运业,战前曾执菲内海航运业之牛耳。此外,华人船务公司在战前就开通了菲岛与中国厦门之间的航线,在外国公司控制菲外洋航运的缝隙中争得了一席之地。在此基础上,战后华人航运业又有了进一步发展,兹举二例如下。其一是,菲籍华人钟福华于1946年12月在宿务创办了威廉船务公司(William Lines Inc.),当时仅拥有一艘船。然而一年之后,该公司就以贷款和分期

① 欧·马·阿利普著,周南京译:《华人在马尼拉》,《中外关系史译丛》第 1 辑,上海:上海译文出版社,1984 年,第 137 页。

② 《蔡敦须先生略历》,《菲律宾宿务东方中学金禧大庆特刊》,宿务,1965 年。

③ 《陈耀珍先生简介》,《菲律宾宿务东方中学金禧大庆特刊》,宿务,1965 年。

付款的方式,使其所拥有的船只增加到 8 艘。1949 年 5 月该公司改组为股份有限公司,这年年底,其拥有的船只已增加到 15 艘。此后该公司经受住了 20 世纪 50 年代初期航运业萧条的打击,继续发展,曾一度排名全菲各内海航运公司之首。[①] 其二是,菲籍华人吴文韬、吴玉树兄弟于战后在宿务创办吴合泰船务公司(Gotkong Lines,Inc.),起初仅经营内海航运,后将业务扩展至外洋,全盛时"拥有吨位以千计之轮船数十艘"[②]。值得注意的是,战后华人的航运业很重视外洋航线的拓展。战争结束不久后的 1946 年,华人船务公司就重新开辟了菲中航线,这一年就有分属 3 家华人船务公司的 3 艘客货轮航行于马尼拉与厦门之间,它们是:新合美公司的"宿务号"轮;黎拉南玛公司的"荣旋号"轮;岷里拉船务行的"马容号"轮。[③] 之后各华人内海船务公司也有不少兼营外洋航线的,足见这一趋势代表了战后华人航运业发展的方向。

综上所述,与战前相比,战后华人从事的行业无疑是多样化了,此其一;在一些华人经营的产销合一的行业中,生产的比例无疑是扩大了,此其二;资本和技术含量较高的华人大型企业的兴起,在各行业中绝非个别的现象,此其三。这三点仅是从行业经济的角度考察战后华人经济得出的初步结论,还有待在此基础上概括出其整体性特征来。

## 二

菲律宾华人社会是一个比较典型的商业社会,自古以来商业在

---

① The Story of William Lines,Inc.,Cebu,1992.

② 《吴玉树先生略历》,《菲律宾宿务东方中学金禧大庆特刊》,宿务,1965 年。

③ 陈逢源:《近代厦门港口的航运》,《厦门文史资料》第 17 期,1990 年,第 166～167 页。

华人经济中所占的比重一直是很大的,但是各个历史时期的华人商业又有所不同。与战前相比,战后初期的华人商业出现了不小变化。以下分别讨论战后华人的乡镇商业和城市商业的新变化。

战后华人乡镇商业的变化,可以概括为两点:一是商业网点在空间上的分布趋于密集,一是商业经营在层次上的提高令人瞩目。

战前华人商业网在乡镇地区的延展已深入一些偏僻地区,但由于经济发展的不平衡及交通条件的限制,仍有相当比例的乡镇未被囊括进华人的商业网络。战后各地经济水平的差异有所减弱,交通条件也有所改善,促使锐意进取的华人将其商业网点进一步扩展。战前和战后数度到菲律宾各地考察华人经济的陈笑予,为我们提供了这方面的许多证据。陈氏所著《菲律宾与华侨事迹大观》第 2 集"中吕宋诸省·蜂牙丝兰省"条下有一段记载颇具典型性,兹引于下:

> 亚南棉洛示社(Alaminos)。本社原无侨店之创设,平时侨商与本社土人贸易,端赖每星期间之"圩日"(即临时市场,通常三日一市或一星期一市,谓之圩日),多由拉牛板之侨商将货物运抵该社菜市内排摊与土人买卖。迨至 1933 年,蜂牙丝兰省与三描礼示省之长途公路完成后,交通便利,始有粤侨两家前往经营面头(面包)炉兼菜馆。闽侨三家,其中木业一家,位于菜市对面;两家百货商,位于菜市边。其后又增四家,计共九家。闻二次世界大战结束后,并再有增加,现已有三十家。据该社名商冯秉东谈称:该社战前华侨人数不多,商业未见兴盛,战后侨店突增数家,华侨人数骤多,商场渐见扩大,营业日趋繁荣。①

这段材料告诉我们,华人商业网点的空间扩展是伴随着商业经

---

① 陈笑予:《菲律宾与华侨事迹大观》第 2 集,马尼拉:菲律宾华侨事迹大观出版社,1951 年。

营的时间延伸的,而由集市发展为常设商业机构又有赖于交通条件的改善。这一过程虽始于战前,但战后的发展速度却远非战前可比。

社会经济史的研究成果向我们揭示了如下规律:社会发展与经济发展是互为促进互为因果的。战后菲律宾乡村政区单位的增设与华人商业机构的增多这二者之间便存在着这样的关系。陈氏著作中有诸多记载可为佐证,兹引两条如下:

> 高伦社(Cordon)。本社原为一小村镇,至 1937 年始有华侨商店二家,经营什货,设在长途公路两边。据调查所得,因最近侨店增加数家,菲土人移居到是地开垦荒地者日多,造成政府重视高伦村镇,故近年来予以成立为社镇,商业颇见繁荣。[①]
>
> 仙道顿马示社(Santo Tomas)。本社原属该省(蜂牙丝兰省)亚加拉社(Alcala)所管辖,自未惹洗桥竣工后,侨商有四五家,在桥头公路两边设立商店,于是菲政府予以成立为社。目下商店亦渐增加,颇形热闹,盖为各地长途货车必经之地,且为商旅住宿之中心点。[②]

这两段材料告诉我们,战后华人商业网点分布的密集化,已在不同程度上改变了各地的社会经济面貌,以至菲政府不得不根据这种变化调整政区单位的设置。

由于材料的限制,我们尚无法描绘出战后初期菲律宾华人乡镇商业网点的全貌,但笔者从陈氏著作中辑录出的一些数字已能部分地说明问题。兹列表 8-2 于下:

---

[①]　陈笑予:《菲律宾与华侨事迹大观》第 2 集,北吕宋诸省·依莎迷拉省条,马尼拉:菲律宾华侨事迹大观出版社,1951 年。

[②]　陈笑予:《菲律宾与华侨事迹大观》第 2 集,中吕宋诸省·蜂牙丝兰省条,马尼拉:菲律宾华侨事迹大观出版社,1951 年。

表 8-2　1948 年吕宋地区部分省份华侨商店数目及分布状况表[①]

| 省名 | 侨店数目（个） | 侨店分布社镇数目（个） | 分布率（%） | 省名 | 侨店数目（个） | 侨店分布社镇数目（个） | 分布率（%） |
|---|---|---|---|---|---|---|---|
| 加牙鄢 | 171 | 17 | 65.4 | 武六干 | — | 15 | 62.5 |
| 依莎迷拉 | 158 | 12 | 60 | 三描礼示 | — | 13 | 100 |
| 新未实该耶 | 34 | 5 | 45.5 | 描沓安 | 20 | 6 | 50 |
| 北怡罗戈 | 79 | 12 | 57.1 | 甲米地 | — | 9 | 52.9 |
| 南怡罗戈 | 108 | 14 | 41.2 | 描东牙示 | 101 | — |  |
| 拉允隆 | 84 | 11 | 55 | 内湖 | — | 20 | 71.4 |
| 蜂牙丝兰 | 262 | 28 | 65.1 | 计顺 | — | 27 | 81.8 |
| 新依丝夏 | 174 | 17 | 60.7 | 万仁愈计 | — | 6 | 100 |
| 丹辘 | 100 | 12 | 70.6 | 岷罗洛 | — | 9 | 53 |

注：分布率指侨店分布社镇数目与全省社镇总数之比。

　　表中所示各省侨店数目，基本上与所在省经济繁荣程度成正比。如中吕宋在人口密度和播种面积上均居全国第一位（1948 年数字），[②]而经济繁荣程度居中吕宋之首的蜂牙丝兰省，其侨店数目亦居表中各省之首位。再者，侨店数目又与交通条件有关。如地处北吕宋水陆运输交汇处的加牙鄢省，侨店数目便颇多。表中所列 17 个省（缺乏侨店分布社镇数目的描东牙示省除外）的侨店平均分布率为 64.25%，也就是说，将近 2/3 的乡村地区均有侨店的设置。由于表中各省均属北、中、南吕宋地区，经济较其他地区发达，因而尚无法据此推测其他地区的情况。但有一点是可以肯定的，那就是，战后华人商业网的触角在乡村地区的延展，其范围已超过战前。一位 20 世纪 40 年代末在棉兰老旅行的华人是这样描述他的所见所闻的：

---

　　① 陈笑予：《菲律宾与华侨事迹大观》第 2 集，北、中、南吕宋诸省各有关条目，马尼拉：菲律宾华侨事迹大观出版社，1951 年。

　　② 赵松乔等：《菲律宾地理》，北京：科学出版社，1964 年，第 122 页。

　　华侨在棉兰老也有广泛的分布。1949 年我有事到棉兰老,有一次从古南波岸（Kulambugan）乘汽车到怡里岸（Iligan）,两地相距四十多公里,但多偏僻之地,路很不好,所以车子走了很久。当车子在一个很偏僻的椰子园旁停下时,我看见一间小店铺,心想这可能不是中国人开的,可是又一看,柜台上放着算盘,墙上贴着中国画,心中不禁惊叹:连这么偏僻的地方也有华侨开的店![1]

至此我们可以说,战后菲律宾华人商业网点在空间上的分布趋于密集,这一结论应是大致无误的。

战后华人乡镇商业经营在层次上的提高,首先表现在工商一体化趋势的出现。战前华人乡镇商业的主要形式——菜籽店有许多是兼具零售与收购土产的功能的,规模往往比城市里的菜籽店要大。它们将收购到的农产品运往城市,转卖给生产厂家或进出口商,再从城市里购回日用品至乡村销售。这种形式在战后当然还存在。但是,战后的乡镇出现了另一种形式的华人企业,即生产厂家直接设在乡镇,就地收购农产品,就地加工,而且它们往往是设在城市里的工商企业的一部分,或者与其联营。这样,它们便具有了工商一体化的性质。这种企业实际上是华人乡镇经济与华人城市经济相互交叉、渗透、结合的产物,在层次上显然比菜籽店要高。兹举数例于下,以资佐证。

　　目牙仁那社（Magdalena）。本社亦为盛产椰干之第二重要中心地点,故距该社数里处,有一小村曰梅那未示沓（Buenavista）,有马里拉市巨商蔡功南手创之建泉椰油厂公司在焉,规模宏伟,内部机器均为现代化。附近各地椰干,均运至该处发售,以供该厂制造椰油,而供菲岛各地制造肥皂之用,销途颇广。

① 《访问吕孙博谈话记录》,马尼拉,1992 年 5 月 18 日。

每年输往美国之椰米（椰肉），数量亦巨。①

仙答洛市（San Pablo City）。本市系第二次世界大战以后，始改为市，居民善制肥皂，其法用椰机榨椰油后而合碱以制成之。华侨之在本市设厂制造肥皂，其规模最大者，即为名商郑金练所开之长胜雪文（肥皂）制造厂。其在马里拉市，曾全权委托侨商郑维求所开之长胜商业为总代理推销处……本社亦为本省椰产区之中心地点，本省各地所产椰干，均运至此地而转由铁路输出。②

……此外并产一种金丝草，可制造著名于世界之草帽。全省对此汇集之处，则仅有两社，即罗申那社（Lucena）和洛万社（Lucban）。吾侨之收买此种土产者，亦只有姚姓一家，即马里拉嘉泰公司姚乃昆手创之南华金丝草行，独家收买输往我国上海与香港以及欧美等地销售。③

第一例中，华人厂家直接在乡村中收购土产，并就地设厂加工再转售他处，另有部分所收购之土产是直接出口国外。第二例中（此例中之城市乃刚建市，从经济发展过程之研究的角度来说，仍应视为乡镇地区），华人厂家亦是就地收购原料就地制造产品。上述二例中，华人设于乡镇之企业无论是作为城中企业的一部分还是与城中企业联营，本身均具有工商一体之性质。第三例中，表面上看不出有生产加工的性质，但姚氏的公司本身就是工商兼备的，其下属企业在乡村地区的延伸机构，与地方性的从事收购的小型商业机

① 陈笑予：《菲律宾与华侨事迹大观》第2集，南吕宋诸省·内湖省条，马尼拉：菲律宾华侨事迹大观出版社，1951年。
② 陈笑予：《菲律宾与华侨事迹大观》第2集，南吕宋诸省·内湖省条，马尼拉：菲律宾华侨事迹大观出版社，1951年。
③ 陈笑予：《菲律宾与华侨事迹大观》第2集，南吕宋诸省·计顺省条，马尼拉：菲律宾华侨事迹大观出版社，1951年。

构恐亦有别。

战后华人乡镇商业经营在层次上的提高,其次还表现为服务更加周到,信用进一步提高,而所冒风险则更大。这方面,我们打算以烟叶收购为例来加以说明。弗吉尼亚烟叶的大规模种植始于战后,已如前述。这种烟叶的生产工序尤其复杂,需要投入大量的劳动力,除了田间种植管理之外,还需要消耗大量的能源加以烘烤。而烟农往往无力垫付生产成本。这样,遍布于产烟区的华人经营的烟叶收购店便担当起资助种植与收购运销等数重职责。从年底烟农准备苗圃,到第二年 2 月间采摘烘烤,华人收购店大都要连续不断地贷给烟农现款、肥料、杀虫剂、汽油(用来发动抽水机)及其他用品。遇到青黄不接或其他困难,烟农也向华人告贷。这种服务不可谓不周到。再者,华人给烟农的贷款大都不收利息,只要烟农答应由其收购烟叶即可。但是这种承诺不具法律效力,如果烟农对收购价格不满意,仍可找别的买主,只要偿还所欠贷款即可。遇到天灾,华人只有认命,因为贷款通常并无抵押品,即使有,也极少发生抵押品被没收的事。这种信贷,乃建立在双方长期交往而产生的相互信任的基础之上。从经济伦理和企业文化的层面来加以考察,华人的商业道德不可不谓仁至义尽。①

战后华人城市商业的变化,可以从地区和行业两个角度加以考察。从地区来说,各中心城市华人商业的发展有快有慢,但总的来看,其繁荣的程度趋于平衡。从行业来说,华人商业资本已不再大量地集中于零售业,而是趋于均衡地分布在与商业相关的各行业中。

第二次世界大战刚结束时的马尼拉,可谓百业凋零、满目疮痍。此时此刻,华人乃是自"山顶"(乡村地区)返回马尼拉的第一批市民。这些以开拓精神和敢冒风险著称的商人很快就抓住了出现在

---

① 《菲律宾华人》编辑委员会:《菲律宾华人:菲华时报创刊五周年特刊》,马尼拉:菲华时报社,1988 年,第 46 页。

他们面前的商业机会，竭尽全力地恢复和发展他们的生意。例如，战前马尼拉繁华的商业区之一溪亚婆（Quiapo）的重建，大部分便是华人龚氏家族（the King family）所为。华人还从贩卖剩余军用品中赚取了大量财富。许多华人在战后短短的几年内通过努力学习掌握了专门技能，从而令人信服地为马尼拉的工商界提供着各式各样的服务。①

战后宿务和纳卯华人经济的崛起令人瞩目。"宿务市有人口四十几万，华侨及华裔则有二万多人。说比例华侨及华裔人数只占市民二十分之一，但这二十分之一的人，却显然执全市商业的牛耳。全市的批发业、零售业，华侨及华裔掌握十分之六七。"②这虽然是20世纪60年代的情况，但如果不是战后初期打下基础，是不可能有如此局面的。战前的纳卯，外侨以日本人最多，战后则以华人最多。战前纳卯的出口以苎麻为主，日本人多经营此业。战后苎麻已被椰子、木材和香蕉所取代，且多为华人所经营。③宿务和纳卯之所以成为菲国第二、第三大城市，与华人的经济支撑大有关系。

再看看其他城市的华人商业。新依丝夏省省会甲万那端，为"中吕宋境内七省中之最大与繁盛市场"，据陈笑予战后的调查，华人在此地开设有肥皂厂2家、旅社兼酒店4家、餐馆4家、面包炉及饼店5家、汽水厂1家、酒厂1家、木业3家、蜡烛厂1家，此外还有布店、百货店、杂货店等，共计40家左右。④南吕宋的黎刹省省会巴

① Jacques Amyot，*The Manila Chinese—Familism in the Philippine Environment*，Manila：Ateneo de Manila University Press，1973，p.67.

② 吴家沐：《宿务的工商业》，《菲律宾东方篮球队回国劳军比赛纪念特刊》，宿务，1968年。

③ 蔡景福：《纳卯漫谈》，《菲律宾纳卯中华中学五十周年纪念特刊》，纳卯，1973年。

④ 陈笑予：《菲律宾与华侨事迹大观》第2集，中吕宋诸省·新依丝夏省条，马尼拉：菲律宾华侨事迹大观出版社，1951年。

石,"虽非商业之重要市场,惟通常商况,亦颇热闹,有侨店二十家左右"①。美骨区的南甘马仁省省会那牙,"为本省之一重要商埠,有侨店约近百家,业土产、布庄、百货、什货及其他商业,贸易繁盛,市场热闹",1948 年由镇升格为市。② 棉兰老的古达描岛市,战后初期华侨人数虽仅数千,但经营的行业种类却很多,"古达描岛的生意大部分掌握在华人手中,即使不是纯粹的华人,也是华菲混血儿"③。显然,华人商业对战后各城市经济的发展和繁荣都起着关键的作用。战后恢复时期,往往是华人最早最坚决地投入资金从事商业活动,进而才吸引更多的人经商办企业。接下来的发展时期,华人商贸企业也往往成为各地经济的骨干和动力。

　　战后华人从事的行业呈多样化趋势(详见前文),也表现在商业方面。战前华商多为零售商,战后华商则不仅从事零售、批发、进出口,而且从事金融、会计等与商业有密切关系的行业。虽然战后华侨投资的首位仍是零售和批发商业,但其比重已有所下降。从 1954 年、1955 年、1956 年的统计数字来看,华人与菲人投资于批发和零售业的金额之比,3 年中前者分别为后者的 77%、64%、34%,呈逐年下降趋势。④ 进出口方面,华商的营业额则有较大幅度的上升。仅以 1947—1948 年间宿务华商的进出口贸易为例,据宿务中华商会主席黄登士的报告,1948 年宿务口岸的进口和出口贸易分别比1947 年增加了 134% 和 45%,⑤因华商执宿务商业之牛耳,故此增长乃华商推动所致,其理甚明。

――――――

　　① 陈笑予:《菲律宾与华侨事迹大观》第 2 集,南吕宋诸省·黎刹省条,马尼拉:菲律宾华侨事迹大观出版社,1951 年。

　　② 陈笑予:《菲律宾与华侨事迹大观》第 2 集,美骨区诸省·南甘马仁省条,马尼拉:菲律宾华侨事迹大观出版社,1951 年。

　　③《访问黄集顺谈话记录》。

　　④ 河野七郎著,李述文译:《菲化政策下的华侨经济状况》,《南洋问题资料译丛》1958 年第 1 期,第 84 页。

　　⑤ 郭公惠编:《菲律宾华侨史略》,马尼拉:公惠出版社,1949 年,第 39 页。

战后华人金融业与战前相比，其局面无疑也大为改观。战前仅中兴银行一家为较有实力的华资银行，其总资产占全菲商业银行总资产的 9.96%。[①] 战后除中兴银行外，又出现了另 3 家华资银行，它们是：交通银行（战前为中国交通银行的分行，战后成为独立的银行）、建南银行和太平洋银行。4 家银行的总资产达 2.5 亿比索，约占 1954 年全菲商业银行总资产 12.772 亿比索的 19.57%。战后华资银行在华人经济生活中扮演了更加重要的角色，它们不仅吸收了占华人总资产 1/10 的存款（1.5 亿比索），[②]而且使华商更加依赖它们而生存。据对怡朗华人的一项调查，与战前相比，战后华商从私人渠道获得的贷款，其借贷额减少了，还贷期缩短了。[③] 这意味着华商对银行的依赖程度增强了。

战后华人的会计业则完全是新兴的行业。1946 年由薛华诚在马尼拉开设的 SGV 会计师行，至 1955 年已发展成为全菲最大的会计师行。薛华诚是中兴银行的创办者之一薛敏老的儿子，初创时仅自己一人，后来他与好友菲人维拉友（A. M. Velayo）合伙，至 1951 年该行员工已增至 28 人。[④] 当数十年后该行成为亚洲首屈一指的会计师行时，人们便可领略到其初创所蕴含的意义了。由于战后华人会计专业人才的成长，这一与商业关系密切的行业便从无到有地发展起来了。

综上所述，与战前相比，零售业已不再是华人商业的主要构成，华人商业正向高层次、多功能发展，此其一；华人商业网络的密集化和均衡化表现突出，华人商业已成为所在地社会经济的重要的有机

---

① 黄明德：《菲律宾华侨经济》，台北："侨务委员会"，1956 年，第 120 页。

② 黄明德：《菲律宾华侨经济》，台北："侨务委员会"，1956 年，第 125～126 页。

③ J. T. Omohundro, *Chinese Merchant Families in Iloilo—Commerce and Kin in a Central Philippine City*, Manila：Ateneo de Manila University Press, Athens：The Ohio University Press, 1981.

④ 黄栋星：《亚洲首屈一指的会计师集团》，《Forbes 福布斯（中文版）》1992 年第 13 期，第 79 页。

组成部分,此其二;华人商业与各农工行业之间、华人乡镇商业与城市商业之间,越来越形成了密不可分的关系,此其三。这三点仅是考察了战后华人的城乡商业后得出的初步结论,还有待从中进一步概括出其整体性特征来。

# 三

　　无论是作为外国侨民经济,还是作为国内少数民族经济,华人经济都是菲律宾经济的一部分,这一点在任何一个历史时期都是如此。问题是,战后初期的华人经济在菲律宾经济中扮演了什么样的角色? 与其他历史时期相比,这一角色具有什么特征? 形成这些特征的原因是什么? 这些问题都是本章试图要解决的。

　　战后初期华人经济的角色或地位问题,可以用一些统计数字来说明。据菲律宾调查统计局于 1948 年举行的战后首次户口与经济调查中获得的资料,当年菲七大经济行业的总投资额是 24 亿比索,其中华侨的投资额为 3.714 亿比索,约占 16%。华侨投资在七大行业投资中所占的比重分别是,商业 23%;工业 12%;林业 20%:交通运输业 0.2%;矿业 3%;电力业 0.04%;渔业 0.04%。

　　但是,上述华侨投资数额并不包括以下项目:一、非营业性的不动产投资;二、农业、金融、文化、教育、社会公益及自由职业等方面的投资;三、私人财产、各种游资、储蓄存款等;四、菲籍华人的资产。若加上此数项,华人的总资产则为 15 亿比索左右。[①]

　　另据菲律宾中央银行、调查统计局、证券与交易委员会的统计数字,1945—1956 年间,菲律宾单独所有权、合伙、公司 3 种类型企业的投资额中,华人投资额所占比重分别是 23.34%、54.9% 和

---

　　① 黄明德:《菲律宾华侨经济》,台北:"侨务委员会",1956 年,第 123～124 页。

11％。在三者合计的总投资额中,华人则占 26.53％。[1]

考虑到 20 世纪 50 年代菲律宾华侨人数仅占该国总人口的不到 1％,即使加上菲籍华人及漏计者,也不会超过 2％,[2]则华人经济在菲律宾经济中所占份额便尤其显得突出。换言之,与微不足道的人口比重相较,华人的经济分量不能不显得相当重大。这样,战后初期菲律宾华人经济所扮演的角色与所具有的地位,也就不言自明了。

战后初期华人经济的特征问题,可以以其他历史时期的华人经济为参照系来加以说明。在西班牙统治时期,华人经济中的商业成分虽然很大,但手工业的成分也不小,这一点从当时各行各业都遍布华人能工巧匠可以得到证明。然因西班牙殖民者的排华政策,这种情况是不稳定的。到了美国统治时期,由于美限制华工移民,以及菲民族主义的高涨造成的各行业对华工的排斥,华人社会几乎变成仅由老板和店员组成的单纯的商人社会。而无论西统还是美统时期,华人从事农业者均很少。比较之下,由本章所展示的华人行业分布的多样化,遂成为战后初期菲律宾华人经济的第一个特征。

将战后初期华人零售业与战前做一比较,即可发现其变化。战前的 1939 年,华人对零售商店(小杂货店)的投资额为 30545454 比索,占全国这方面投资总额(含菲人、华人、日本人的投资)的 42％。战后的 1951 年,华人对零售商店的投资额则为 133956000 比索,占全国这方面投资总额(含菲人和华人的投资)的 37.5％。战后的投资虽然在绝对数额上是增长了,但在比重方面却下降了。特别是考虑到以下事实,华人在零售业中份额的减少就更为明显,那就是,1951 年与 1939 年相比,全国零售商店投资额增长了约 5 倍,而同期

---

[1] 欧·马·阿利普著,周南京译:《华人在马尼拉》,《中外关系史译丛》第 1 辑,上海:上海译文出版社,1984 年,第 132～133 页。

[2] 赵松乔等:《菲律宾地理》,北京:科学出版社,1964 年,第 61 页。

华人在这方面的投资仅增长了约 4 倍。[①] 另外,由于战后比索购买力的下降,华人经济在战后初期实际上只能说是恢复战前旧观而已,[②]如此其零售业相对来说则是处于萎缩状态了,这便是此间华人经济的第二个特征。

从战前的情况来看,在华人企业中,资本和技术含量较高、跨行业跨地区经营的大型企业为数是很少的,工业资本和金融资本的结合更是少之又少。从战后的 20 世纪 60—70 年代来看,具备上述两种情况之一或二者兼备的华人企业已大量出现。那么,介于这两个时期之间的战后初期,对华人大企业的成长具有什么意义呢? 显然,战后初期正是华人企业承上启下的发展时期。一些战前的大企业在经历了战争的破坏之后正力图重振旧业并在此基础上进一步发展,而一些战前的中小企业及战后创办的企业正迅速地崛起为新的大型企业。所以,企业规模的扩大正处于集聚力量的阶段,便成为此间华人经济的第三个特征。

战后初期菲律宾华人经济的上述特征,是特定历史背景下的产物。20 世纪 40 年代中期至 60 年代中期,菲经济发展很快,其增长率在东南亚各国中居首位。而其中的前 10 年(1946—1955)尤为显著,国民生产总值年均增长率高达 14%。[③] 这当中,制造业的发展是重要的因素。战后消费的增长刺激了进口,菲政府于是采取发展进口替代工业的政策,从而促使许多华人的资金投向诸如纺织、制衣、食品、卷烟这样的行业。此其一。战后菲律宾急需恢复战争创伤,大批基础设施需要重建,刺激了与之相关的行业和原材料的生产,从而促使许多华人将资金投到像建筑、木材那样的行业。此其

---

①　欧·马·阿利普著,周南京译:《华人在马尼拉》,《中外关系史译丛》第 1 辑,上海:上海译文出版社,1984 年,第 126、128 页。

②　黄明德:《菲律宾华侨经济》,台北:"侨务委员会",1956 年,第 124 页。

③　郑励志主编:《快速发展中的亚太地区经济》,上海:上海财经大学出版社,1996 年,第 308 页。

二。战后菲律宾民族主义的高涨，推动了"零售业菲化案"等排华法案的出台，迫使华人不得不寻求经商以外的其他发展道路，于是出现了华人商业资本向工业资本的转移，导致了传统的华人经济结构的变化。此其三。战后初期，菲律宾华人经济从总体上来看正处于外国侨民经济向本国少数民族经济转化的前夜，其与所在国经济的结合日益紧密，投资的长期化以及投资规模及范围的扩大便成必然之趋势。此其四。通过以上几方面的简要分析，我们便可大致明了战后初期菲律宾华人经济诸特征的成因。

# 四

海外华人经济的共同特点是，它自始至终都不是作为中国经济在海外的延伸，而是作为所在国经济的一部分而存在的。随着时间的推移，海外华人经济与所在国经济的结合程度日益紧密，最终将不分彼此地浑然成为一体。在这一过程当中，海外华人经济本身也在不断发生着变化，其传统的结构正随着现代经济的日新月异的变化而不断做出调整，其经营方式也正随着经济生活的多样化而日益显得复杂。研究上述过程和变化是很有意义的，它将帮助我们找出海外华人经济的发展规律，从而形成这方面的科学的认识。本章所讨论的战后最初十年菲律宾华人经济的发展与变迁，就是为了这一目标而做出的一点努力，不足之处还请各方指正。

# 第九章

## 控制、效率及其文化背景

—— 海外华人企业文化探索之一

　　海外华人有一种明显的与众不同的企业文化。其特征之一，是企业控制的个人化而非制度化。这一控制模式对企业的效率产生了正、负两方面的作用。其文化背景，乃是家庭（家族）利益至上的华人传统原则。本章以菲律宾华人企业主访谈记录为主要分析资料，①辅之以其他国家和地区华人工商业者的相关资料，对控制、效率及其所蕴含的中华文化传统因素进行初步的探索，以加深对海外华人企业文化的认识。

　　企业作为一个组织，其运作是在控制下进行的。控制就是管理企业的动态行为。控制的目的是使企业的运作处于最佳状态，亦即达致尽可能好的效率。因此，控制与效率就成为企业管理系统中的一对相关的范畴。实施控制的主体是人，而决定人的行为模式的是其社会文化背景。例如，人们可以实施一种人为意志操纵下的、集权化的控制，也可以实施一种制度规范制约下的、分权式的控制，何者为是，端赖其价值观是源于什么样的一种社会文化模式。因此，源于某种文化背景的管理方式将决定一个企业的运作方式。正是在这个意义上，我们说海外华人的企业文化是中华传统文化的

　　① 这是笔者 1992 年 3 月至 1993 年 3 月在菲律宾考察期间采访记录的，地点大部分为大马尼拉地区。以下凡未注明出处的引文和情况描述，均源于这些访谈记录。被访者的姓名以其汉语拼音的首个字母代之。

产物。

本章将首先论述海外华人企业的组织结构及其控制过程，其次将讨论华人的控制方式对企业产生的正、负效应，最后将分析这种"控制—效率"模式的文化背景。

# 一、控　制

## （一）控制的基础

实现控制的基础是企业的组织结构。实施控制的主体虽然是人，但这里的人指的是企业组织中的人。企业是一个复杂的经济组织，企业中人与人之间的互动是控制信息的传递并发生效力的基本手段。因此，从企业中人与人的关系反映出来的企业的组织结构，乃是实现控制的基础。

那么，典型的华人家族企业具有什么样的组织结构呢？既然企业的组织结构体现在人与人之间的关系上，那就让我们从这一点入手来进行分析。一般来说，华人家族企业的经营管理权是与所有权相重合的，所以，"实际上所有华人家族企业都是由一位深深埋头于日常事务的'一家之主'掌管的"①。换言之，企业中人与这位"一家之主"的关系不仅是一般意义上的命令—服从关系，而且是一种家长制意义上的无条件服从的关系。

CWC是马尼拉一家生产和销售工业用传动皮带的企业的主人，他的两个儿子和一个女儿分别掌管着生产、销售和财务，凡属全局性的事务则由他统揽。他每天到公司总部他的专用办公室上班，

---

① 高伟定著，张遵敬等译：《海外华人企业家的管理思想——文化背景与风格》，上海：上海三联书店，1993年，第217页。

处理各种日常事务。该企业的产品在国际上具有很高的声誉。在最初的研制阶段，他总是事必恭亲，身体力行，带领员工反复试验，直至成功。LXZ 是宿务一家椰油联合企业的主人，该企业传至他已经三代。他说："大哥和三弟相继去世后，公司的担子完全落在我的身上。但我的年纪也大了，应该交给下一代人了。虽然现在具体的管理工作已经交给子侄辈，但我还是照常来公司上班。子侄辈有些做法我看不惯，所以凡事实际上还是离不了我。"

　　上述二例为我们展示了这样一幅华人家族企业的结构图：一位企业主是这个企业的核心，环绕着这个核心的是与企业主有血缘关系的管理层，再向外围推进则是更低级的管理人员和具体的工作人员。而这样一个组织结构的运转靠的不仅是一般的业务关系，更重要的是特殊的人际关系，亦即依据家族的系谱建构的亲属关系。有人把这种企业组织的型态称为"差序关系导向型"，[①]显然，此乃源于"差序格局"那样一种传统的中国人际格局。这种人际关系之所以特殊，乃是相对于西方式企业中的契约关系而言的。华人企业中的核心管理层之工作动力并非为履行契约，而是出于家族成员的责任感。这一点在上述二例中也是表现得很清楚的。

　　如果我们进一步解剖华人企业的组织结构，就会发现它不仅是家长式的，而且是集权化的。所谓集权化，亦即企业的大部分决策是由企业主做出的，而且企业主可以越级插手、干预任何一个层次的任何一件具体事务。例如在上述二例中，作为企业主的 CWC 可以直接管到诸如研制新产品那样的具体事务；而在 LXZ 的同一次谈话中，也提到他亲自过问椰干贮存是否会因为温度过高而发生火灾的问题。之所以如此，是"因为按照父权制的精神，权力无可争辩地属于公司的所有者，那就意味着老板可以进行干预"，"可以说老

————————

　　① 陈其南：《传统家族制度与企业组织》，杨国枢等主编：《中国人的管理观》，台北：桂冠图书股份有限公司，1992 年，第 232 页。

板没有任何职权范围的限制"。<sup>①</sup> 集权化的反面是分权式的专业化，亦即每个管理层都有严格规定的权力职责，无特殊情况不得越权。这同样是中、西企业的差异之处。

总而言之，典型的华人家族企业具有家长式集权化的组织结构，在这一基础之上，控制的过程才得以展开。

### (二)控制的过程

控制是管理企业的动态行为。控制具体表现为人事控制、生产控制、销售控制和财务控制。海外华人企业的控制过程是如何展开的？在上述四个方面各有哪些基本原则或标准？以下分别论述之。

1.人事控制

我们已经从控制基础的角度论述了华人企业中人与人之间的关系，现在我们再从控制过程的展开中来看看员工是如何进入运作中的企业，是如何在管理这只"看不见的手"的操纵下被定位，被赋予具体的功能的。

随着企业规模的扩大，华人企业在用人上已不可能局限于家族中人，因此在人事控制上首先就碰到用人的问题。华人企业力求机构的精干，故其录用人员是严格的，"如果你无助于直接创造利润，那就没有你的容身之处"<sup>②</sup>。HZX 说："我招收人员都要经过考试，比如招收售货员要考数学，我自己出题目给他们考。我出过这样一道题：'1＋2＋3…＋100＝?'几次应考的人中只有一个会利用公式立即答出 5050,其余的都靠一步步演算，不过这样也可以从中观察他操作计算器的方法对否。"可见华人企业的用人标准是严格甚至是挑剔的。

---

① 高伟定著,张遵敬等译:《海外华人企业家的管理思想——文化背景与风格》,上海:上海三联书店,1993 年,第 216 页。
② 高伟定著,张遵敬等译:《海外华人企业家的管理思想——文化背景与风格》,上海:上海三联书店,1993 年,第 217 页。

　　然而,华人企业的组织结构决定了一个好员工的标准首先是忠诚而不是才干。曾经当过雇员后来又成为企业主的 ZRQ 用富于形象的比喻做了这样的描绘:"老板要用的人不能太傻,也不能太聪明。你的才干不能超过他为你划定的范围,你就好像一个被他上了发条的人,发条是松是紧由他转动。"这也可以被看作是华人企业人事控制的一个原则。正如有人一针见血地指出的那样,在华人企业中,"对老板愚蠢的忠诚实在太多了"①。这既是华人企业的结构性矛盾,又是华人企业的功能性矛盾。

　　那么,员工是如何被定位并被赋予具体功能的? 既然忠诚度是老板对员工的首要要求,所以只有老板信得过的人才可能被安排到关键的岗位上,成为传递并执行控制信息的可靠手段。在菲律宾,一些华人厂商为避免罢工造成损失,按产品种类和工序的不同而分设几个厂,以免工人串通一气。但是各厂必须有老板的亲信掌管才行,ZTF 说:"我培养了几个助手,帮我管理分散在几个地方的工厂。那些厂各有各的厂名,工人也互不相识,只有开汽车送货的司机知道,当然司机是信得过的人。"由此可见,人事控制是生产控制乃至其他各方面控制的先决条件,而华人企业正是以重用对老板忠诚度高的员工这样的方式来完成其企业控制的关键一步的。

　　2.生产控制

　　生产是企业运行的中心环节。华人企业的生产控制也是不寻常的,表现之一是对生产现场亦即生产第一线的极端重视。ZQM是马尼拉一家生产各式包装纸箱的大型工厂的厂主,他说他的管理原则是"一切以生产为中心,到生产现场去,不是关在办公室里"。他的儿子大学毕业后帮他管理工厂,他对儿子说"办公室里无事可办",要儿子到生产现场去。ZQM 说:"我厂的主要客户大约有 120家,每家所需纸箱的规格又有二三十种,所以生产管理十分复杂。

---

　　①　高伟定著,张遵敬等译:《海外华人企业家的管理思想——文化背景与风格》,上海:上海三联书店,1993 年,第 216 页。

为了使原料最大限度地得到利用,要动不少脑筋,许多关键的工作我都亲自设计,亲自指挥。"他亲自设计分拆纸坯的机器,亲自指挥大型设备的安装,每天大部分时间都在工厂里。WYS 所拥有的船务公司在菲律宾是名列前茅的,总部设在宿务。每当公司的大型客、货轮在宿务码头靠岸或离岸时,他必定亲临码头监督。他去世后,他的儿子们也都继承了这个传统,轮流上码头履行职责。虽然华人企业主也同样重视使用文件去控制生产流程,但是他们更重视现场控制,因为他们深知生产现场情况与文件所反映的情况之间存在着差距,这是他们的创业经历带给他们的宝贵经验。

华人企业的生产控制之不寻常,表现之二是对产品质量的极端重视和精益求精。华人企业主深知产品质量代表企业的形象,所以对其倾注了大量心血。CWC 的工厂所生产的工业用传动皮带,先后获得多种在国际上享有盛誉的品质标准许可证书。他说他经常亲自负责产品的各项性能测试,并且谆谆教导下属要重视每一个质量细节,还经常不厌其烦地纠正员工的疏忽之处。ZTF 的工厂生产各种家用电器,这位机电专业出身的工厂主在创业初期曾埋头于产品质量的攻关工作,产品打开销路后他仍一如既往地重视质量。他说:"1991 年我的厂生产的家用电器在西班牙一次展销会上获得一家德国公司颁发的奖,是一种技术与品质奖,这证明我的厂生产的东西在这两方面都是过硬的。"除了菲律宾之外,其他国家和地区的华人企业在这方面也不乏其例。新加坡一家从事纸品加工和纸张贸易的华人企业,为了保证质量,都是从美、英、斯堪的纳维亚国家以及日本、印尼、马来西亚等国的著名造纸厂采购和进口优质纸张。① 这是从原材料来源把住质量关。在印尼,彭云鹏于 1991 年对其巴里多太平洋木材集团进行改组,将原来在下属企业兼职的管理人员职务一律取消,一职一任,专职全面负责;并且压缩厂家数目,兼并重组。他说:"这个改组的目的就是尽最大可能提高工作效率

---

① Hiap Moh Corporation Annual Report,1995,p. 18.

和生产效益。"①这是从具体的生产环节中把住产量和质量关。

3.销售控制

销售控制的特点是,它处于企业内部管理和外部管理的交叉点。从内因的角度来考察,产品的销售取决于企业的生产能力、质量控制能力和促销能力;从外因的角度来考察,产品的销售又取决于客户的购买力和市场的需求。实际情况是,内、外因往往复杂地交织在一起,使销售控制成为企业实现其利润的难度最大的程序。

那么,华人企业是如何实行其销售控制并展示出其特色的呢?首先,华人企业以其灵活多变的生产控制能力形塑了其迅速适应市场需求的销售控制能力。LDM 的椰油产销企业在同类厂商竞争激烈、椰油利润下降的情况下,迅速地将部分生产能力转变为利用制油下脚料生产肥皂,因所产肥皂适应生活水平较低的乡村地区的需求,订单纷至沓来,销售畅顺,很快扭转了利润下降的局面。ZTF 的企业原先生产汽车零件,但他发现"汽车零件虽然销路不错,但产量少成本降不下来,加上汽车改型换代快,小企业要跟上这种变化十分不易",所以逐渐将生产方向转为生产适销对路的小型家用电器,企业的利润很快就上去了。上述情况证明了以下论断的正确:"通常看到的海外华人企业是很灵活的……这些企业能够迅速变换产品……就总能顺利地从一种类型转换为另一种类型……此种企业显然属世界上适应性最强的组织之列。"②

其次,华人企业以人事控制和财务控制为基础而形成的激励机制促进了销售控制能力的增长。拥有一家离合器和刹车皮连锁店的 HZX 说:"你买我卖的小生意人人都会做,难的是大笔的生意。如果哪个售货员能将大宗的买主吸引住,达成交易,就说明此人的

---

①　蔡仁龙:《论彭云鹏企业集团的形成与发展》,《华侨华人历史研究》1993年第 2 期,第 44 页。

②　高伟定著,张遵敬等译:《海外华人企业家的管理思想——文化背景与风格》,上海:上海三联书店,1993 年,第 298 页。

水平高于一般售货员，就具备了继续加以培养的条件。经理人员就是从这种人当中选拔的。"这种人事控制手段无疑会促进员工从事销售工作的积极性。拥有一家大型化工产品进出口公司的CBX则说："推销工作很重要，因此我制定了奖励推销员的种种办法，让他们可以从成交额中提取佣金，每5年奖给他们一辆轿车，公司付30％的钱，其余70％可分期付款且免利息，若超过一定的销售额，上述比例亦相应增减，直至无偿地让推销员得到一辆轿车。"这种财务控制手段对推销工作的促进也是不言而喻的。

4.财务控制

财务控制的特点是它的综合性。举凡人事、生产、销售等控制领域，均与财务控制有关，因此，财务控制带有总体管理的性质。在一次对菲律宾华人与非华人商业公司财务业绩的比较中（共统计73家华人公司，40家非华人公司，所据为1982年资料），发现两者在几乎所有的项目中都有明显的差异。现选出其中的4个项目，列表9-1。

表9-1 菲律宾华人与非华人商业公司财务业绩比较表

| 比较项目 | 华人公司 | 非华人公司 |
|---|---|---|
| 资产管理（毛利/资产） | 37.12％ | 25.67％ |
| 单位毛利（毛利/销售额） | 9.1％ | 14.1％ |
| 收款期 | 27.0天 | 54.8天 |
| 存货水平 | 6.4天 | 25.8天 |

资料来源：高伟定著，张遵敬等译：《海外华人企业家的管理思想——文化背景与风格》，上海：上海三联书店，1993年，第238页。

表9-1中显示的华人与非华人企业在财务行为方面的明显区别，说明华人企业的财务控制乃是基于以下原则：尽量提高资产利用率；薄利多销以保证获得持续稳定的收入；尽量缩短资金周转期；严格控制库存以达到低的资本投资和高的存货周转率。

现在让我们把眼光转向其他国家的华人企业。前文提到的那家从事纸品加工和纸张贸易的新加坡华人企业，在其1995年的年

度报告中列举了一些财务资料,现选出其中数项列表 9-2:

表 9-2 新加坡某华人企业 1991—1995 年财务资料表

单位:千元

| 财务资料项目 | 1991 | 1992 | 1993 | 1994 | 1995 |
|---|---|---|---|---|---|
| 营业额 | 45060 | 45865 | 43879 | 49941 | 58114 |
| 税前利润 | 2710 | 3165 | 3352 | 3815 | 3472 |
| 税后利润 | 1822 | 2280 | 2448 | 2663 | 2395 |
| 固定资产 | 10264 | 10976 | 10173 | 14555 | 16036 |
| 投资 | 961 | 711 | 1011 | 681 | 3209 |
| 其他资产 | 70 | 71 | 63 | 58 | 54 |
| 流动资产 | 19751 | 20824 | 21497 | 23139 | 27472 |
| 总债产 | 31046 | 32582 | 32744 | 43433 | 46771 |
| 延期负债 | 3796 | 3729 | 1992 | 1617 | 964 |
| 流动负债 | 9258 | 9161 | 8881 | 17872 | 19666 |
| 净有形资产 | 17992 | 19692 | 21871 | 23944 | 26141 |

资料来源:Hiap Moh Corporation Annual Report,1995,p. 21.

从表中所示的营业额与总债产之比来看,其资产利用率是较高的;从税前利润与营业额之比来看,也符合薄利多销的原则;从固定资产与流动资产之比来看,其资金流动是较快的;从投资与净有形资产之比来看,也符合避免过高投资的原则。结论是,新加坡华人企业有着与菲律宾华人企业类似的财务控制原则。

总而言之,华人企业人事控制、生产控制、销售控制和财务控制的展开过程以及各自的基本原则或标准,说明这是一种有别于西方式企业的控制模式,是一种根基于独特的组织结构的控制模式。

综合本章第一部分所论,在家长制集权化组织结构的基础上,海外华人企业的控制过程沿着一条特殊的轨迹而展开。由于华人企业组织具有"差序关系导向型"结构的特点,亦即由一个核心凭借特殊关系联结着一个环绕着他的管理层,再由这个管理层联结着更大范围的员工,因此产生了相当大的向心力。在此基础上展开的控制过程,便是与这种向心力相对应的辐射状信息传递及其效力的产生。随之便产生了这样一个问题:这种控制模式的效率如何? 以下我们接着展开这方面的论述。

# 二、效率

## (一)控制对效率的正面作用

海外华人企业的控制模式对企业的效率产生了积极的作用,这一点是毫无疑问的,否则就无法解释这些企业为何具有如此强大的生命力了。

从人事控制对效率的促进来看,按忠诚为首的原则来使用员工,对企业效益的提高起到了很大的积极作用。特别是那些被安排在关键岗位上的与老板有特殊关系的人,发挥着以一当十的作用。ZRQ 曾为其舅父所有的企业的雇员,他说:"我一个人干的活顶上好几个人,看仓库、采购、点算出货等,这几个环节都很重要。我尽量采购价廉物美的材料,尽量堵塞漏洞,使舅舅无后顾之忧。"LDM 也曾受雇于其舅父的企业,他说,在企业的扩建过程中,他负责设备的添置,"我先去参观别人的厂,回来便进行设计,从制图到零部件制造、装配,我都自己动手干",从而节省了大笔资金。当然,所用之人在忠诚的基础上还要贤能,才能为企业创造巨大的经济效益。上述二例便是明证。

从生产控制对效率的促进来看,由于重视生产第一线,老板经常亲临生产现场,便有助于下情的上达和问题的及时解决,而不必等到层层上报,避免了信息延误所造成的损失。如 ZQM 作为老板经常亲临生产各种规格纸箱的车间,而他在与客户的频繁来往中对其所需又了如指掌,所以能及时地按市场需求来指导纸箱的生产,从而使企业效益大为提高。又由于重视产品质量,力创一流,所以华人企业的产品普遍受到欢迎。如 CWC 的企业虽然规模不大,但因所生产的传动皮带质量过硬,竟成为全菲同类产品的主要出口厂家;ZRQ 的音响设备厂在同行中虽是后起的,但因质量上乘,也很快跻身于出口的行列。华人企业的生产控制对其效率的有力促进,是至为明显的。

从销售控制对效率的促进来看,重视生产对销售的支持,从而使销售有了坚强的后盾,进而提高了效益。CBA 是一位服装产销商,他说:"以前向别人买现成的服装来卖,利润率只有 3%～5%,后来自己生产自己卖,利润率达到 15%～20%。"又由于在销售环节中形成有效的激励机制,促销工作有了强大的动力,从而使利润的大幅度增长成为可能。前文提到的那位大型化工产品进出口公司的老板 CBX,由于用重奖鼓励推销人员,促使营业额大幅度增长,最多时达到公司创办资金的 20 倍。此外,交易成本的低廉也使华人企业的销售费用大大降低。印尼三林集团属下的印多食品集团,在群岛的各主要岛屿兴建了 10 多家生产即食面的工厂,就地销售,减少了运输和经营成本。它还在印尼各地设有 50 个分销处,之下联系着成千上万个零售网点。再者,生产即食面所需之食用油、调味品、包装材料等也由三林集团内部的企业供应,进一步减轻了销售成本。[①] 这种自成体系的经营方式大大降低了企业成本。仅就此项而言,华人企业便获益不少。

从财务控制对效率的促进来看,由于财务管理集中注意力在企业的效益之上,所以凡有利于此的措施均不遗余力地实行之。以资金的投放而言,"无论华商考虑要把钱用到哪里,都要先保证经营的资金,比如欠别人的账能否及时还清?能否扩大经营?能否从中单一的销售转变为自产自销?等等",这是服装产销商 CBA 在总结华

---

　　① 蔡仁龙:《印尼华人企业集团研究》,香港:香港社会科学出版社有限公司,2004 年,第 11 页。

商成功的秘诀时所说的一席话。这种经营优先的财务原则保证了华人企业的资金经常保持在良好的状态。以资金的节省而言，不少与老板有亲属关系的雇员不仅干活比别人卖力，而且比别人支取更低的薪金。无论与老板是否有亲属关系，只要是华人雇员（工人），其工资都可能比同行业其他企业的员工更低。在新加坡，"欧洲人的部门所支付的工资更高。比如，在 20 世纪 30 年代晚期，拔佳（Bata）鞋厂平均工资为每天 1.36 元，但一家相邻的华人工厂平均每天工资仅为 0.70 元"①。为什么华人员工不"跳槽"到工资更高的厂家呢？合理的解释是，要么他们与老板是亲友关系，要么他们留在华人的厂家中，心理上更适应。客观上，华人企业的竞争力因此得到增强。从这种老板对"自己人"给的报酬更少的情况，可见华人企业的效益与其精打细算的关系之一斑。

总而言之，海外华人企业对人事、生产、销售和财务诸领域的富有个性的控制，均对企业的效率产生了诸多正面的作用和影响。

### （二）控制对效率的负面作用

海外华人企业的控制模式在对企业的效率产生积极作用的同时，也对企业的效率产生了消极作用，从而限制了企业发展的速度、规模和效益。如果说这种控制模式对企业效率的正面作用是显性的话，那么它对企业效率的负面作用则是隐性的。换言之，这种控制模式对企业所产生的不良影响不会很快表面化，而要经过一段时间的积累之后才会为人们所觉察。再者，作为这种控制模式的基础的华人企业组织，有其固有的结构性矛盾和功能性矛盾，两种矛盾交相作用的结果，便是控制对企业效率的负面作用具有了全局性的特点。鉴于这种情况，我们在分析控制对企业效率的负面作用时，

---

① W. G. 赫夫（W. G. Huff）著，牛磊等译：《新加坡的经济增长：20 世纪里的贸易与发展》，北京：中国经济出版社，2001 年，第 163 页。

只能从总体上去把握，而不能像分析正面作用那样做条块式的处理。

基于以上理由，我们将把讨论集中在这样一点上，即从华人企业规模受到的限制，反观华人的控制模式对企业效率的负面作用。虽然大规模并不等同于高效率，但是从效益转化为规模、规模又促进效益的企业发展一般规律来看，规模与效率还是存在着一定的正相关关系的。华人企业的中小规模化，是否与其独特的控制模式抵消了部分效率有关？下面的论述将回答这个问题。

在早期的华人企业中，大多是小本经营，所以特别固守尽量降低成本、避免过高投资的控制原则。这一原则对提高企业效率来说，在短期内十分见效，但从长远来看，则对提高效率不利，因为它限制了规模，也就限制了效率的提高。菲律宾华人的菜籽店是一个典型的例子。菲华企业主 HZX 在谈到这个问题时说："在费用和销售额这两个矛盾的方面中，销售额是矛盾的主要方面。只有解决扩大销售额的问题，才会成功。若把眼光盯在费用上，就会永远停步不前。许多老华侨开的菜籽店就是失败在这一点上，他们一辈子在偏僻的地方经营菜籽店，从未想到要在热闹一点的地方租个店面开创新局面，因为他们害怕开销大、费用大，会入不敷出，所以只能永远停留在一个很小的经营规模上。"这一分析是很精辟的，它抓住了问题的要害：保守的控制模式限制了企业向高效率的规模经营的方向发展。

在当代的华人企业中，中小型企业难以进一步发展，也与其效率受制于传统的控制模式有关。前文提到的拥有一家工业用皮带生产厂家的 CWC，其负责生产管理的儿子这样说："我们这个皮带厂有能力扩大生产，但我们不愿意这样做，原因是工人多了不好管理，容易出麻烦。我们厂现有工人 500 人，完全有可能增加到 1000 人，但我们不想增加。生产任务紧，宁愿用加班的办法来解决。"从短期来看，加班而不增加人员，效率当然是提高了。但这种临时性的措施却非长久之计，不仅无法维持长期的高效率，而且必然造成效率的递减。既然如此，为什么厂方不愿扩大规模呢？原因很简单，这个家族企业派不出更多的"自己人"来负责企业各方面的控制。在华人企业中，"人们对于放手让下面干存在一种根本的畏惧感"，"为企业的适应能力而肩负重任的都是产权的所有者们，而不是其他人，这成了一条关键的基本经营规则"。① 这种控制原则从长远来看是阻碍了企业效率的提高的。

菲律宾 WG & A 船务公司总裁吴忠仁说："老一辈人不愿放权给下一代人管理，更不愿给外人管理，因此没法像西方企业那样将所有权与经营权分开。一个企业经过两三代人的努力发展到一个很好的时候，也是最容易发生分裂的时候⋯⋯以前华人企业是经过这样反复循环的：第一、二代创业发展，第三、四代分裂了，企业变小了，再经过奋斗去发展，企业变大了再次分裂。怎样避免这种循环是我一直思考的问题。"这是经过吴氏家族企业三代人两次分裂后，这位企业家痛定思痛的表白。② 家族企业分裂，是规模变小的原因之一。为什么分裂？每个产权所有者都想做"老大"，当主导企业的"家长"，而不考虑规模缩小对谁都不利。

华人企业的家长式集权化控制模式意味着其活动的结构化水平是比较低的。活动的结构化水平指的是企业管理的专业化、标准化和规范化所反映出来的企业被组织的程度。③ 专业化、标准化和规范化的反面是个性化、模糊化和随意化，而这恰恰是华人企业的组织结构及其控制功能所具有的特点。这样的特点固然有其利于企业效率的一面，亦即灵活性适应性强，手续简单办事快捷，从而使得效率提高，但同时也有其悖于企业效率的另一面，亦即计划性不

① 高伟定著，张遵敬等译：《海外华人企业家的管理思想——文化背景与风格》，上海：上海三联书店，1993年，第242页。
② 《访问吴忠仁谈话记录》，宿务，2002年5月22日。
③ 高伟定著，张遵敬等译：《海外华人企业家的管理思想——文化背景与风格》，上海：上海三联书店，1993年，第206～207页。

强,操作程序不明确,从而使得效率下降。华人企业的发展规模受到限制,便是这种矛盾得不到化解的结果。因为企业规模越大,就越需要削弱集权化管理,越需要向下授权,从而也就意味着上述矛盾逐步得到化解。可以说规模中小型化和低水平的结构化是华人企业的一体两面,而其症结则是家长式集权化控制模式的正面效应被其负面效应部分抵消所造成的效率问题。

总而言之,华人企业的中小规模化,确实与其独特的控制模式抵消了部分效率有关,这种控制模式的负面作用从而得到证实。

综合本章第二部分所论,海外华人企业的控制模式对企业的效率产生了既促进又阻滞的作用,但总的来说促进的作用大些,正面作用只是部分被负面作用抵消,而未被全部抵消。一般来说,在企业规模不太大的情况下,这种控制模式还是能够适应企业的运行的。但是我们也不能不注意到这样一个事实:相对于现代化的企业来说,这种华人独特的企业组织结构及其控制模式正越来越暴露出它的弱点。换言之,在市场经济日益规范化、企业规模日益大型化的潮流中,传统式华人企业的结构和功能显得越来越不能适应新的形势了。

# 三、文化背景

本章在开头时已经说过,源于某种文化背景的管理方式将决定一个企业的运作方式,并且指出,海外华人企业的特征之一是企业控制的个人化而非制度化,其文化背景乃是家庭(家族)利益至上的华人传统原则。本章的第一和第二部分已经论述了华人企业的"控制—效率"模式,在第三部分中,我们将讨论这一模式的文化背景。

为什么说个人化的控制方式是家族利益至上这一文化背景的产物?既然华人企业的组织结构是"差序关系导向型"的,而这种类型的企业之维持动力乃是来自一种特有的社会价值观——个人永远以自己和家属之利益为最优先考虑，[1]那么，在管理者就是所有者的情况下，企业要最大限度地为家族利益服务，最简便的方式就是个人化的控制而非制度化的控制了。

这样一种个人化控制下的企业的运转，主要靠的是依据家族的系谱建构的亲属关系。"中国人的传统观念往往会把一个私人企业内的员工划分为'自己人'和'外人'两大类别"，"有些属于'自己人'范畴的员工也许会比较努力，但对象并不是该企业本身，而是他个人与业主或经营者之间的私人关系"。[2] 前文提到的 ZRQ 和 LDM 便是这方面的例子，他俩在作为雇主的亲戚的手下时都是既忠诚又能干的雇员。ZRQ 说："我有责任帮舅舅把工厂搞好，这里的工厂没有自己人是不行的。"LDM 也把协助舅父搞好生产经营当作自己应尽的义务。但是一旦有了自己创业的机会，他俩便毫不犹豫地自立门户办起自己的企业来。这不正说明他俩在当雇员时努力工作是因为有着与雇主的特殊关系，而不是为了企业本身的发展吗？

这样一种企业内部的关系格局，正反映了如下中国传统文化观念："中国人只重系谱概念上的宗祧延续，而忽略了延续家户经济的重要性。"[3]上面我们是从雇员的角度来谈这个问题的，下面再从雇主的角度做一些论述。仍然以上述二人所在的企业为例，ZRQ 的舅父所拥有的企业历经三次拆股分业，规模大不如前，但只要该企业属自己所有，对这位业主来说规模大小似乎并不重要。LDM 的舅父在某财团的压力下被迫出卖了部分产业，但哪怕自己的企业只剩下空架子，也要撑住这样一个门面。这说明了，"工厂作为一个企

---

① 陈其南：《传统家族制度与企业组织》，杨国枢等主编：《中国人的管理观》，台北：桂冠图书股份有限公司，1992 年，第 231 页。

② 陈其南：《传统家族制度与企业组织》，杨国枢等主编：《中国人的管理观》，台北：桂冠图书股份有限公司，1992 年，第 232 页。

③ 陈其南：《传统家族制度与企业组织》，杨国枢等主编：《中国人的管理观》，台北：桂冠图书股份有限公司，1992 年，第 221 页。

业共同体,就如同家户经济单位一样,是为了延续个别家族和房的宗祧而存在的",换言之,"家户经济体只不过是用来达成延续系谱关系的工具"。① "一个公司、一家企业也就是一个大家庭",老板是家长,"所有的雇员自然就成为家庭成员","平时合舟共济","生意不好,有难同当"。② 在此种观念之下,个人化控制方式势属必然,制度化控制方式反属多余了。

个人化控制方式"对控制的真正分权化的抑制,对向下授权的抑制,对充分任用职业人员的怀疑,都是与文化有关的华人与众不同的企业组织模式的特征"③。当这种控制方式具体化为人与人之间的互动,从而通过这种互动传递控制信息并使之产生效力时,也无不打上传统文化的印记。一位企业界人士说:"我认为沟通信息是个西方的概念,从来不是中国人的概念……如果你是识时务的人,你会学习怎样体会老板的想法……如果等到老板告诉你做什么事你才知道如何去做,那你就是个十足的蠢货。"④另两位商界人士则有如下的讨论:"在西方制度下,人们可以公开地争论……但是要是跟着华人做事,情况就两样了,你要努力去想最高领导之所想,并且要倾向于同意";"这种避免杠上是中国人文化的一部分"。⑤ 在这里,中、西两种文化的差异在企业控制的过程中得到了鲜明的对照。

控制与效率在华人企业中表现出十分复杂的关系。华人的控

---

① 陈其南:《传统家族制度与企业组织》,杨国枢等主编:《中国人的管理观》,台北:桂冠图书股份有限公司,1992年,第223页。

② 沈立新:《东南亚华人企业经营中的模式探讨》,《八桂侨刊》1993年第4期,第27页。

③ 高伟定著,张遵敬等译:《海外华人企业家的管理思想——文化背景与风格》,上海:上海三联书店,1993年,第239页。

④ 高伟定著,张遵敬等译:《海外华人企业家的管理思想——文化背景与风格》,上海:上海三联书店,1993年,第226页。

⑤ 高伟定著,张遵敬等译:《海外华人企业家的管理思想——文化背景与风格》,上海:上海三联书店,1993年,第226~227页。

制方式确实促进了企业效率,但华人企业的中小规模化又证明其控
制方式抵消了部分效率。家长制集权化控制方式对华人企业的正、
负面效应同时并存的情况其实并不奇怪,因为"对每一项被视为对
现代化有正面影响的价值观念,我们都可以找出一项对现代化有负
面影响,及更多没有影响的价值观念与它并列"①。家长制集权化控
制方式正是正、负面影响并存的多重价值观念的复合体之映像。首
先,它体现了具有很强凝聚力的家族主义的传统观念,这一观念促
进了企业的效率。其次,它又体现了保守的排外主义的传统观念,
这一观念则抵消了企业的部分效率。

从前文几次提到的那家 CWC 拥有的企业,就可以很清楚地看
出家族主义的凝聚力对工作效率的促进。负责管理生产的 CWC 的
儿子说:"我们兄妹三人分别管理生产、销售和财务,我们手下的办公
人员上午八点上班,下午五点下班。但是直到下午六七点钟还有人
在工作,他们都是自觉的,为的是把当天未完成的工作做完。"无独有
偶,一位老板也说:"我的职工们早晨八点钟就到了,经常干到晚上七
点还不回去。你可能以为是我强迫他们这样做的,其实并不是……
只要有一个人上班开始工作,就会引起一种心理上的连锁反应,谁都
不甘落后……这是同心协力的工作,工作起来有如一家。"②这就是华
人特有的企业文化。仅仅以利益驱动来解释它是远远不够的,因为
它确实包含着一种由家族主义派生出来的敬业精神或者工作精神。

然而,华人企业文化中保守、排外的一面也是显而易见的。就
决策而言,参与者是局限在极小的圈子里的,有时仅限于老板和一
两个与之最亲近的人。如 CBA 的厂的决策权仅限于他和他的妻
子。就管理而言,主要也掌握在老板及其亲近者的手里。如 HZX

① 黄绍伦编:《中国宗教伦理与现代化》,香港:商务印书馆(香港)有限公司,
1991 年,第 186 页。
② 高伟定著,张遵敬等译:《海外华人企业家的管理思想——文化背景与风
格》,上海:上海三联书店,1993 年,第 255 页。

和他的妻子掌管着一个连锁店网的两间中心店,以此来控制其他的店。有时则是亲信形成一面有力的墙,老板退居墙后。由于非亲信者遭到排斥,华人企业中就存在着一种与向心力并存的离心力,它不仅不利于企业的巩固和扩大,有时还会导致企业的分化。

从家族推而广之到国家,我们可以看到中国传统社会中一种反映了普遍规律的现象,那就是纵向控制严密而横向联系薄弱。作为中华传统文化的产物,海外华人企业文化的利弊优劣,亦可从中得到诠释。

# 四、控制下的效率：得失之探微

本章论述了海外华人企业内部管理的两大要素——控制和效率,并探索其文化背景,指出这种控制的基础是家长式集权化的组织结构;其人事控制强调的是忠诚至上,生产控制注重的是现场指挥和刻意求精,销售控制营造的是应变能力与促销机制,财务控制策动的是少投入多产出、低库存快周转。这种独特的控制模式对企业效率的正面作用,具有局部见效快的显性特征。此外,这种带有保守倾向的控制模式对企业效率的负面作用,又具有制约全局的隐性特征。然而其正面作用并未被负面作用全部抵消。华人企业的控制—效率模式是家族利益至上这一传统文化的产物。

虽然海外华人企业本身有着内在的局限和弊端,但它已被公认为在一定条件下的一种高效的经济运作工具。传统中国的价值观是现代化的障碍这一看法,本已成为学术界的标准观点。但是意外地,其中一些传统观念如家族主义,在东亚和东南亚经济的发展中却扮演了重要的角色。这一点足以令我们重估中华传统文化在现代化中所具有的地位。海外华人企业文化是否能够成为传统与现代的契合点,进而重塑中华传统文化在世人心目中的形象,这是笔者所关心的,也是本章思路的指向。本章与下一章乃是本书中较为独特的部分,它们的论述已经超越了菲律宾华人社会,而涉及更大范围内的海外华人。

# 第十章

## 网络、信用及其文化背景

### ——海外华人企业文化探索之二

  海外华人还有一种明显的与众不同的企业文化。其特征之一，是环绕着网络和信用建立起一种企业精神。换言之，企业的生存有赖于把企业联结到一起的关系网，而全部关系只能是由个人之间的信任发展起来的企业之间的信用。这种由个人信任到企业信用再到企业网络的经济互动模式，是儒家伦理这一华人企业精神内核的外化。本章以菲律宾华人企业主访谈记录为主要分析材料，[①]辅之以其他国家华人的相关材料，对网络、信用及其所蕴含的中华文化传统因素进行初步的探索，以加深对海外华人企业文化的认识。

  网络与信用是华人传统文化与所在国家或地区市场经济既矛盾又适应的产物。儒家理想中的社会是一种强调集体的社会，其基本的原则是互利关系。这与市场经济是不矛盾甚至是合拍的。然而市场经济的互利关系靠的是契约和法律的保障。鉴于此二者均非儒家思想所注重和强调，因而建立符合儒家道德的个人信用关系，并由此发展起企业网络关系，以达致互利之目的，对华人社会而言，乃逻辑之必然。另外，以儒家政治伦理构建的社会是一个纵向控制严密、横向联系薄弱的社会，这与市场经济又是相悖的。因为

---

  ①  这是笔者 1992 年 3 月至 1993 年 3 月在菲律宾考察期间采访记录的，地点大部分为大马尼拉地区。以下凡未注明出处的引文均摘自这些访谈记录。被访者的姓名以其汉语拼音的首个字母代之。

市场的建立靠横向网络,不靠上下等级关系。所以发展私人关系来弥补一般人之间的疏离和互不信任,以加强市场联系,对华人来说亦属必要。而这种私人关系恰恰又建立在儒家人伦道德的基础之上。由于儒家思想作为文化积淀在华人身上总是顽强地表现出来,所以这种矛盾—适应的过程便循环往复地不断进行下去。

# 一、 网 络

### (一)网络的形成

中国传统社会的格局是一种"差序格局",它"好像是把一块石头丢在水面上所发生的一圈圈推出去的波纹",每个人都是他影响所及的圈子的中心。其根源乃是儒家最讲究的人伦。伦就是差序,"就是从自己推出去的和自己发生社会关系的那一群人里所发生的一轮轮波纹的差序"。在这种格局中,"社会关系是逐渐从一个一个人推出去的,是私人联系的增加,社会范围是一根根私人联系所构成的网络"。① 最靠近圈子中心的首先是亲属,其次是同乡。由于移居海外的第一代华人的价值观念绝大多数来源于农村生活,特别是农村家庭生活,所以他们必然将这种格局在居住国复制出来,其办法是将亲属和同乡牵引至国外。

XLX 说:"我让弟弟来菲,还帮助了四五个堂兄弟来菲……他们表示要来,我就用自己的薪金为他们办理来菲手续。一些由我牵引来菲的堂兄弟,刚来时就住在(我任经理的)那家店里,然后我帮他找工作,为此我花了不少金钱和精力,当时的人都认为这样做

---

① 费孝通:《乡土中国》,北京:生活·读书·新知三联书店,1985 年,第21～28页。

是应该的。"GFK 则说："父亲带来菲的同乡、朋友有六十多人。他每隔两三年就回国一次，每次都有人跟他来菲……买船票、办'大字'（居留证）的钱都由父亲先垫付，等这些人以后赚了钱再还给父亲。这些人的工作也由父亲介绍。早年我们（晋江）前坑村有一千多人，来菲者就达数百人。"这是战前菲律宾华侨将其闽南农村的亲属和同乡带去菲的典型事例。

朋友和同学是仅次于亲戚和同乡的靠近圈子中心的关系。朋友是儒家的"五伦"之一，自不必说。同学关系则是长久而可靠的。在儒家传统的、特定而有限的友谊联系中，同学就像家庭的延伸。战后从中国大陆去菲的华侨华人中，有些原先是同学关系，他们在菲继续发展了这种关系。HBK、WJG 和 ZFY 三人原本是晋江三中的同学，他们相继去菲后，除相互提携外，还发起组织了母校的校友联谊会。ZZD 和 ZRQ 是厦门一中的校友，二人在菲关系也很密切。一位华商说："同学之间的友谊是最自然、最纯真的。那时无论贫富，人们都在一个集体中成长。"①同学的友谊形成移居者在异域的最可靠的社会关系之一。

亲属、同乡、朋友、同学源于血缘、地缘或感情关系，其中许多关系往往是重叠的，如既是同乡又是朋友，既是朋友又是同学。与这类关系不同，生意中发展起来的关系是基于利益的考虑，但这种关系也可能发展成朋友关系。ZFY 说："经过长期的生意关系，我和其中的有些人成了朋友，有的还成了'公巴礼'（原意为教父教母与受洗礼者，这里引申为兄弟般的关系亲密者）。"YJQ 则说："我的客户网遍布南岛，客户都成了我的朋友。我除了交通费之外可以不必带钱，每到一地便享受客户加朋友的招待。"这种关系已超越了一般的利益关系，而带有了感情色彩。当然，它是经过长期培养才形成的。从陌生到建立感情还必须经过所谓的"人情"阶段。人情是家庭和

---

① 高伟定著，张遵敬等译：《海外华人企业家的管理思想——文化背景与风格》，上海：上海三联书店，1993 年，第 152 页。

亲近者之外的人互相帮忙的基础。有学者认为人情不同于感情,它仅是社会关系而很难进入经济关系。[①] 其实在现实生活中二者并非不可逾越。当商场中人在关键时刻受惠于人之后,他便有一种回报的义务,从而使其与施惠者在感情上大大接近,这便是双方建立亲密关系的基础。

最早和最基本的网络是由亲属关系形成的网络。稳定的儒家秩序的基石是家庭。华人社会的组成部分是家庭而不是个人,个人的存在只能体现在家庭的网络中。围绕着家庭的是宗族,即家庭的延伸,它使个人能得到更广泛的支持。在华人社会中,一个没有嵌进血缘关系网络的人是难以得到发展的。无论战前还是战后,华人创业的基本模式都是,先在家人或亲戚的企业里工作,在获得必要的资金、经验和商业关系之后,再创办自己的企业。老板一般不会阻止他这样做。因为他不会忘记老板给他的好处,可能会给老板带来更多的生意。这样便由亲属关系滋生出了企业的网络。

ZLZ 女士的娘家和夫家的祖籍地分属永春和南安,却是二县交界处的相邻村,有着多重婚姻关系。两个家族都有许多人在菲从事布业。她的叔祖父在马尼拉开振东布店,其父先到该店工作,职至经理,而后出来自己开了兴华布店,又办东风布厂。其叔亦循此途径开了南通布店。她的另两位叔祖父则在上海从事布业。家族中人也有在香港做布生意的。这些彼此独立的企业在业务上关系却很密切。她的夫家从事的布业规模更大,其中有一家通用纺织厂(Universal Textile Mill),战后初期资本达 1000 万比索,是当时全菲首家私营纺织联合企业,[②]两个家族中人均持有该企业的股份。这是一个由亲属关系形成的企业网络的典型事例。

---

① 金耀基:《关系和网络的建构:一个社会学的诠释》,《二十一世纪》1992 年第 4 期。

② 欧·马·阿利普著,周南京译:《华人在马尼拉》,《中外关系史译丛》第 1辑,上海:上海译文出版社,1984 年。

华人中由来自相同祖籍地的人组成"帮"，由来已久。所以由同乡关系形成的网络，也是较早的和较为基本的网络。同乡作为家庭的进一步延伸为个人提供支持。在传统社会中，地缘不过是血缘的投影，换言之，籍贯只是"血缘的空间投影"。[①] 早期华人企业实行的所谓"拢帮"制度（"拢帮"是马来语 Numpang 的音译），[②]可说是滋生网络的温床。初来的"新客"寄寓于同乡老板的店中，免费食宿，他们一旦自立门户，必有回报，形式之一是结成商业关系密切的网络。

厦门禾山人是一个较早在菲经商办企业的地缘群体，战前在华侨社会中占有重要的经济地位。[③] 据禾山人 CZM 回忆，创立于1838 年的马尼拉杨联兴皮料店，老板杨氏是禾山人，战前雇用的员工大多也是禾山人。CZM 本人曾受雇于该店，他还记得姓名的禾山籍员工就有八九人。从该店分立出去的杨荣昌皮料店，老板也姓杨，同为禾山人，并且是同一村社的人。马尼拉皮料、鞋业中禾山人一度占优势，便源于这种网络的滋生。布业的情况亦如此。据集美人 CYJ 回忆，马尼拉从事布业的华侨，20 世纪 30 年代前后禾山人、同安人较多，他本人就从事布业。集美当时属同安，与厦门禾山仅一水之隔，CYJ 的祖父即与禾山人交情甚深，并延续至他这一代。他不仅与禾山人合开布店，而且与各地禾山人同行来往密切。如宿务有两家禾山人开的布店，新振美布店与同德布店，老板均姓肖，每次到马尼拉采购进口布匹，都从他的店得到批发。禾山人 YWZ说："四五十年前，山顶州府（泛指马尼拉以外地区）的禾山人到马尼拉来采购物品，都喜欢找同是禾山人的批发商。当时马尼拉的洲仔岸有许多禾山人开的大批发商店。"可见战前这种基于同乡关系的商业网是遍布许多行业和地区的。

由朋友和同学形成的网络迟于由亲属和同乡形成的网络，因为

---

① 费孝通：《乡土中国》，北京：生活·读书·新知三联书店，1985 年，第 72 页。

② 周南京：《海外华人的企业文化》，[菲]《世界日报》》1994 年 7 月 17 日。

③ 参阅本书第六章"美统时期菲律宾厦门籍华侨的经济状况"。

后二者的关系是天然的,前二者的关系则是后天形成的。从社会学的观点来看,关系的存在完全取决于有关个体共有的归属性特征,而归属性特征的获得有先天、后天之别。<sup></sup>① 来自闽南农村的第一代华人移民自然偏重于血缘、地缘关系,而成长于工商业社会的第二代华人以及战后来自大陆(主要是城镇)的新移民则有更多的非天然关系可资利用。YMZ 的父亲和他本人已两代受雇于一家亲戚开的公司,1955 年他中学时代的同学黄氏从美国留学回来,准备创办面粉厂,邀他参加,他便离开原先的公司,加入了黄氏新创办的公司。他说:"这家公司就是后来很有名气的通用面粉厂(General Milling),生产阿拉斯加牌奶粉和其他食品。以后我也创办了自己的公司,除了经营别的业务外,还代理阿拉斯加牌奶粉的销售。"这样他便成了老同学的代理商。ZRQ 和 HPG 都是 20 世纪 70 年代从大陆去菲的新移民,经历的相似使他们成为朋友,并一同在 ZRQ 亲戚的厂里工作。该厂是生产音响设备的,HPG 负责管理锡条的生产,后来他自己开办了一家生产锡条的工厂,仍与原厂有业务联系。ZTF 也是 ZRQ 的朋友,他也是新移民,开设了一家生产家用电器的工厂,为 ZRQ 所在的厂加工音响设备零件。后来 ZRQ 脱离亲戚自立门户,也设厂生产音响设备,ZTF 仍为他加工零件。朋友之间的业务网便这样形成了。

　　网络是社会结构的架格。在海外华人商业社会里,建立以做生意为目的的关系网,是一种本能,而儒家传统下的"差序格局"则成为这种关系网的模式。作为对海外陌生环境的反应,老一代华人是遵循这种模式构建其商业网的。随着社会经济的日趋复杂,新一代华人中不少已建立起了超越血缘和地缘关系的网络。尽管如此,他们在潜移默化中接受的儒家思想,仍使其网络的构建沿着这样一条思路去进行,即以自我为中心,"按照所承担的不同程度的义务,人

---

　　① 金耀基:《关系和网络的建构:一个社会学的诠释》,《二十一世纪》1992 年第 4 期。

们被划入表示不同的可信赖程度的同心圆的各层中"①。这是传统
式的网络之量的扩充而非质的改变。企业家是企业的人格化，而企
业网络的形成则是企业家之间交情的物化，这一华人社会的通则至
今仍起作用。

## (二)网络的结构与功能

海外华人的企业网络，从其结构的不同层面加以考察，可以分
为相互对应的三组：行业式与综合式网络；子母式与平行式网络；互
动式与参与式网络。以下结合其功能，分别论述之。

1.行业式网络与综合式网络

行业式网络是指同一行业的企业，通过相互承担义务的联系所
建立的稳定的供应与销售网络。与此相对应，综合式网络则是指不
同行业的企业，通过借贷、合资或参股等形式所建立的融通资金、共
同盈利的经营网络。

战前以至战后的一段时期，马尼拉市颜拉拉街集中着许多华人
鞋店，相邻的后街仔则集中着许多华人皮料店。市郊马里瑾那社
(Marikina)的菲人居民多数以制鞋为生。三者有着密切的关系。
颜拉拉街聚发鞋店的老板 SCS 说："我们这一带的鞋店都到马里瑾
那订做皮鞋，菲人拿鞋样来，我们选样订做，但他们没有本钱买原
料，我们就为他们担保，到后街仔的皮料店取料。待他们做好鞋交
货后，我们付工本费给他们，他们付原料费给皮料店。"在这种供料、
制作、销售的三角关系中，鞋店扮演了成本预付担保者和制成品包
销者的角色，其轴心作用保证了这一行业式网络供销功能的正常发
挥。仅就鞋店以信誉担保原料的赊欠来说，即可看出蕴含其间的讲
求信义的儒家伦理。

———————————

① 高伟定著，张遵敬等译：《海外华人企业家的管理思想——文化背景与风
格》，上海：上海三联书店，1993 年，第 145 页。

家住武六干省的 SLQ 除了在居住地开有一家大型杂货兼土产收购店外,还在马尼拉市与人合资开有一家兼营贸易的房地产公司,另两位股东为他的同乡;在大马尼拉地区的马拉汶镇和描仁瑞拉镇分别与人合资办有塑胶厂和板材厂,股东都在三人以上,板材厂的经理兼股东为其同乡;在依莎迷拉省也与人合资开有一家锯木厂,股东亦有多人。SLQ 对上述企业均未拥有控股权,显然这并非他的家族企业,而是以合资的方式建构的跨行业综合式企业网络。他说他的目的除了分散投资以减少风险外,还意欲通过同乡关系以取得经营上的便利。可见居于共同的区域文化特征的信任关系在这种网络的功能之发挥上,仍具有很大的指导作用。

2.子母式网络与平行式网络

子母式网络是指新企业脱离老企业的母体而自立门户,二者又保持业务联系,如此不断滋生而形成的网络。与此相对应,平行式网络则是指原本并无相生关系的企业,相互之间产生千丝万缕的业务联系,最终形成一种共生关系的网络。

SCS 的父亲和伯父早年一起在马尼拉合开嘉发鞋店,后来其父另立门户,自开聚发鞋庄;其伯父死后,堂兄继承了嘉发的店号,堂弟则另立致发鞋店。年关销售旺季,客户陡然增加,有时订做不及,三店之间的存货便互相调剂。GFK 的父亲早年在相邻的加牙鄢省和依莎迷拉省分别与亲戚合开杂货店兼收购土产,后来相继脱离原店自己另开新店,然而每当收购旺季资金或有短缺,其父与两位亲戚的店在资金上仍相互融通,以应急需。这类例子反映出子母式网络的运作过程,基于血缘关系的责任感则是其运作的文化—心理动因。

SJH 在马尼拉闹市区黎刹大街开有一家表店,他的一个堂弟、一个堂侄,以及他自己的女儿女婿,也都是开表店的。当被问及家族中为何有不少人开表店时,他说:"起初我的一位堂姐夫做手表生意,后来我们几个堂兄弟也跟着做这一行,可以说是学他的样吧。当然堂姐夫曾帮过我们,我们堂兄弟之间也互相帮助,但我们每个人都是靠自己的力量开的店，我们的子女也不例外。"LDM 在马科斯政权垮台、椰油业垄断被打破后，不失时机地创办了一家椰油厂，后来别人开办的数家椰油厂都由他包建，从而在技术、设备上受益匪浅，进而与他建立了密切的业务联系。这类例子反映出平行式网络的涉及面较广，其文化—心理动因也扩及更大范围的群体关怀。

3.互动式网络与参与式网络

互动式网络是指彼此独立的企业，居于共同的经营需求而建立的非组织化网络。与此相对应，参与式网络则是指企业之间通过相互参股、交叉出任董事等形式而建立的组织化网络。

菲律宾中南部分属施氏五兄弟及其后代的著名的"白金行"（White Gold）百货连锁店，从组织上来说已完全分开，均为独立的企业。商界曾盛传它们之间互相竞争，甚至为争夺地盘而相互倾轧。但五兄弟中老大的长子表示："虽然各百货店之间互有竞争，不过对外却是一致的。"面对来自马尼拉的另两个百货业集团的南下扩张，它们基于共同的经营需求而团结起来。老三也表示："母亲的家教极严，不容我们力量分散，要我们兄弟永远团结。我们秉承这种家教，总是督促后代相亲相爱，维系感情，就算有利益冲突也应大事化小、小事化无。"①显然，当保持良好关系与企业的利益发生矛盾时，首先服从的是前者而非后者。而从长远利益来看，这样做也是值得的。此类网络便属互动式网络。

菲律宾著名的杨应琳企业集团本身就是一个企业网络，它所控制的中华保险公司、黎刹商业银行和投资控股公司属下的企业就将近一百家。杨应琳为薛敏老的女婿，而杨氏之女又嫁与李清泉之孙，薛、李二人均为菲华金融界老前辈、首家华资银行中兴银行的创办者，其后代均拥有自己的企业集团。杨氏集团通过联姻与它们发生了千丝万缕的关系，如黎刹商业银行与中兴银行互相参股、互派

---

① 黄栋星：《从白金行到艾山诺帝国》，《Forbes 福布斯（中文版）》1992 年第 6 期。

董事,从而形成一个更加庞大的企业网络。[1] 有人戏称之为"财阀加闺阀的配合",并指出此乃"体现华裔菲律宾庶民的文化特征"。[2] 这一文化特征说到底就是以血缘关系为核心的儒家社会文化特征。此类网络便属参与式网络。

必须指出,上述三组相互对应的网络,只是为了分析的方便,将典型的个案从众多实例中抽取出来,加以归类。所以这种分类并不是绝对的。实际上,有的网络可以同时分属两种类型,如既是综合式网络,又是参与式网络;既是子母式网络,又是互动式网络,端赖你从哪一个层面对其加以考察。再者,网络的存在是动态的,这既表现在网络本身的延伸、扩展或萎缩、消亡,又表现在网络与网络之间的并接或分离。为了分析的方便,这里只将抽取的个案置于一定的时空范围内,以便在相对静止的条件下考察其结构与功能。

在分析上述三组网络的结构时,都已涉及它们的功能,唯其仅限于分门别类的微观分析。现再综合地进行宏观分析如下:网络的基本功能是互利。抽象地说,一是通过企业以外的渠道来获取可用资源,以增强适应能力;二是通过广泛的联系使控制能力超越企业自身所及范围;三是通过市场渗透来保证获得持续稳定的利润;四是通过共同承担风险来避免重大损失。具体地说,一是通过对销售渠道的前后方的控制来减少不确定性和降低成本;二是通过对原材料来源的掌握来稳定生产和销售;三是通过从相关企业吸收资金、技术和信息来促进自身发展;四是通过跨行业经营来增强对市场的应变能力。

综上所述,海外华人企业网络的形成,是源于其思想文化背景的。换言之,这一网络是儒家思想文化的产物。当华人移民来自一

---

① 汪慕恒主编:《东南亚华人企业集团研究》,厦门:厦门大学出版社,1995年,第182~189页。

② 陈大冰:《战后菲律宾华裔菲律宾庶民金融财团初探》,《南洋问题研究》1988年第4期。

个重视血缘、地缘、业缘关系以及感情纽带的社会时，就为其在移居地建立强有力的关系网奠定了基础。华人的企业网络一般是在特定关系的基础上建立起来的，这与共同的伦理道德和公认的社会准则指导下的关系结构有所不同；华人通过网络控制交易的过程则是非正式和非制度化的，这与契约和法律保障下的交易模式也有所不同。在这里，替代普遍标准的是个人间的情感和义务；取代契约和法律发生作用的则是信用。从"他者"的角度看华人的网络，有如此说法："一个重要因素支撑了他们的成功，那就是，以创建一系列非正式的组织，华人移民社会建立了他们自己的'秩序'，例如，互助团体，以及维持和增进自身利益的网络。"[①]以华人自身立场而言，"这一以家族、宗亲、同乡关系为主的华商行为模式，常常有着西方人意想不到的影响力"[②]。鉴于华人全部关系的核心是相互之间的信任和彼此所承担的义务，所以接下来将讨论信用问题。

# 二、信用

## （一）信用的产生及其社会文化背景

在海外华人社会里，信用不仅是一个经济概念，而且是一个社会心理概念，一个道德—伦理概念。这是因为，"在一个几乎完全是贸易导向的社会中，信用是个人人格的最重要的一个方面，不仅仅是经济事务中需要考虑的一种品质。信用不仅指赊购，即提供货物或劳务而不要求立即付款，同意对方以后偿还；也不仅仅指信用评

---

① Department of Foreign Affairs & Trade, *Overseas Chinese Business Networks in Asia*, Canberra, 1995, p. 5.

② 沈立新：《东南亚华人企业经营中的模式探讨》，《八桂侨刊》1993 年第 4 期，第 26 页。

估,即贷方对贷款给某一特定的个人所冒风险的估计;信用还意味着一个人是否值得信任的全部名誉,既是一个人的社会和心理特征,也是严格的经济上的可靠性"。[1]

中国传统社会的格局既然是一种"差序格局",它便不像西方社会的"团体格局"那样有一种适合于每一个人的普遍的道德标准。相反地,它的道德是个人化的,得看所施的对象和"自己"的关系如何而加以程度上的伸缩。[2] 换言之,与自己越亲近的人相互间就越忠诚,就越负有道德上的义务,因而也就越值得信赖。这样,个人之间的相互信任便成为联结网络的主要纽带,从而给网络的每一个结都附着了一种道德要素。早期华人社会作为传统中国社会的海外版本,其全部的信用便产生于这样一种维系着私人的道德及其所体现的行为准则之中。

那么,几经演变的海外华人社会,传统的道德—行为准则是否仍传承于其间呢? 一位工商界人士说:"我认为儒家是相当重要的,它为华人树立了道德准则。坦率地说,即使我们并不有意识地知道我们在遵循着儒家教义,事实上我们传统上是遵循它的……当然有些东西已经过时,但它至少建立了一个使人们能遵循的道德准则。"[3]美籍华人学者杜维明在谈及具有华裔背景的人认同于儒家的程度时也说:"即使这些人历来用的是完全不同的语言,可是他们通过与其父母和其他长辈的语言交流,他们吸收了根深蒂固的文化价值。"[4]因此上述问题的答案是肯定的。而儒家思想本来的宗旨,其

---

①　高伟定著,张遵敬等译:《海外华人企业家的管理思想——文化背景与风格》,上海:上海三联书店,1993 年,第 87 页。

②　高伟定著,张遵敬等译:《海外华人企业家的管理思想——文化背景与风格》,上海:上海三联书店,1993 年,第 29～35 页。

③　高伟定著,张遵敬等译:《海外华人企业家的管理思想——文化背景与风格》,上海:上海三联书店,1993 年,第 109～110 页。

④　杜维明:《新加坡的挑战:新儒家伦理与企业精神》,北京:生活·读书·新知三联书店,1989 年,第 233 页。

核心的价值，就是人际关系中的道德个人化，亦即上文所说的附着于网络的每一个结的道德要素。具体地说，从"自己"推出去，最基本的亲属——亲子和同胞，相配的道德要素是孝和悌。向另一路线推是朋友，相配的是忠信。而"仁"作为一切私人关系中道德要素的共相，只是逻辑上的总合，凡是要具体说明时，还得回到"孝悌忠信"那一类的道德要素。[①] 换言之，其道德主要是建立在关系的基础上，而不是建立在抽象的理想上。这就是海外华人的道德观。

现在回到信用产生的具体情况中来。GZY 战前从故乡龙溪去马尼拉的华文学校教书，战后因生活清苦而弃教从商，做的是布的生意，与妻子（原先也是教师）开了一间小店，向二盘商批发布匹来零售。初创时完全没有本钱，全靠赊货来卖。在没有担保或抵押的情况下，二盘商为何愿赊货给他俩呢？GZY 说："我妻子的叔父原本就在这里，她的几个堂兄弟都是在菲出生的。我本人虽没有亲戚在这里，但我是龙同海联乡会（龙溪、同安、海澄三县的联乡组织）的会员和积极分子。妻子的亲戚和我的同乡中有许多是做布生意的，他们愿意赊货给我们。"以后的事实也证明这对夫妇是忠实可靠的，布匹售出后立即将货款交到了二盘商手中，在积累了一定资本之后便无须再赊货了。但最初的赊货仍是非常能说明问题的，亦即华人的信用关系产生于其特有的道德观，而这一道德观乃是建立在血缘、地缘等特定关系的基础之上的。

从反面来说，华人是不和自己不认识的人做生意的，因为在特定关系的范围之外，道德规范已失去约束行为的可能，信用也就无从谈起。华人不守信用的事例当然也有，但那样等于自逐于华人社会之外，较不多见。所以华人更担心的是与非华人做生意时的信用问题。CBA 说："我和朋友在马尼拉合开了一家服装店，名叫'隆伟'，专门搞服装批发。山顶州府的店来购货，菲人占多数，华人占

---

① 费孝通:《乡土中国》,北京:生活·读书·新知三联书店,1985 年,第32~33 页。

少数。菲人欠账多未还,而我们欠别人的账则是要还的,因为我们要讲信用。"马尼拉聚发鞋庄的老板 SCS 后来改做其他生意了,他说:"我为什么要改行? 因为做鞋的生意经常被菲人倒账……战后鞋店多,菲人也学聪明了,赊了原料做好鞋后竟拿去卖给别的店,从那儿拿到现金后就无影无踪了。这种事多发生在年关销售旺季。我们没有鞋卖是一个损失,还要赔上原料钱,又是另一个损失。"不少华人得出结论说,非华人不可信任。在这里,种族作为血缘、地缘关系的扩大化,被当作值得信任与否的界限,显然也符合华人的文化传统。

中国传统社会的特点是分散性,横向联系的薄弱导致了无所不在的不信任,加上缺乏法律制度的保障,便使得商人无时不产生不安全感。身处异域的海外华商,这种不安全感更增添几分。在这种社会环境中,为了追求成功,人们只有更加诉诸道德力量。此时,民间的肝胆侠义和正统思想中的社会责任感都会巧妙地发生作用,成为华人披荆斩棘的利剑。虽然正如前文所说,华人的道德观具有一定的伸缩性,华人的"圈子"具有较强的凝固性,但华人毕竟能在无处不在的危险中建立起范围有限的安全地带,在无所不在的不信任中维持着范围有限的信任关系。

一位企业主在关于老板期望从下属得到尊重的谈话中说:"老板可能做一些蠢事,但如果他欺骗了一个朋友,他就会名誉扫地,如果他对朋友忠实,他就会得到工人们的尊敬。"[①]表面上看,老板朋友圈子中的商务关系与工人并无直接的利害关系,但对朋友不忠实有损于人格,从而有损于企业主的形象,所以成为老板是否获得下属尊重的因素之一。在这里,对朋友是否忠实亦即是否值得朋友信任的问题已成为普遍的社会关怀。在新加坡,"所有的创业者所面临的共同问题都是如何提高自己的可信度,正如新加坡人所说的那

---

① 　高伟定著,张遵敬等译:《海外华人企业家的管理思想——文化背景与风格》,上海:上海三联书店,1993 年,第 129 页。

样，'在华人生意圈中，如果你能赢得人们的信任从而能集资 1 万元（1167 英镑）的话，那你就能够一路发财了'"①。一个人的名誉同时也就是一个人的可信度，它是一种无形的资本，关系到能否立足于商场乃至立足于社会的问题。这些事例证实了前文提出的信用既是经济概念又是社会概念的论点。

既然如此，海外华人在对待信用问题时往往会超越纯经济的考虑。菲律宾一家大型化工进出口公司的总裁 CBX 说："我与客户一旦达成交易的承诺（往往是口头的），哪怕价格的波动有多大，我也要按时交货。有一次一家客户订了一大批货，不久这种化工原料开始涨价，我若将它卖给别人，可以多赚一百多万元，但我仍按原价卖给原订户。我的原则是即使自己吃亏也要履行交货的承诺。"为了维护企业的信誉，树立良好的企业形象，他宁愿承受经济上的损失，从而令人信服地证明了信用是华人企业文化的核心。在印尼，黄奕聪家族的金光集团，"客户紧急需求的产品，即使遇到极大的困难，我也努力克服，按时交付"。1989 年斯里兰卡内战中主要造纸厂被毁，时值学校开学，练习本、笔记本奇缺。"该国政府有关部门要求金光集团的吉伟化学造纸厂在 3 周内提供 2500 万本练习本及其他纸张文具。该厂接此任务后，日以继夜地连续生产，按时将产品交送到斯里兰卡，解决了该国的燃眉之急"，从而建立了良好的国际声誉。② 当代海外华人企业试图在国内外市场上建立信誉的努力，可以被看作是以信誉来赢得销售渠道的前后方的更多朋友的努力，这一企业精神的内核依然是儒家式的，亦即建立特殊关系以使某种道德要素附着其上，从而培育出相互间的信任和信用。

---

① W. G. 赫夫著，牛磊等译：《新加坡的经济增长：20 世纪里的贸易与发展》，北京：中国经济出版社，2001 年，第 223 页。

② 蔡仁龙：《印尼华人企业集团研究》，香港：香港社会科学出版社有限公司，2004 年，第 153 页。

### (二)信用与网络的关系

信用与网络是互为因果的。一方面,信用是网络的联结纽带,此时信用是因,网络是果。另一方面,网络是信用的现实载体,此时网络是因,信用是果。

首先谈信用是网络形成的动因。创造财富是不能孤立地进行的,必须买进、卖出、交换信息、赊货、借贷、咨询意见等。当华人企业与外部建立各种关系,并进而形成网络时,信用起着关键的作用,它成为各种关系的基石和网络的纽带。由于华人社会缺乏一种共同信念——凡是具有这种共同信念的,不管你认识与否,都是正直可靠的——信用无法依此而建立,因而只能建立在个人的承诺以及保持名誉和面子的基础上,然凡此种种,只存在于熟人之间。正是在这个意义上,华人是不和不认识的人做生意的。在接触面不得已超出熟人范围时,也必定通过与双方都熟悉的中介人,或者设法打听对方的底细,以便在事先"培育"出一种信任的气氛,如此方有建立关系之可能。

在这方面,CBA 的经历是很有代表性的。他说:"我有了自己的厂,还是亲自往南岛推销自己的产品……每到一个地方,我总要到处看看,打听一下哪些店经营得好、生意不错,然后就主动跟他们接触,请他们买我的产品。那些生意不好、门庭冷落的店,当然不在我的推销范围之内……为了避免欠账收不回来,我都尽量与华人的店发生关系,而不是菲人。华人讲信用,菲人则不一定。"生意好预示着信用好,而信用好才具备与之打交道的条件。这一逻辑是普遍适用于华人社会文化心理的。CBA 以信用作为试金石和指示器,使自己设在马尼拉的制衣厂与南岛七个城市的二十几家成衣批发店建立了稳固的供销关系。这是一个"重要的供应和顾客都依靠建立相互信赖和承担义务的关系网"①的典型事例。

同行之间能否建立起虽有竞争但能相互协调的网络，信用也起着关键的作用。1986 年菲椰油业的垄断被打破后，许多华人竞相创办椰油厂，不少新厂都求助于先期办厂的 LDM，他认真履约包建了一些新油厂，为它们制造、安装设备，从而赢得了这些厂家的信任，此后 LDM 的厂与这些厂家在互通信息、融通资金和市场分割上都配合得很好，客观上形成了一个行业式网络。当然厂家增多后椰油业竞争加剧，利润有所减少，"所以有的同行恨我骂我，"LDM 说，"但利润下降说明价格低廉，对消费者有好处，这也是我对社会的一个贡献。"得到过 LDM 帮助的那些厂家由于与之建立了感情和信任纽带，对此亦不持异议。在同样的事实面前有两种不同的评判标准，这很能说明问题。理想的因素当然不能说没有，但是利益驱动下信用网络关系的界定，才是其差异的根本原因。

关于信用是网络的始点和动因，CBA 做了令人折服的总结。他说："建立在信用基础上的欠账、赊货关系，是华人商业网得以建立、进行运转并获得成功的重要原因。能欠账的好处是自己不要有什么资金就可以做生意，再则商品流通能保持畅顺，不会因一时的资金缺乏而拥塞。这种我欠你、你欠他的债务链，完全是以相互之间的信任为基础的。有时候一个电话，就可以做成上百万元的交易，而无须任何文字凭据。"总之，信用不仅是构成网络的基本纽结，而且是给网络中的企业带来低成本和高效益的源泉。

其次谈信用是网络运行的结果。信用是形成网络的基本纽带，但不是唯一的纽带。生意关系是利益关系，不少关系最初完全是为了实际利益建立起来的，尔后才发展为把双方结合在一起的友谊，此时可说网络已完全形成，而网络的运行便会带来真正的信用。CYQ 与人在马尼拉合开了一家名叫"汉顺"的塑胶、帆布店，批零兼

---

① 高伟定著，张遵敬等译：《海外华人企业家的管理思想——文化背景与风格》，上海：上海三联书店，1993 年，第 172 页。

营,批发的对象以山顶州府为主。他说:"客户原先都是不相识的,要靠热情招呼,使对方信任你,久而久之,即使本店的价格比别人稍贵点,他也宁愿到本店来买。"客户为什么有这样的选择? 因为熟悉的进货渠道具备较高的可靠性,换言之,网络滋生出了信用。

网络靠信用来支撑,而网络的运行反过来又产生了更多的信用。从事椰油收购和销售的 ZZD 经过一番奋斗,逐渐建立了客户网,但却遭到来自同行的激烈竞争。他说:"有的竞争对手起先用好处拉走我的客户,可是慢慢地这些好处没有了,甚至让客户吃亏,所以最终竞争不过我。"他向那些生产条件好的厂家购进椰油,这样尽管他的椰油售价较高,但品质好,所以客户最终仍选择了他。他得出结论说:"只要价格合理,品质好,讲信用,就不怕什么人来竞争。"这说明,当网络的运行体现了经济上的可靠性,亦即信用以网络为载体得到实现时,网络就是稳定的、难以打破的,而信用也就获得了一个经久不衰的基点。

网络是信用的现实载体,可以从下一例中得到进一步说明。世界上最大的拉链生产厂家之一——日本 YKK 株式会社意欲在菲律宾寻找一个销售总代理。YJQ 说:"我是从推销员干起的,十几年来跑遍米沙鄢和棉兰老,有一个很大的客户网。日本主管亲自跟我跑了一趟南岛,这下子他口服心服了。他对我说:'我算了一下,你的客户有七八十家,小的还不算在内,这说明你有很好的信用。'日本人便是看中了我的这个'本钱'。"信用是看不见摸不着的,网络则是可以体察到的,通过考察网络,便可体验到信用的存在。

企业作为网络的一部分,在突遭变故时,可凭借网络体现出来的信用关系,求得继续生存的机会。HQR 说:"1962 年我们的店失火,烧光了,但是我们店的信用好,所以又另租了一个店面,靠那些信赖我们的商家继续供应货物给我们,我们的店又得以经营下去。"在平时,从关系网中体现出来的信任,也会带来莫大的好处。ZQM是一个成功的企业家,他说:"我成功的原因是善于抓住机会,以及经营得法、信息灵通。本行业的经纪人与我的关系都很好,有关消息都会及时通知我。"有一次他因及时得到通报而从一家破产厂商低价购得一批原料，转手卖出便发了一笔财。又有一次，一块黄金地皮拟出售，数家厂商均出高价欲购之，"但土地的主人把它卖给了我，他是我的老客户，与我关系很好"。ZQM 的话说明，一笔生意的成败往往取决于你是否介入某一特定的网络，而介入与否的标志又视你是否获得有关人士的信任。

综上所述，信用是一种多元含义的复合因素。产生这种因素的社会架构既非由法律和契约来加以支撑，亦非由共同的信念来加以维系，而是由各种人伦关系推衍出来的可塑性很强的道德观来加以整合。在这一独特的儒家文化背景下，信用已超越了纯经济的范畴，从而涵盖了广阔的社会和心理层面。信用与网络的关系是互为因果、相辅相成的。信用作为缔结关系的试金石和指示器，它是促成网络的动因；信用作为契约的替代和回报的担保，它又是网络运行的结果。华人交易事务的高效率和低成本，便是经由这种双向互动关系来加以实现的。

# 三、信用与网络：灵魂与载体

企业文化是一种以经济活动为基础的经济文化。[①] 价值观是企业文化的要素之一。人类的价值观既有其一致性又有其差异性。就后者而言，它是由各民族历史发展道路的不同所决定的。价值观通过企业的内部和外部管理体现出来，价值观的差异导致了企业内外部管理的差异。本章的研究范围属于华人企业的外部管理。通过分析列举的个案，笔者认为，华人的价值观体现为儒家思想指导下的与别人合作时应遵守的信条，也就是信用。网络则是信用纽带联结的产物，同时它又是信用的现实载体。这种网络—信用模式，

---

① 周南京：《海外华人的企业文化》，[菲]《世界日报》1994 年 7 月 17 日。

是华人企业外部运作的基本模式。信用至上揭示了华人价值观的深刻内涵——义在利先。这里的"义"指有关各方均能获利的"公利","利"则指一己私利。信用正是义在利先的体现。正如印尼华人企业家彭云鹏所说,"信誉是做生意的整个灵魂,没有这个灵魂,也就无从发挥作用。因此,我个人非常重视信用"[①]。把信用提至企业灵魂的高度,足见其重要性无可比拟。而这种义利关系的设定又是基于这样一种道德观,亦即从原始的血缘和地缘关系滋长起来的,并非适用于所有社会成员然而又有一定伸缩性的道德观。因此,信用所施对象是有特定范围的,从而网络的展开也是有一定限度的。当然,随着华人融入当地社会,网络—信用覆盖范围也越来越广。

　　相对于那些组织化、制度化程度较高的企业来说,海外华人企业的管理方式是高度个人化的,[②]而这一点又是建立在家族(家庭)企业的基础上的。高度个人化的管理方式体现在企业的外部运作上就是个人网络带动下的企业网络。这种网络的特点是不依赖于各种法律和金融制度,而全凭个人和企业之间的信用,然而又在工商活动中显示出灵活和快捷,但同时其操作也具有较大的模糊性。就外部环境而言,市场经济发展到一定水平但群己关系中的"差序格局"依然明显,乃是有利于网络信用模式存在和运行的社会经济环境。因此笔者认为,家族(家庭)企业—个人化管理是网络—信用模式的内在动因;市场经济架构—传统人际格局则是这一模式的外部环境。当然,这一理论模型的确立与否还须经多方论证,本章仅是对此做一初步探索,意在抛砖引玉,促进这方面的学术研究。

---

　　①　蔡仁龙:《印尼华人企业集团研究》,香港:香港社会科学出版社有限公司,2004 年,第 369 页。

　　②　黄绍伦编:《中国宗教伦理与现代化》,香港:商务印书馆(香港)有限公司,1991 年,第 178 页。

下编　信仰民俗

# 第十一章

# 马尼拉华人的闽南地方神崇拜

　　菲律宾华人的祖籍85％是闽南,这在世界各国华人中是十分突出的现象。被华人从祖国带到菲岛的传统文化,因而带有浓厚的闽南乡土色彩。作为闽南乡土文化重要组成部分的地方神崇拜,亦被移殖到菲律宾华人的社会生活中。本章将以马尼拉华人为例,对菲华社会闽南地方神崇拜的源起,地方神庙的建立和活动,地方神庙的信徒构成及其变化,地方神庙的组织机构及其功能进行初步的研究,以期探讨闽南与菲岛间的文化传播及其变异。

　　地方神崇拜属于鬼神崇拜的范畴,鬼神崇拜与宗教信仰既有联系又有区别。宗教信仰也包含对神祇的崇拜。但各种宗教里的神祇有自己的体系和等级结构,有人为的神学理论依据。纯粹的鬼神崇拜是从原始的万物有灵观念自然发展而来,并以乡土世俗的信仰习惯为依据,而无明确的神学依据。鬼神崇拜中的地方神崇拜,其起源从人类学的角度来说,当一个民族处于文化低下阶段时,便晓得所谓"守护神"(guardian deities)。由于政治与贸易的发展引起文化的接触,文化渐趋复杂,因而形成既带有地域特征又时有交叉重叠的地方神多神教(polytheism)。[①] 从文化学的角度来说,居住于各地域的民众中,大都有一些带有神秘色彩的英雄人物传说,他们及其奇迹般的事业,经过历代传诵的加工而演变为神明或圣迹,受

---

　　① 　林惠祥:《林惠祥人类学论著》,福州:福建人民出版社,1981年,第45页。

到聚居于该地域的人们的崇拜。另外，由于时间久远，地方历史也常掺杂些神话。这种神话在该地域民众中乃是被信以为真的事迹，因此也受到崇拜。随着时间的推移，宗教信仰和鬼神崇拜越来越相互渗透，二者有时已难以区分了。

大马尼拉地区分布着数目众多的华人天主教堂、基督教堂、佛寺、道观，此外还有总数不下几十处的闽南地方神庙。在华人居住历史最为悠久的马尼拉市，这类神庙尤其多。笔者访问了其中的一部分，以下主要依据调查中获得的材料展开讨论。

# 一、马尼拉华人的闽南地方神崇拜之源起

早年移居菲岛的闽南农民，在家乡时常对于自然的和社会的不可抗拒的力量采取宿命论态度，然而他们又需要有一种超自然的或对抗社会恶势力的力量来庇佑自身，此乃闽南诸地方神产生之精神土壤。闽南农民移居菲岛，在经历了从本国居民到外国侨民的变化之同时，也经历了从农民到市民的变化，然而他们的农民意识或多或少地残留下来，加上菲岛社会环境险象丛生，便促使他们再次寻求故乡神明的庇佑。不过直到 20 世纪 60 年代华人移民社会转变为定居社会之后，大多数故乡的庇护之神才正式移殖菲岛。

马尼拉华人所崇拜的闽南地方神之来源，从这些神明本身的渊源来说，既有英雄人物传说，也有地方历史神话。英雄人物传说如青阳石鼓庙主神"敕封顺正府大王公"。据说历史上确有其人，他俗名黄志，诞生于南宋淳熙丙午年（1186 年）九月初五日，"崇文尚武，上识天文，下识地理"。嘉定庚辰年（1220 年）三月初四日"化身于石鼓庙，乡人先塑像以祀，后雕金身供奉"，相信他曾数度显灵，助国护民。南宋时受封为殿前太尉，再加封为武惠王，明永乐年间敕封为顺正府大王公。"乡人念其生平事迹，灵应显赫，可与日月争光，永垂千秋不朽，勒石纪之。而吾旅菲乡人，拟塑像立庙宇于岷里拉

市……供众拈香顶礼祷祝，俾以久远之瞻仰。"①

地方历史神话如石狮城隍公庙主神"敕封忠佑侯"。城隍乃护城之神，唐以后祭祀城隍逐渐普遍。而石狮城隍传说原是明初晋江某县令，他奉旨抗击入侵之倭寇，不幸阵亡，民众纷纷请命于当时镇守泉州卫城永宁的江夏侯周德兴，要求塑其金身奉祀于庙，遂有城隍之设于永宁。嘉靖四十一年（1562 年）四月二十三、二十四日，倭寇屠掠永宁，那一带居民纷纷逃往石狮。有陈姓信士将永宁城隍塑像带往石狮，而日后民众也将倭寇未进犯石狮归功于城隍，永宁城隍遂定居于石狮，并于万历二十年（1592 年）正式建庙奉祀。而民众每逢城隍诞辰，又返回永宁谒祖。清末晋江知县徐某启奏皇帝，敕封石狮城隍为"忠佑侯"。②

考察上述两例，可以发现闽南沿海地方神常具备抵抗外敌的功能，这一点对于在西治美统时期备受屠戮歧视的菲律宾华侨无疑有极大的吸引力。菲国独立后仍不可避免地存在华、菲民族矛盾，因此闽南地方神的这一吸引力依然存在。由于历史的积淀，老一辈的菲华人士对异族或多或少存有戒心，这是闽南地方神崇拜的一个思想基础。

马尼拉华人所崇拜的闽南地方神之来源，从传播路线来说，既有从故乡祖庙直接传到菲岛的，也有先从故乡传到香港或台湾地区，再传到菲岛的。上举顺正府大王公和石狮城隍公，均为直接从故乡传到马尼拉。以下再举两例，均从港台地区传到菲岛。

马尼拉大千寺主神"广泽尊王"乃是 1966 年 10 月从香港地区"请"来的，其祖庙为福建省南安县诗山乡凤山寺。至于广泽尊王何

---

① 青阳石鼓庙敕封顺正府大王公筹备委员会：《青阳石鼓庙敕封顺正府大王公圣迹》。

② 《敕封忠佑侯的传说》，《菲律宾石狮宽仁同乡会成立六十周年纪念特刊》，1988 年；《石狮史话》，未刊稿。

时从祖庙分香到香港地区奉祀，则不得而知。[①] 马尼拉保安宫主神
"保生大帝"，亦称"大道真人"，乃是 1968 年 5 月从台北保安宫分炉
而来。保生大帝俗名吴夲，号吴真人，北宋太平兴国四年（979 年）
出生于同安县白礁村，在"觉悟修真"以后"退隐漳澄邑之大雁东
山"，即今青礁的东宫。吴真人善医术，"疗疴如神"，清康熙三十八
年（1699 年）分灵到台湾地区医治瘟疫，以后其庙宇遍布台湾地
区。[②] 由于 20 世纪 50—70 年代大陆与外界少有来往，香港和台湾
地区便成为中国传统文化向海外传播的基地。这便是上举二例中，
闽南地方神通过港台地区间接地传入菲岛的原因。

## 二、马尼拉闽南地方神庙及其活动所反映的
文化传播与变异之情况

所谓文化传播（culture diffusion），是指文化特质或丛体由一个
社会或群体散布到另一个社会或群体的过程。[③] 而一种文化在由此
及彼的传播过程中不可能保持一成不变，为适应传入地的环境，必
然会出现某些变异。闽南地方神移殖菲岛，正是一种文化传播。在
这一过程中，为适应菲华社会的新环境，这些来自故乡的神祇也必
须做出某些调适。下面以马尼拉闽南地方神庙及其活动为实例，对
此加以说明。

马尼拉闽南地方神庙的出现，概括而言，乃是"乡土神跟着移民

---

① 《访问大千寺法师苏超夷谈话记录》，马尼拉，1992 年 10 月 6 日。

② 《保生大帝宝录》，钟华操：《台湾地区神明的由来》，转引自林仁川：《大陆
与台湾的历史渊源》，上海：文汇出版社，1991 年，第 280 页。

③ 克莱德·M. 伍兹著，何瑞福译：《文化变迁》，石家庄：河北人民出版社，1989
年，第 120 页。

而成为新居地的地方神"①这样一种文化传播现象。然而,这类神庙供奉的又往往不限于某一个地方神,而是连带地供奉着佛、道,乃至天主教、基督教等各种宗教的诸神明。不过,地方神作为这类神庙的主神,仍处于主导地位,其他诸神明不管原先的地位多高,一律作为地方神的陪衬或附庸。如大千寺正殿弧形三阶梯式的神坛上,供奉着 3 排总计为 65 尊的神像,几乎网罗了世界各种宗教的神明。而本寺主神广泽尊王处于第二排正中位置,其右为玉皇三太子、孚佑帝君、水提尊王等 10 位神祇;其左为圣王娘、关圣夫子、包公王等另 10 位神祇。第一排及第三排又各有 22 位神祇,成护卫状矗立于广泽尊王的前后。又如青阳石鼓庙正殿有左、中、右 3 个神龛,正中供奉本庙主神顺正府大王公,神龛高大堂皇;左、右分别供奉观音大士(观音菩萨)和四大将军,神龛小而简单。再如白衣大将军庙设 7 个神龛,面向大门的主龛供奉本庙主神白衣大将军,左边二龛为班头公、天上圣母;右边二龛为观音菩萨、陈金李夫人;主龛对面二龛为玉皇大帝、代天巡狩夫人。

上述这种诸神并存于一庙的情况在故乡并非普遍,而在菲华社会却比比皆是,不仅地方神庙如此,佛寺、道观亦如此。这反映了在新的社会环境下出现的宗教融合趋势。若进一步分析,还可探索到三个方面的内涵:第一,佛、道二教是中国本土民众普遍接受的宗教,然而它们的存在不仅没有削弱十分广泛的民间信仰风俗,反而因为佛教的中国化和道教的兼容并包,而使各种民间信仰与它们发生了千丝万缕的关系,甚至被纳入其体系,从而助长了民间信仰的流行。但是在中国本土,民间信仰毕竟为士大夫阶层所藐视。而在士大夫的思想观念所鞭长莫及的海外,这些民间崇拜的人物便得以和传统宗教的诸神明同登大雅之堂,甚至越居其上。第二,菲律宾华人社会延迟到 20 世纪 60 年代才转变为定居社会,乡土神(地方

① 施振民:《菲律宾华人文化的持续》,《"中央研究院"民族学研究所集刊》第 42 期,1976 年。

神）也到这一时期才出现。① 地方神是继承和弘扬乡土文化的象征，然而乡土文化毕竟是"小传统"亦即民间文化，它必然借助于"大传统"亦即士大夫文化，才能在亚洲最西方化的国家菲律宾立足。所以地方神要拉上历来为士大夫阶层所重视的传统宗教诸神明，以增强自身的合法性和权威性，从而争取到更多的崇拜者。第三，菲华社会是一个社团林立的社会，不少地方神庙背后有宗亲会或同乡会的支持，地方神无形中成为对宗亲、同乡具有号召力的团结的象征。人们往往借助神力来对外交涉，调解纠纷。在崇拜者向心力的烘托之下，它们在诸神中的地位便越发显得无比突出和重要。上述三个方面的内涵，可以说都是为适应环境而做出的调适，因而属于文化传播中的变异现象。

马尼拉闽南地方神庙的活动可以分为平时活动、节假日活动与神祇诞辰庆典三种。平时活动大体上是崇拜者到神庙烧香膜拜，或抽签算卦，以占凶吉；或接受祝咒、符箓以实现愿望、驱鬼避邪。这类活动在形式上与闽南故乡大致相同，唯在内容上有所差异。以抽签算卦而言，在闽南故乡占卜内容多与福、禄、寿有关，在菲岛则多与经商、做生意有关。例如据石狮城隍公庙的管理人员介绍说："不少生意人来本庙抽签，问某一笔生意该不该做，抽到好签就做，抽不到好签就不做。"②这与"菲华社会发展成了一个只包括商店老板与佣员的单纯商人社会"③有关。

节假日活动有的是按照阴历排列的，如正月初一日、八月十五日，以及每个月的初一、十五日等。这与故乡无异。有的则是除阴历节日外在星期日也安排活动，这就有异于乡俗了。如大千寺，"每

---

① 施振民：《菲律宾华人文化的持续》，《"中央研究院"民族学研究所集刊》第42期，1976年。

② 《访问石狮城隍公庙保管郭炳煌谈话记录》，马尼拉，1992年7月5日。

③ 施振民：《菲律宾华人文化的持续》，《"中央研究院"民族学研究所集刊》第42期，1976年。

年农历正月初一日,开设燃灯神坛于大千寺道场中,并举行燃灯大会,供众人祈求平安顺利"。此外,"每星期日八时、十时均有举行燃灯念经祝福之经赞,可消灾纳福"。①

马尼拉闽南地方神庙的神祇诞辰庆典名目繁多,不仅有本庙供奉的主神和其他神祇的诞辰庆典,而且有非本庙供奉的诸神的诞辰庆典。庆典的内容可分为祭祀、宴饷和文艺活动三类。在祭祀仪式上往往要诵经。如1992年农历八月初四日(公历8月31日)青阳石鼓庙"四大将军"圣诞庆典,由7位身披黄色道袍的信女歌诵"道教科仪经赞",历时近一小时。上供的祭品保留了闽南的习俗,以"三牲"为主,再加上其他熟食以及糕点、果品等。宴饷的方式因庙而异。有的神庙采取正式宴会的方式。如1992年农历九月初五日(公历9月30日)青阳石鼓庙庆祝顺正府大王公诞辰,在该庙董事会大厅设宴四五十席,欢宴近两小时。有的神庙则采取让善男信女随到随吃的方式,如1992年农历八月二十一日至二十三日(公历9月17—19日)大千寺庆祝广泽尊王谒祖圣寿大典,在这三天中,"由上午八时至下午二时止,洁备寿面红蛋,招待诸善信"。② 文艺活动有时与宴会同时举行,以便让善男信女们边吃喝边欣赏。如青阳石鼓庙顺正府大王公诞辰之日,在庆祝宴会举行过程中便有南音的演唱和演奏,席间还不断有人即兴表演"卡拉OK"独唱,利用现代音响设备的演唱与传统古音的表演并存于一堂。有的则是专场的戏剧演出。如石狮城隍圣诞之期,"经常有搭棚在庙前演戏,锣鼓喧天,不亚于故乡情景。海外久滞不归之客,如身在故乡中。友邦人士亦能睹中华古老传统古装戏剧,驻足欣赏此一年一度华人区街头剧场。菲华听剧者甚为拥挤,有时连续一星期每日开演二场"③。

---

　　① 大千寺法务组:《通告》,1985年6月3日。

　　② 《大千寺庆祝广泽尊王谒祖圣寿大典启事》,[菲]《联合日报》1992年9月16日。

　　③ 霞楼主人:《石狮城隍,显赫海外》,[菲]《商报》1992年6月27日。

闽南地方神庙在菲岛建立以后，作为文化实体，它的存在本身就会起到文化传播的作用，而以它为中心展开的一系列活动，又会使这种文化传播从宗教领域扩展到饮食、音乐戏剧以及医药等领域。同时在这一过程中也会因适应海外环境的缘故而出现诸多变异。若探索其深层意义，可以说是一种企图保存或恢复中华传统文化的"若干形相之有意的及有组织的行动"，亦即"本土运动"(nativistic movement)，它是"文化接触变迁冲击下所产生的一种重整反应"。就主观意识而言，这种本土运动是属于巫术性的(magical)，亦即受到外来文化压力的菲华社会"企图利用巫术或其他超自然的手段重整其传统文化"。然而就客观效果而言，它却包含有理性的(rational)因素，亦即"以理性的观点吸收外来文化的因素以重整传统文化"。[①]

## 三、闽南地方神庙的信徒和管理人员的构成及其变化

在一般情况下，故乡地方神的影响力总是以某一乡镇为中心，同时扩及周边地区，所以其信徒也总是以中心乡镇的居民为主，再加上周边地区的一些居民。地方神庙移殖菲岛后，祖籍为中心乡镇的信徒仍然构成最大的比例，这又决定了神庙管理人员的构成，也以祖籍为中心乡镇的人士占多数。

我们以青阳石鼓庙的捐建人为例，来分析这一地方神庙信徒的分布情况。在青阳石鼓庙的 58 名捐建人（捐款 1 万元以上者）中，祖籍青阳者 41 人，约占 71%；祖籍非青阳者 17 人，约占 29%。祖籍青阳的 41 人中，男性 39 人，女性 2 人。男性 39 人中，庄姓 35 人，

---

　①　李亦园：《东南亚华侨的本土运动》，《东南亚华人社会研究》（上），台北：正中书局，1975 年。

其余蔡、陈、林、苏姓各 1 人。女性 2 人中,庄、蔡姓各 1 人。庄姓在青阳同乡中所占比例约为 88%。祖籍非青阳的 17 人中,男性 10 人,为石狮、南安、惠安等地人;女性 7 人,均为嫁给青阳籍男性的外来女性。[①] 从文化认同来看,这些女性与原籍青阳的人并无太大差别。闽南乡村同姓聚居,同乡往往又是宗亲。这点在这里得到明显的体现,所以青阳石鼓庙所在的九层楼大厦(该庙位于顶层)的奠基铜牌上,赫然写着锦绣庄氏宗亲会会名。同样地,该庙董事会中庄姓也占最大的比例。除本例之外,石狮城隍公庙的信徒及董事会成员,亦均以祖籍为石狮的人士为主,[②]亦可作为例证。

此外,有的地方神的影响力已遍及闽南各地,同一神庙遍布各乡镇,谈不上以哪一乡镇为中心。这种神庙移殖菲岛,不可能像在故乡那样,建立许多奉祀同一神明的庙宇,而是将其合而为一,因而其信徒和管理人员也不再以祖籍为某一乡镇的人士占多数,而是各乡县的人旗鼓相当。例如对保生大帝吴夲的崇拜遍及闽南,并不以某县某乡为中心,因此奉祀保生大帝的马尼拉保安宫,其信徒和管委会的组成人员也就不带有某县某乡的色彩,而是闽南各乡县的人都有。[③]

即使是影响力以某一乡镇为中心的地方神,在移殖菲岛后,情况也在发生变化。随着各种籍贯的信徒的增多,以及社会联系的扩展,信徒和管理机构人员的构成比例都发生了变化。例如奉祀广泽尊王的马尼拉大千寺,乃是由宋戴宗亲总会于 1966 年 10 月将该神迎奉于会所,信徒大多数也是南安诗山(该神祖庙所在地)人。[④] 经过 20 多年的时移势变,大千寺的影响力大大扩展,其信徒与出资者及管理者之构成均发生了很大变化。以董事会的组成人员来说,在 25 名

---

① 《菲律宾青阳石鼓庙兴建记》,1988 年 1 月 4 日;《访问青阳石鼓庙董事会干事庄杰黎谈话记录》,马尼拉,1992 年 9 月 16 日。

② 《访问石狮城隍公庙保管郭炳煌谈话记录》,马尼拉,1992 年 7 月 5 日。

③ 《访问保安宫管委会秘书吴觉定谈话记录》,马尼拉,1992 年 10 月 3 日。

④ 《访问大千寺法师苏超夷谈话记录》,马尼拉,1992 年 10 月 6 日。

董事中,戴姓占 7 名,虽然仍为人数最多的姓氏,但其比例仅为28％。[1] 这表明对广泽尊王的崇拜已超出原先的血缘和地缘范围,大大扩展了。

"地缘与血缘是华人习用的两种不同社会组织法则"[2],然而二者都有其局限性。地方神崇拜靠宗亲和同乡在菲岛得以扩展,但到了一定程度后,它又必须突破血缘和地缘的限制,才能获得更大的发展空间。地方神作为华人的保护神和华人团结的象征,也有必要扩大群众基础,才能更好地为华人社会服务。再者,随着华人社会由移民社会变为定居社会,"根"的意识逐渐淡漠。地方神作为联系定居地与故乡的精神纽带,本欲在重建"故乡"概念的同时,使在菲生长的第二代能利用共同的崇拜这一机会建立彼此间的关系。但崇拜者若仅限于一乡一地的狭小范围,对现代青年的吸引力便相当有限。因此也有必要扩大崇拜者的范围,赋予"故乡"以广义的含义。总之,人创造了神来为人服务,神当然必须适应人们在不同时期对它提出的不同要求。地方神庙信徒构成的变化,也可以说是地方神崇拜这种文化现象在新环境下发生变异的一个侧面。

# 四、闽南地方神庙的组织机构及其功能

马尼拉闽南地方神庙按规模可分为小型和大中型两种。小型神庙一般为个人所有并加以管理,但其经济来源往往靠一小批人支持。神庙所有者有时也聘请一两名助手或看管人。这类神庙一般都混杂于民居之中,将其中的一套甚至一间住房改装成殿堂,设置

---

① 《大千寺广泽尊王庙第 26、27 届董事会全体职员表》,[菲]《联合日报》1992 年 10 月 10 日。

② 施振民:《菲律宾华人文化的持续》,《"中央研究院"民族学研究所集刊》第 42 期,1976 年。

神龛供人膜拜。如白衣大将军庙、九龙殿、普济坛等皆是。

　　大中型神庙有的有独立的庙宇,并设立董事会或管委会负责神庙的管理事务。有的则没有独立的庙宇,而是将它附设于相关社团的会所,由这些社团负责管理事务。两种情况均是有别于个人管理的组织管理。

　　一些大中型神庙是建立在血缘和地缘网络的基础之上的,它们利用血缘与地缘关系取得比较广泛的经济来源,使神庙得以建立并维持日常开支。这些神庙的背景都有相关的宗亲会或同乡会的支持,它们即使拥有自己的组织机构,也存在着相关社团的强大影响,二者关系十分密切。例如青阳石鼓庙董事会与锦绣庄氏宗亲会,石狮城隍公庙董事会与宽仁同乡会,龙瑞大宝殿董事会与绍德同乡会,等等。

　　一些将殿堂附设于宗亲会、同乡会或其他社团会所的神庙,在组织上已与那些社团合二为一。施振民先生所说的"同乡会供奉乡土神和庆祝圣迹日更是最近几年(按:指 20 世纪 60 年代)的事……若干同乡会供奉乡土神,威灵显赫,香火鼎盛",①指的就是这种情况。

　　一些神庙的事务乃由相关社团直接管理,不再另设机构。属于这类情况的有:金井玉湖三社同乡会奉祀的当境大房头六姓王府公,②金山同乡会奉祀的本乡乡主文武尊王公,③苏氏宗亲会奉祀的苏夫人姑,④等等。

────────────

① 施振民:《菲律宾华人文化的持续》,《"中央研究院"民族学研究所集刊》第 42 期,1976 年。

② 《旅菲金井玉湖三社同乡会庆祝圣迹日通告》,[菲]《联合日报》1992 年 10 月 10 日。

③ 《菲华金山同乡会庆祝文武尊王公圣诞千秋暨 33、34 届理事会就职典礼通告》,[菲]《联合日报》1992 年 10 月 9 日。

④ Jacques Amyot,*The Manila Chinese—Familism in the Philippine Environment*,Manila:Ateneo de Manila University Press,1973,p. 91.

　　另一些超血缘和地缘的地方神庙不仅有独立的庙宇，而且其组织机构更健全一些，相对来说也更加独立自主，上文曾提及的保安宫和大千寺便属于这一类。这一类神庙的董事会或管委会透明度比较高，也便于我们透视其内部结构。以保安宫管理委员会为例，它共有 28 名委员，其中主任 1 名，副主任 3 名，秘书 2 名，文书 2 名，总务 4 名，财政 2 名，宣传 4 名，外交 4 名，庆典 6 名。[①] 再以大千寺董事会为例，它共有 25 名董事，他们分别担任最高部门法务股负责人，正、副董事长和中、西文书主任，以及总务、财政、外交、宣传、保管、建设、福利、稽核、联络、法务等各部的主任。每个部又有若干名职员。该董事会之下还设基金保管委员会、产业保管委员会等机构。董事会还聘请有法律顾问和会医。[②] 另外，奉祀"代天巡狩七王府"的青龙殿的董事会，除了诸位董事之外，还设有顾问（含常务顾问）、咨询委员。该董事会之下还设道德宣化委员会、妇女会、青年修持组等。[③] 这些机构，足以显示它们和菲华社会其他领域的社团具有相似的运转能力和活动能力。

　　从董事会或管委会主持下各神庙所进行的活动，可以看出闽南地方神庙的功能正向多元化发展。尽管对地方神的崇拜含有迷信的成分，但神庙的组织机构按其性质应属宗教社团的范畴，传播宗教信仰乃是其首要的社会功能。由于地方神庙使同一宗族乡里，甚至数个宗族乡里的人汇集到一起来，因而它又起到联络乡谊、联络感情的作用，从而使它具备了类似宗亲会、同乡会、联谊会的社会功能。

　　对马尼拉闽南地方神庙的调查结果显示，它们还有另一项重要

---

① 《菲律宾保安宫管理委员会职员表》，[菲]《联合日报》1990 年 12 月 15 日。

② 《大千寺广泽尊王庙第 26、27 届董事会全体职员表》，[菲]《联合日报》1992 年 10 月 10 日。

③ 《菲律宾青龙殿七代巡壬申年董事会职员表》，[菲]《联合日报》1992 年 10 月 24 日。

的社会功能,就是慈善与赈济。许多大中型神庙都举办施药义诊活动和捐助救灾活动。例如保安宫常年备有按秘方配制的各种中草帖药,对所有前来求诊的人均免费施药。① 其神龛前的一对灯笼上所书对联"妙医沉疴真,道法拯万人",既是对本宫主神保生大帝的颂扬,也是对本宫治病救人这一宗旨的概括。又如青阳石鼓庙董事会不定期地在会所举办义诊活动,延请医师护士到本会来诊视施药,其受惠者主要是周围一带贫穷的菲律宾百姓。② 各神庙开展施药义诊活动的经费主要靠信徒捐款。如大千寺在 1992 年 9 月下旬至 10 月中旬不到一个月的时间内,就收到信徒 28 人次的捐款,共计 31260 比索,全部充作义诊经费。③ 此外,各神庙也参加对灾民的赈济活动。各神庙开展此类活动客观上对社会是有益的,对中华医药文化的传播也起了一定的促进作用。

　　至此我们可以说,马尼拉闽南地方神庙除了固有的传播宗教信仰的功能之外,还具备了联络华人感情和慈善赈济的功能。社会功能的多元化,使神庙组织机构实际上已不再是单纯的宗教社团,而是兼备了血缘或地缘乃至联谊团体的性质,以及慈善机构的性质。

　　这里要特别指出,慈善赈济活动是菲华社会各社团普遍开展的活动,地方神庙加入这一行列,显然有受到其他社团影响的因素在内。另外,这也是神庙宗旨在新环境下的实践与发扬,诸神既多标榜仁慈为怀,救民于难,从事慈善赈济活动正是其逻辑上的必然发展。再者,信徒们在得到了施惠于人的心理满足之后,也会增加对神祇的向心力。同时这对于融洽菲华民族关系,从而增强华人的安全感来说,也是有益的。地方神庙这种功能的变迁,同样反映了文

---

① 《访问保安宫管委会秘书吴觉定谈话记录》,马尼拉,1992 年 10 月 3 日。

② 《访问青阳石鼓庙董事会副董事长庄垂贤、蔡笃彬淡话记录》,马尼拉,1992 年 8 月 31 日。

③ 《大千寺义诊获捐款》,[菲]《联合日报》1992 年 9 月 26 日,10 月 8 日,10 月 16 日。

化传播中的调适和嬗变。

# 五、源于故乡的多面相神明

　　尽管历史上许多北方士大夫随着移民浪潮进入福建，使福建在宋以后成为士大夫文化在南方的重要基地，但是包括闽南在内的整个福建民间文化，始终是在楚越文化圈的势力范围之内。"'重淫祠，信鬼神'的民俗巫风，顽固地在南方人的头脑中残存着对超越人间现实的奇异力量的崇奉心理。"①闽南地方神崇拜这一文化现象，便是基于这一社会心理而存在的，史称"石狮无言而称爷，大树无故而立祀"；②泉州一带"淫祠多无算，有宫又有馆"，③就是这种现象的生动写照。

　　透过这种现象，我们看到的是，闽南人求生存求发展的欲望，在社会范围内受到种种压抑，却在宗教信仰和鬼神崇拜中得到升华、宣泄或虚假的满足。这才是事物的本质。而求生存求发展，必然形成一种功利主义的内驱力，推动地方神崇拜的演进和嬗变，使实用功利成为宗教偶像崇拜的选择标准。在闽南民间宗教信仰崇拜中，"那些比较正统的佛、道、儒三教及其比较大型的寺院，人们对它的态度大多是敬而远之，或是崇拜有节。相反，那些属于家族、乡族所有的寺庙"，"却受到族人、乡人的倍加崇拜，香火缭烧，盛典不绝"，其原因在于，这些"神灵偶像能够对于本家族提供比较特殊的护佑"。④

　　移居菲岛的闽南人，同样是在求生存求发展的欲望驱使下，把

---

　　①　葛兆光：《道教与中国文化》，上海：上海人民出版社，1987年，第145页。

　　②　《(道光)厦门志》卷一五，"风俗志"。

　　③　吴增：《泉俗激刺篇》，转引自《泉州文史》第5辑。

　　④　陈支平：《近500年来福建的家族社会与文化》，上海：上海三联书店，1991年，第187页。

故乡的地方神移殖到这一岛国来的。闽南地方神在移殖菲岛的过程中，为了适应新的环境，出现了一系列变异。概括起来说，主要有三点：第一，各个地方神在其各自的信仰崇拜范围内取得了至高无上的地位，将与其同登殿堂的诸神置于附庸或陪衬的地位；第二，各个地方神的信徒构成有突破血缘、地缘限制，向更大范围扩大的趋势；第三，各个地方神庙的社会功能，从奉祀神祇的单一化功能，演变为崇拜神明、联络乡谊、慈善赈济的复合型功能。菲律宾华人的闽南地方神崇拜并非毫无意义的迷信现象，而有其存在的合理性。透过这样一种文化现象，我们可以看出菲律宾华人在心理性格、行为方式与思想意识上的一系列变化。

**表 11-1　马尼拉市部分闽南地方神庙情况一览表**

| 庙名 | 地址 | 奉祀主神 | 发祥地 | 来自何处 | 何人何时引入菲岛（或立庙时间） | 主持人 | 组织机构 | 相关社团 |
|---|---|---|---|---|---|---|---|---|
| 石狮正驾城隍公庙 | 1223 Soler St., Sta. Cruz | 敕封忠佑候 | 石狮永宁 | 石狮宽仁 | 王善质 1948 年 | 王良沪 | 石狮城隍公庙董事会 | 石狮宽仁同乡会 |
| 青阳石鼓庙 | 1227—1231 Araneta St., Sta. Cruz | 敕封顺正府大王公 | 晋江青阳 | 晋江青阳 | 1988 年 | 庄杰黎 | 青阳石鼓庙董事会 | 锦绣庄氏宗亲会 |
| 大千寺 | 657 Morga St., Tondo | 广泽尊王 | 南安诗山 | 香港 | 戴秋季等 1966 年 | 苏超夷 | 大千寺广泽尊王庙董事会 | 宋戴宗亲总会 |
| 保安宫 | 912 Benavines St., Binondo | 保生大帝（大道真人） | 同安白礁 | 台北 | 1968 年 | 张尧基 | 保安宫管理委员会 | |
| 白衣大将军庙 | 839 Benavines St., Binondo | 白衣大将军 | 石狮祥芝古浮 | 石狮详芝古刹 | 战后 | 蔡秀治 | | |
| 普济坛 | 1153 Juna Lu-na St., Tondo | 黄大仙 | 浙江金华 | 晋江 | 蔡章石 1980 年 | | | |
| 九龙殿 | 707 Moriones St., Tondo | 天封夫人妈 | 晋江 | 晋江 | | 蔡柯氏 | | |

# 第十二章

## 菲华道教与文化传播

　　菲律宾华人社会是一个宗教气氛浓厚的社会，不仅有信奉中国传统宗教的，还有崇拜故乡神明的，又有信仰西方宗教的。其中，道教在菲华社会的宗教生活中占有十分重要的地位。宗教作为文化的载体，在文化传播中扮演着重要的角色，道教也不例外。道教是中国土生土长的宗教，它有着十分丰富的传统文化的内涵，华人的思想和行为模式，通过道教的传播得到延续。道教又具有兼容性和开放性的特点，它既善于容纳别的宗教，又善于向别的宗教渗透。道教的这一特点，通过华人对其移居地社会的影响力和适应性得到体现。而正是这种影响力和适应性，使中国传统文化在亚洲最西方化的国家菲律宾争得了立足之地。

　　道教何时传入菲岛已不可考，但是有组织的道教团体和道观的建立及其活动的展开，却是近 40 年来的事。据统计，菲律宾全国有道观和道坛 58 座、道徒 3.8 万人，其道徒人数在海外各国中是最多的，其道观和道坛数目在海外各国中也名列前茅。<sup>①</sup> 在菲律宾最大的都市群，也是华人最集中的大马尼拉地区，形成了以三大道观为轴心的菲国最大的道教传播网络，它同时也是菲国道教的重心所在。这三大道观是：加洛干市的大道玄坛，马尼拉市的九霄大道观

---

　　① 《吾道五斗米贯之——六十五代天师张继禹嗣教录》，[菲]《商报》1992 年 9 月 25 日。

和巴西市的九八凌霄宝殿。菲华道教促进会和菲律宾中国道教总会分别设在九霄大道观和九八凌霄宝殿内。在菲律宾南方的大都会宿务市,则有规模宏大的道观——定光宝殿,它是菲国南岛地区道教传播的中心。此外,各地也都分布着一些道观或道坛。由于道教又具有和民间信仰相杂糅的特点,许多民间神祇和地方神明也被纳入道教的神谱体系,因此道教在菲国的活动并不限于上述范围,它已渗透进遍布各地的华人民间神庙。参与道教各种活动的人士,也不只正式的信徒,而是包括了菲华社会中相当广泛的各阶层人士,甚至包括了一部分菲律宾人。

# 一、菲华道教的思想基础

华人民族精神和道教思想的契合,为菲华道教的传播提供了基础。和所有的海外华人一样,菲律宾华人面临的两大问题是生存和发展。然而和其他国家的华人相比,菲律宾华人走过的道路更加坎坷。生活的经历使他们产生了一种实用主义的文化取向。对生命的眷恋和对发展的追求,是他们信仰道教的根本原因。因为"对道教来说,它根本的东西并不在于老、庄那种精神的超越,而是在于满足现实世界的人们的心理欲望,乃至解决现世的种种实际问题"[①]。中华民族注重现实、不寄希望于虚无漂渺的"来世"的精神,在道教当中得到最好的体现。道教广为菲华社会所接受,与这种民族精神不无关联。

笔者在菲期间曾走访了一些上了年纪的华侨和华人,在谈及宗教信仰问题时,他们多带有感情色彩,而少有理性认识。往往是生活中的痛苦、事业上的挫折,促使他们信仰宗教的,其目的是摆脱痛苦、战胜挫折。这里举一个典型人物为例,他虽然信奉多种神明,但

---

① 葛兆光:《道教与中国文化》,上海:上海人民出版社,1987年,第6页。

本质上是一个道教信徒。

李忠谋，男，1920 年生，原姓杨，幼年时被生父卖给福建晋江石圳李氏，后随其来菲，成年后经商，曾为工厂主，也曾从事过其他行业。他说：

> 我的一生是丰富多彩的，曾经有过许多风光的时候……我的一生又是起伏跌宕、悲剧不断的。我的生意并不顺利，起先为父亲、弟弟所拖累（酗酒、嗜赌），后来又遇到与（工厂所在地）土地主人的纠纷。我有四男四女，其中有二女夭折，一男年仅二十九岁即病亡，所余三男或不孝或不成器。我钟爱的只有小女儿，她最孝顺我……我在菲律宾埋葬了我的祖父、父亲、伯父、叔父、母亲、妻子、弟弟，还有儿子、女儿。他们的丧事都是我一手操办的。我深感人生的无常和短暂……我在家里供奉着许多神像，天主教、佛教、道教诸神都有。我知道人一死什么都完了，但我还是天天给神像烧香，我还是三清坛玉皇宫理事会的理事长……①

李氏带领笔者参观了三清坛玉皇宫，它由一套民居住宅改装成，供奉"玉皇大天尊"，是一座小型道坛。

李氏的个案告诉我们，菲华道教的信奉者，是为了在不安定的环境中追求肉体生命的永恒、寻找精神上的寄托和归宿而皈依道教的。在他们看来，肉体的存在就等于一切的存在，生命的意义就等于精神的意义。在这一点上，他们与道教找到了共同点。因为道教加强了人们应对人生问题的能力，在失败与危机时，它"可以慰抚人类的心理，给予安全感和生命意义"②。求生欲是人类最基本的欲

---

① 《访问李忠谋谈话记录》，武六干省瑾银道社，1992 年 9 月 1 日。
② 基辛（R. Keesing）著，北晨编译：《当代文化人类学概要》，杭州：浙江人民出版社，1986 年，第 215 页。

望,而大概很少有什么宗教比道教更露骨地去迎合人的这一欲望了。正因为人们有对生存的需求与对死亡的忧惧,注重现世、讲究养生的道教才会受到人们如痴如醉的信奉。然而,和所有的海外华人一样,菲律宾华人对生命永恒的追求,并不完全是消极的。他们正是为了生存,才冒着种种风险,离乡背井到海外谋生的。李氏一生的经历,是从贫苦农民到海外商贾的典型经历(尽管其童年是在无意识中度过的,但犹有依稀记忆)。正因为如此,他们对生的执着、对富的追求才特别强烈而持久。这种执着和追求,在社会实践中表现为艰苦卓绝的创业活动,在精神生活中却通过宗教信仰得到渲泄和升华,并成为民族精神不可分割的部分。

## 二、菲华道教的神谱

　　道教之所以是宗教,它不仅有思想,还应该有神谱、仪式和方法,而从神谱、仪式和方法中透露的宗教观念,似乎更能体现道教的特质。

　　神谱是信仰的指向。道教的鬼神有一个整饬的谱系与结构。组成这个神谱的座标系,乃是中国古代"道—阴阳—五行—万物"的宇宙图式,以及"生存"与"死亡"的二元对立观念。南朝梁代陶弘景所撰的《真灵位业图》,提出了最早也最有系统的道教神谱,亦即以元始天尊为首的神谱。以后经历代道士的不断构造,更形成了极其庞杂的、包罗万象的现代道教神谱。它既包括了神话世界中的人物,也包括了真有其人的历史人物,并且不断把各地民众所崇奉的、影响力已超出狭隘的地域范围的民间诸神,囊括进其庞大的体系之中。菲华道教当然无法把这一庞大的体系原封不动地移殖过去,而是出现了种种变异,因为传播是一种借用,而借用是有选择性的。尽管如此,菲华道教毕竟来自母国,其神谱结构还是大同小异的。

　　笔者在菲时访问了九霄大道观,菲华道教促进会理事长王天淇向笔者介绍了该道观所供奉的诸位神明。九霄大道观的主殿堂共设有三座神龛，左、中、右分别为"三清宝殿""三光宝殿""大雄宝殿"。三清宝殿供奉有五位神明，后排为太上老君（右）、元始天尊（中）、通天教主（左）；前排为云梦山鬼谷子王禅老祖（右）、洪钧老祖（中）。三光宝殿只供奉一位神明，即玉皇三太子。大雄宝殿供奉六位神明，后排为药师佛（右）、释迦如来（中）、阿弥陀佛（左）；前排为清水祖师（右）、观音大师（中）、三坪祖师（左）。[①] 三座神龛实际上是道观、佛寺、神庙的微型化，并试图把佛教神明和地方神祇统合在道教神谱体系中。在中国国内，也有各教诸神并存的情况，但没有这般典型。而且，有趣的是，三清宝殿本应供奉的另一位道教神明"灵宝天尊"，在这里却让位给了神话故事《封神榜》中的人物"通天教主"，而源于同一故事的"洪钧老祖"亦跻身其中。再者，大雄宝殿的佛教神明中也挤进了一位源于福建安溪的地方神"清水祖师"。最后，居中的三光宝殿乃供奉玉皇三太子而非玉皇大帝。[②] 这些与中国本土宫观寺庙的不同之处，应可视为文化传播中的变异现象。

笔者在菲时还访问了宿务定光宝殿。据定光宝殿董事会董事长张尚前介绍，该殿供奉的主神为"九重天老祖"。[③] 然而，在供奉主神的主殿堂之后，又建有高于主殿堂的"灵霄宝殿"，供奉"玉皇大帝"。这种设计是颇具匠心的，既突出了本殿主神，又使玉皇大帝凌

---

① 《访问九霄大道观王天淇谈话记录》，马尼拉，1992 年 6 月 3 日。

② 日本学者野口铁郎所著《道教与民众宗教结社》一文谈及中国宗教界的多神教问题，可参阅。中译文本见于《道教》第二卷，上海：上海古籍出版社，1992 年。又，刘枝万在《台湾的道教》一文中说，在福建，道士奉元始天尊，法师（在民间信仰活动中扮演主要角色的一种行者）奉通天教主，二者既相互排挤，又相互依存，这正可解释九霄大道观并奉二神的做法。该文见于《道教》第三卷，上海：上海古籍出版社，1992 年。

③ 笔者就"九重天老祖"的来历问题求教于葛兆光教授，葛教授来信（1993 年 8 月 18 日）称："九重天老祖亦不知所从来，然明代民间宗教，其名目极多且陡增，恐亦出自明代也。"

驾其上。主殿堂之内,也供奉有佛教神明。另外,在总称为定光宝殿的庞大建筑群中,还有妈祖庙、土地公庙、观音妈亭等。[①] 这里同样可以看到将佛教神明和地方神祇统合进道教神谱的情况。

　　我们还可以从菲律宾各地的道观、神庙为诸神明所举行的庆典中,了解到菲华道教神谱的一些情况,见表12-1:

表 12-1　菲华道教诸神明庆典一览表

| 道观、神庙名称 | 庆典名称 | 庆典日期(农历) | 资料来源 |
|---|---|---|---|
| 大千寺 | 玉皇大帝圣诞 | 正月初九日 | 《联合日报》1993年1月28日 |
| 菲华通淮庙 | 关圣夫子圣诞 | 正月十三日 | 《联合日报》1993年1月30日 |
| 大千寺 | 广泽尊王夫人、圣妈娘娘圣寿 | 正月廿三日 | 《世界日报》1993年2月13日 |
| 大千寺 | 广泽尊王圣诞 | 二月廿一日至廿二日 | 《菲华时报》1992年3月23日 |
| 九霄大道观 | 云梦山谷老祖师圣寿 | 三月十七日 | 《商报》1992年4月14日 |
| 九八凌霄宝殿 | 云梦祖师圣诞 | 三月十七日 | 《商报》1992年4月14日 |
| 宿务定光宝殿 | 天后娘娘(妈祖)圣诞千秋 | 三月廿三日 | 《商报》1992年4月21日 |
| 石狮城隍公庙 | 城隍公圣诞 | 五月廿八日 | 《商报》1992年6月27日 |
| 九霄大道观 | 玉皇三太子天尊圣寿 | 六月初六日 | 《商报》1992年6月30日 |
| 九八凌霄宝殿 | 玉皇三太子圣诞 | 六月初六日 | 《商报》1992年6月30日 |
| 青阳石鼓庙 | 四大将军圣诞千秋 | 八月初四日 | 《商报》1992年8月21日 |

---

① 《访问定光宝殿张尚前谈话记录》,宿务,1993年1月10日。

续表

| 道观、神庙名称 | 庆典名称 | 庆典日期（农历） | 资料来源 |
|---|---|---|---|
| 拉允隆省仙彬兰洛市隆天宫 | 天上圣母圣诞 | 八月初六至初十日 | 《联合日报》1992年8月22日 |
| 九八凌霄宝殿 | 天庭众圣母圣诞 | 八月十五日 | 《联合日报》1992年9月6日 |
| 青阳石鼓庙 | 赵玄坛元帅晋殿纪念 | 八月廿二日 | 《联合日报》1992年9月10日 |
| 大千寺 | 广泽尊王谒祖圣寿 | 八月廿二日 | 《联合日报》1992年9月16日 |
| 清净道坛 | 黄大仙祖师宝诞 | 八月廿三日 | 《联合日报》1992年9月18日 |
| 青阳石鼓庙 | 敕封顺正府大王公圣诞千秋 | 九月初五日 | 《联合日报》1992年9月28日 |
| 宿务定光宝殿 | 九重天老祖圣诞 | 九月初七至初九日 | 《联合日报》1992年9月23日 |
| 保安宫 | 云梦山仙祖、九重天老祖、重阳帝君、斗母星君万寿无疆暨天上圣母成道纪念 | 九月初八至初十日 | 《联合日报》1992年9月28日 |
| 青龙殿 | 代天巡狩七王府圣诞 | 十月初一日 | 《联合日报》1992年10月24日 |
| 慈惠御宫 | 梨山老母圣诞 | 十月十二日 | 《联合日报》1992年11月5日 |
| 金銮御苑 | 梨山老母圣诞 | 十月十二日 | 《联合日报》1992年11月6日 |
| 吗利瑾那李府三太子宫 | 李府三太子圣诞 | 十月十三日 | 《联合日报》1992年11月7日 |
| 北星鲍王宫 | 北星鲍王大帝圣诞 | 十月十四日 | 《联合日报》1992年11月5日 |
| 镇池宫 | 古坑四王府正驾圣诞千秋 | 十月十四至十六日 | 《联合日报》1992年11月7日 |

续表

| 道观、神庙名称 | 庆典名称 | 庆典日期(农历) | 资料来源 |
|---|---|---|---|
| 镇海宫 | 代天巡狩夫人妈圣诞 | 十月十六日 | 《世界日报》1992年11月8日 |
| 古佛寺文曲星宫 | 高登包王府正驾包夫人圣诞 | 十月廿一日 | 《联合日报》1992年11月13日 |
| 描东牙示妈祖天后宫 | 天上圣母圣诞 | 十一月初四至初八日 | 《联合日报》1992年11月20日 |
| 古佛寺文曲星宫 | 高登包王府正驾圣诞 | 十一月廿日至廿二日 | 《联合日报》1992年12月12日 |
| 包王府 | 包王公圣诞 | 十一月廿一日 | 《联合日报》1992年12月9日 |
| 保安宫 | 玉皇三太子大尊、南北斗星君宝诞 | 十一月廿四日 | 《联合日报》1992年12月14日 |

注:除注明所在地外,其余宫观寺庙均在大马尼拉地区。

从表中所示 20 座道观、神庙所举行的 31 次庆典中,可以看到菲华道教神谱大致可分为 4 个组成部分:一是伴随着道教的产生和发展而出现的神祇,如重阳帝君、云梦祖师等;二是在中国历代官方和民间的造神运动中出现,后为道教所承认和接纳的神明,如玉皇大帝、玉皇三太子等;三是历史人物被塑造为神明,从而被道教所包容,如关公、包公等;四是地方神祇的祭祀圈扩展到一定的广度之后,被道教所涵盖,如天上圣母、广泽尊王等。

由于众多的道观、神庙各树一帜,各神祇之间难以形成明确的阶位和统属关系。因此,菲华道教的神谱可以说是混沌不清的。神明世界是人间世界的投影。菲华道教神明互不统属的现象实际上是菲华社会帮派林立的反映。在中国本土,道教神谱虽庞大杂乱,但毕竟有一定的层次和阶位,它是大一统而等级森严的人间社会的反映。海外华人脱离了中国本土的文化环境,其社会结构出现多元化的趋势,随华人而播迁到异国的道教诸神,也必然发生分化和重组。例如,本来九八凌霄宝殿乃是从九霄大道观分香而创立的,九霄大道观原已设有菲华道教促进会，九八凌霄宝殿复又设立菲律宾中国道教总会。这种道观和道教团体分化并立的情况，与菲华社团林立的情况颇有相通之处。

表中所示一神多名、一神数诞的情况也颇引人注目，如云梦祖师就有三个不同的名称，妈祖则有三个诞辰日期。其原因可能是，诸神从中国移殖菲岛的形式，多是下层民众各别地从故乡"分香""分灵"而来，先奉祀于移居地的家中，继而由相关的血缘、地缘群体筹资建庙奉祀，因此同一神明而被奉祀于数处的比比皆是。加上年代久远，有的宫观寺庙管理者的文化水平又很低下，说不清所奉神明的来历，因而出现上述情况。

由于道教具有较强的渗透能力，所以一些祭祀圈比较狭隘的地方神或乡土神的神庙中，也不知不觉地拱手让出部分地盘，供奉起道教神明来。例如供奉晋江华峰乡土神的镇海宫，还同时供奉有阎君公（阎罗王）和黑无常、白无常等属于道教神谱体系的"死亡之神"。又如供奉晋江古坑乡土神的镇池宫，还同时供奉有关圣帝君等被纳入道教神谱体系的历史人物之神。更不必说最高天神"玉皇大帝"被各地方神庙普遍供奉了。马尼拉的镇海宫、石狮城隍公庙，以及宿务的九重天阙慈善堂（供奉晋江围头乡土神）等一大批地方神庙均如此。[①] 更有趣的是，某些菲律宾人所崇拜的天主教神明，也被华人当作道教神明来加以奉祀。例如描东牙示妈祖庙所供奉的"天上圣母"，是一尊全然是天主教服饰的神像，她的原型是当地天主教徒所崇奉的一尊名叫 Birgen Kaysasay 的女神，而当地华人则认为她就是妈祖，遂建起中国式的庙宇，以传统的方式来供奉她。[②]

尽管大多数华人总是从实用的角度去看待宗教神明，亦即为了求生存和发展而去供奉它们，但是，蕴含着中华传统文化内涵的道

---

① 以上情况均为笔者在菲期间亲自观察到的。

② 洪玉华：《宗教融合：描东岸的妈祖和 Kaysasay》，《融合：菲律宾华人》，马尼拉：菲律宾华裔青年联合会，1990 年。

教诸神在菲国的立足,客观上又起着促使传统思想观念得以传播的作用。经过唐宋以后与儒、佛合流而受到改造的道教,已浸透了传统的伦理道德观念和因果报应思想。道教神明作为这些思想观念的外化和象征,在受到人们崇敬祭拜的同时,发挥着一种惩恶扬善的作用,规范着人们的思想和行为。菲华社会有人著文说:

> 道教徒所遵守的要旨,是太上道祖——老子所揭橥的三宝:"慈、俭、让"……还有修身五箴及行持六诀。五箴就是教徒及信众"存好心,说好话,读好书,学好样,做好事",六诀就是"忠、孝、和、顺、仁、信"。①

太上老君(老子)这尊神明的思想品德尽管有的是后人附会的,但作为道教思想源头和代表人物的地位却是公认的,其引导作用也是巨大的。其他如关公作为忠、信的代表,包公作为惩罚恶势力的代表,也无不起着塑造人们的行为规范、警诫人们要对自己的言行负责的作用。②

## 三、菲华道教的仪式和方法

神谱是信仰的指向,仪式和方法则是实现信仰的途径。对于最广大的信仰者来说,他们所接受的宗教影响更主要的是来自低层次的宗教观念及其表现形式——仪式、方法。对于最广大的宗教信徒们来说,他们所传播的宗教内容也主要是通过仪式、方法呈现在人

---

① 蔡庆燊:《略谈道教》,[菲]《联合日报》1992年10月2日。

② 日本学者楠山春树所著《道教和儒教》一文中有"见于道教戒的儒教思想"一节,可参阅。中译文本见于《道教》第二卷,上海:上海古籍出版社,1992年。

们面前的宗教伦理与迷信观念。[1]

菲华道教的仪式和方法主要是在神祇诞辰庆典、节假日活动与平时活动中表现出来的。在前两类活动中，一般都举行诵经和祭拜仪式。祭拜仪式与中国本土并无大的差异，而诵经仪式则摒弃了许多繁文缛节，形式上有所简化，时间上有所缩短。从诵经的内容上看，则是五花八门。如九霄大道观、九八凌霄宝殿诵《大道真经赞》，大千寺诵《宇宙真经赞》，金銮御苑诵《瑶池金母真经赞》，青阳石鼓庙诵《道教科仪经赞》，等等。

菲华道教经文固然有许多是照搬中国本土道教经文的，但也有的是经过传道者改造或加入了某些新内容的。对其加以探讨，可以使我们透过菲华道教仪式的表象，看到中华文化在海外传播中的传承和变异。这里拟以大千寺《宇宙真经赞》（简称《宇宙经》）为例，进行一些初步的探讨。

《宇宙经》是大千寺宏一法师苏超夷"敬录"（实际上是撰写）的。笔者在菲期间对大千寺进行了三次采访，了解到该寺名义上虽是一座以广泽尊王（郭圣王）为主神的地方神庙，而实际上崇拜的主要神明却是一尊名为"亿光然"的"宇宙神"。据苏超夷称，这尊神是他九岁时"得到"的。《宇宙经》便出自"宇宙神"，它的全文仅有七百余字。在采访中，苏超夷向笔者介绍了《宇宙经》所阐述的宗教哲理：

> 《宇宙经》以"三光归一"，亦即太阳、地球、月球"三位一体"的宇宙论为基础，衍生出一系列以"三"为"公号"的事物：人需要空气、阳光、水分；脸有鼻、目、嘴；一天有三餐饭；一家有三代人；时间有时、分、秒；日期有昨、今、明；万物有气、液、固三态；人称有我、你、他三者；一事要三思而后行；世上生物有植物、动物、人类三等；人出世后经历了卧、坐、立三个阶段；人接受了家

---

① 葛兆光：《道教与中国文化》，上海：上海人民出版社，1987 年，第 323 页。

庭、学校、社会"三教育";一个人赚钱要靠头脑、身体、手脚;一户人家有大门、房门、灶门……①

　　稍微具备道教理论常识的人一眼便可以看出,这是一个模仿自道教宇宙图式的,糅合了自然、社会、人的万事万物的结构图式。道教的宇宙图式,是老、庄纯粹玄想式的宇宙起源论与基于直观经验的"阴阳""五行"理论相互杂糅的结果。它是一个使自然、社会、人的一切现象统统"配套成龙"的同源、同构、互感的庞大系统。其结构图式是:

太一——两仪——阴阳——天地——四时——五行——五帝——五神——五祀——五脏——五色——五味——五臭——五音——五方②

　　显然,《宇宙经》是上述结构图式的仿制品,只不过它把其中的"五"变成了"三",另外又加进了某些现代科学常识,如此而已。

　　从《宇宙经》原文确可明显地看出它浸透了道教的哲理,如"三光落地为标准,阴阳循环无矛盾";"全球金木水火土,轮转不停永世古";"人体心肝胃肺肠,八卦在内腰胆脉";等等。与此同时,它将某些自然现象附会于人类社会,作为它的"理论依据",如"地球三元气液固,三数已定无移模";"自转公转轮回尝,养上育下兼自养";"一点水化气液固,不知此道为人苦";等等。从中可以看出它与道教的理论模式有着一脉相承的关系。

　　大千寺在菲华社会几乎是尽人皆知,在菲律宾人当中也有相当知名度。苏超夷曾应邀到菲国历史最悠久的大学圣托马斯大学主讲神学,并被授予奖牌。笔者还亲眼看到,农历八月廿二日大千寺

---

①　《访问大千寺法师苏超夷谈话记录》,马尼拉,1992 年 10 月 6 日。

②　葛兆光:《道教与中国文化》,上海:上海人民出版社,1987 年,第 38 页。

举行庆祝广泽尊王谒祖圣寿大典时，包括菲律宾副总统在内的许多达官贵人都送来花篮以示祝贺。这种情况固然与大千寺奉祀的神明包括了天主教、基督教的神明有关，但是该寺所标榜的一套看似新颖的理论，应该说也颇具吸引力。以道教哲理为核心的《宇宙经》的传播，正是包裹了现代外衣的中国传统文化在海外得到广泛传播的典型。

菲华道教的节庆和平常活动中的种种"法术"，包括了斋醮祈禳、禁咒符箓、养气导引、扶乩求签等。道教的法术源于巫术这一古老文化现象。中国民间，特别是属于楚越文化圈的江南民间的种种巫术，不断地被道教网罗起来，使其法术体系越来越庞杂。随着道教在海外的传播，这些法术也漂洋过海，移殖异国。因所在国社会环境和自然环境的不同，各种法术受到青睐的程度也不同。

以菲律宾而言，禁咒符箓、扶乩求签受到更多的青睐，这与菲律宾社会的大环境有关。古代菲律宾人深信巫术，认为巫师是人世与精灵世界交往的最好媒介。巫师主持各种治病、驱邪、消灾祈福的仪式，很得社会上尊敬。在巫术信仰弥漫的条件下，人们都想趋吉避凶，因此占卜也很流行。[①]不少学者认为，越文化圈曾从中国江南地区延伸到东南亚。这也许是古代菲律宾人深信巫术和占卜的原因。这种文化现象仍残留于菲律宾现代社会。1996年8月由菲律宾官方主办的纪念1896年反抗西班牙统治的革命100周年会议开幕式上，就有巫师在主席台上表演。这是应邀赴会的笔者亲眼所见。

所谓禁咒符箓，就是以口头或文字来逐鬼驱邪，袚除不祥。以"符"为例，它是源于巫觋的一种驱邪避鬼的象征物，写有具体的文字。道教兴起后，把符和图谶合二为一，写在符上的不再是一般文字，而是画得离奇古怪的图形，它是道士沟通人神的秘宝。菲华道教在节庆和平日活动中，使用灵符为人"解运""驱邪"是屡见不鲜

① 金应熙主编：《菲律宾史》，开封：河南大学出版社，1990年，第67页。

的。如九霄大道观庆祝玉皇三太子诞辰之日,"玉皇三太子天尊是日下霄庭赐善福,并赠送灵符及福气金面线等"。① 又如大千寺于正月初一日那天,备有"天赦灵符""赐福灵符""解运消灾灵符"等,供善男信女们索取。② 除了无所特指的一般灵符之外,还有专门"对症下药"的针对某一具体问题的灵符。笔者在访问马尼拉保安宫时,该宫的总干事兼文书苏子蔚(道号觉清)介绍了该宫向祈愿者分发的几种灵符,便是这类具体有所指的灵符。

所谓扶乩求签,乃是道士们代神立言,向信徒们预示其前途与未来。以"扶乩"为例,它又叫"扶箕""扶鸾",最早出现于江南民间,由两个人合作,拿了饭箕,给它披上衣服,插上筷子,在沙盘上写吉利字样,象征饭箕开口告吉利,以示求一年温饱。后来,它被道教利用作为一种代神立言的手法,形式和内容都发生了某些变化,可以用丁字形的木头架子代替饭箕。所求的范围也扩大了无数倍,举凡福禄寿之类均可包括在内。菲华道教亦热衷于扶乩。如九霄大道观于庆祝云梦山谷老祖师诞辰之日,"特请恩师下霄庭乩鸾指示";③又如镇池宫于每星期日均为信徒扶乩解难。④

笔者曾观察了保安宫某次扶乩的全过程。在场担任扶乩各角色的至少需六个人,他们是:正乩、副乩、唱字、记录、监字、抬盘。扶乩的程序是这样的:(一)请仙咒;(二)求杯;(三)正、副乩上场;(四)保生大帝降言;(五)问事人按所排定次序问事;(六)保生大帝依次作答。保生大帝是通过正、副乩降言和作答的,所言则写在沙盘上。当日问事者约四十人,各人将欲问事项填写在问事帖上,按次序问事并受乩示。问事内容包括家庭、婚姻、身体、医药、生意、工作等几

---

① 《九霄道观庆二太子圣寿》,[菲]《商报》1992 年 6 月 30 日。

② 《大千寺庆新春志盛》,[菲]《联合日报》1993 年 1 月 14 日。

③ 《菲中国道教总会订期庆云梦圣诞,又讯》,[菲]《商报》1992 年 4 月 14 日。

④ 《访问镇池宫洪传芳谈话记录》,大马尼拉地区马拉汶社,1992 年 12 月 6 日。

方面,其中以身体、医药为最多,这大概与本宫主神是医药之神
有关。①

　　禁咒符箓、扶乩求签的盛行,是华人忧患意识的反映,而菲律宾
的社会环境对此则起了推波助澜的作用。中华民族历来有着深沉
的忧患意识。"人无远虑,必有近忧","生年不满百,常怀千岁忧",
从民间俗语到文人诗词都反映出这种忧患意识的存在。数百年来
的民族灾难与时事巨变,加上个人的种种遭遇和不幸,都强化了海
外华人的忧患意识,使他们体味到人生的悲哀与世事的迷惘。对死
亡的恐惧与对未来的把握不定,使人们变得惶恐不安。菲律宾社会
浓厚的宗教气氛以及古代巫术的残留,进一步刺激了菲华道教以逐
鬼驱邪、代神立言等手法来抚慰人心,道教信仰者心目中的神祇则
愈发膨胀,他们情不自禁地拜倒在虚幻的法术面前,以乞求生存与
安全。这便是作为文化现象的禁咒符箓、扶乩求签所蕴含的人的心
理和意识。

　　道教的法术还包含医术。道教的追求目标是神仙与不死,为
此,它对于人的健康表现出了极大的热情,对人的寿命表现出了最
大的关注。巫、医在早期曾是合二为一的,从南方巫医中衍生的道
教,在承袭了巫术的同时,也承袭了许多中国古代医学科学的因素,
并且在后来的发展中,不断地丰富其内容。道教在形成种种驱鬼避
邪的法术的同时,也在追寻种种健身、治疗术,二者往往互为渗透,
互为表里,道士们在无意中继承了中国古老的医学智慧,只是这种
智慧往往被道教的神秘性所扭曲,变得面目全非罢了。

　　菲华道教的法术也混杂着医术。在菲律宾,几乎所有的道观、
道坛都举行定期或不定期的义诊,有的请专职医师来义诊,有的则
自己从事义诊。在后一种情况下,相关人员就必须具备医疗知识。
此外,在驱鬼避邪的法术中,也常包含着一些药物治疗术。以下以

_____

① 《保安宫扶乩仪式观察记录》,马尼拉,1992 年 11 月 8 日。

保安宫为例,对这方面进行一些探讨。

保安宫供奉的医药之神——保生大帝亦即吴真人(吴夲),属于晋代葛洪一派的道家,他治疗疾病的方法有许多是源于葛洪的祛病延寿的术数。[①] 保安宫既奉医药之神为主神,诊疗疾病便成了它的主要活动内容之一。在扶乩时,正、副乩根据自己的医学知识,以保生大帝的名义为问事者开出药方。人们亦可通过抽签来求药。该宫供信众抽取的签中,就有 120 支是药签。该宫备有各种中草药,供求医者免费索取。一些草药如猫须草等,还自己种植,以备不时之需。

保安宫的例子,生动地揭示了道教如何利用人们对生的眷恋与对死的恐惧以及对神的崇拜心理,有意地混淆了疾病和"邪物"、医术和巫术的界限,在以医药科学知识诊疗疾病的同时,给人以神明施用法术驱邪的假象。然而,从中也揭示了道教与医学的内在联系,从而使我们看到,没有中国传统文化便没有中国传统医学。在中国传统文化中,科学没有与迷信分道扬镳,反而被迷信裹上了一层厚厚的神秘外衣。许多科学的诊疗方法,便是披着道教法术的神秘外衣,在给人以生理上的治疗的同时,又给人以心理上的迷惑。中国医药文化伴随着菲华道教的传播而传播,同样显示了这种蕴含着矛盾的特征。

# 四、道教传播的生命力与应变力

鲁迅说:"中国根柢全在道教……以此读史,有多种问题可迎刃而解。"[②]道教是中国传统文化的重要组成部分,它深深地渗透在中

---

① 叶国庆:《葛洪派下的道家大师吴真人夲》,《吴真人学术研究文集》,厦门:厦门大学出版社,1989 年。

② 鲁迅:《致许寿棠》,《鲁迅全集》第九卷,北京:人民文学出版社,1958 年,第 285 页。

国人的思想和行为模式之中。道教随着华侨和华人而移殖海外，成为海外华人生活方式的一部分。"道教能够在华人社会里生根，甚至无孔不入，是因为道教不单包括对诸神的崇拜，还有'术'的部分。它既吸取了古代天文、医学、术数、方技、房中等知识，又发展了星命、选择、堪舆等技术，使它的活动与人民的生活息息相关"，[①]这不能不说是道教的一个特点。道教在菲律宾的传播，既不像西方宗教那样借助于殖民主义者的权力，又是在华人占菲律宾人口比例很小的情况下进行的，它之所以具有强大的生命力，便与这一特点有关。道教以与民间信仰相结合的形式，又吸收了儒、佛二教的"合理内核"，故能在菲华社会乃至菲律宾社会中立足、生根、蔓延。菲律宾文化是融汇了东西方文化的多元文化。中国传统文化中的许多成分，包括农耕文化、饮食文化、语言文化等，均已成为菲律宾文化不可分割的一部分。以道教为代表的中国传统文化中的宗教文化，也必将如此。菲华道教通过种种变异来不断调适自己，正显示了其融入菲律宾文化的必然趋势。

---

① 李焯然：《道教与华人民俗》，〔新加坡〕《亚洲文化》第 13 期，1989 年。

# 第十三章

## 菲律宾华人宗教信仰的经济动机

## 一、从重利思想到功利主义的信教动机

菲律宾华人在为生存和发展的奋斗中,形成了一种实用主义的文化取向。表现在宗教信仰方面,他们追求的是现实的利益而非空洞的许诺,其经济动机是十分明显的。

菲律宾华人宗教信仰的经济动机之形成,可以追溯到其故土的社会经济和思想文化的变迁。中国传统的经济思想以"重义轻利"为特征,但是封建社会后期在东南沿海商品经济发达地区,却逐渐滋生出与传统思想背道而驰的重利思想。16 世纪以后的闽南社会,在本地区人多地少的压力与海上贸易的诱引之下,一种冒险与谋利的精神逐渐普遍生长,从而产生出重利思想。

菲律宾华侨、华人 85% 来自闽南,其中来自晋江者尤多。清代中叶,那里的情况是"富者上吴下粤,舟车所至,皆可裕生涯。贫者背负肩挑,里巷遍招,亦堪贸易。而屯籴稻谷,鬻贩鱼盐,种种有之。濒海之民,又复高帆健舻,疾榜击汰,出没于雾涛风浪中,习而安之,不惧也。趋利之多,自昔为然"①。

---

① 《(道光)晋江县志》卷七二,"风俗志"。

　　受重利思想的影响，闽南人"唯利是趋"[①]，"趋利喜诈"[②]。他们"舍祖宗之丘墓、族党之团圆，隔重洋之渡险，窜处于天尽海飞之地"[③]。他们冒险南渡菲岛，实为"趋利"使然，诚如文献所说，"沿海地方，人趋重利……漳泉为甚"[④]。由于重利思想具有抛弃传统束缚，以谋利为先的特征，所以当闽南人移殖菲岛后，适时地对菲岛的商业提供了发展的基础，在西班牙统治时期，便形成了华侨商业网络。美国统治时期，由于殖民政府限制华工入境，而华人却得以自由从事商业活动，因此菲华社会发展成了一个只包括商店老板与佣员的有别于东南亚其他地区华人社会的单纯商人社会。[⑤] 在这一发展过程中，唯利是求蔚为风尚，成为时代精神。闽南人移居菲岛，既经历了从本国居民到海外侨民的转变，又经历了从农民到商人的转变，其思想意识中的逐利因素便得以更迅速地滋长，最终成为菲华社会意识形态的一个重要组成部分。

　　宗教信仰作为上层建筑的一部分，必然受上述思想意识的影响和支配。南渡菲岛的闽南人将本土的宗教信仰移殖过来，它包括古代的自然、庶物、鬼魂崇拜等原始宗教，也包括流俗形式的佛教与囊括地方诸神的道教。此一庞杂的民间信仰体系，乃是以现世的幸福为条件，而非以对灵的世界的憧憬为出发点。[⑥] 正如有人指出："我国民众的实用主义思想在福建民向宗教信仰上得到淋漓尽致的发挥。"[⑦]

---

[①] 《(康熙)诸罗县志》卷八，"风俗志"。

[②] 《(民国)重纂福建通志》卷五五，"风俗七·福州府"。

[③] 《(康熙)诸罗县志》卷六，"赋役志"。

[④] 《筹海图编》卷四，"福建事宜"。

[⑤] 施振民：《菲律宾华人文化的持续》，《"中央研究院"民族学研究所集刊》第42期，1976年。

[⑥] 吴主惠著，蔡丰茂译：《华侨本质的分析》，台北：黎明文化事业公司，1983年，第142页。

[⑦] 谢重光：《从吴夲的神化看福建民间宗教信仰的特点》，《吴真人学术研究文集》，厦门：厦门大学出版社，1990年。

民间信仰的功利主义特征，在菲华商业社会的重利氛围中，更加凸显出来。而在西统和美统时期大量渗透进华人社会的天主教和基督教，也变形为谋利或谋求社会地位上升的手段，同样强烈地表现出趋利的特征。

闽南人南渡菲岛是受冒险与谋利精神的驱使和鼓舞的。在漂洋过海及异地谋生的初期，他们历尽艰难险阻，忍受了各种难以形容的痛苦。站稳脚跟后，又百折不挠地向金钱和成功做无止境的追求。佣员想成为雇主，小贩想成为大贾。其生活的原动力皆来自对财富的追求，因而养成了极端实用的人生观。他们是现实主义者，并不将希望寄托于虚无漂渺的"来世"。诚如一位华人所说："作为一个中国人，我不信来世，但非常关心我的现实生活和幸福。对我来说，重要的是我的家庭和我的生意。"①然而在变幻莫测的商业社会中，"功利之争不已，人心之浮动极矣"，"朝为富家翁，暮作沿门乞者有之"。② 他们需要有一个精神支柱，而在那个时代，它只能采取宗教的形式。上面提到的那位华人又说："如果你碰到问题，求神保佑将使你得到安慰。"③于是，那种具有功利主义特征的宗教信仰，便成为被菲华社会所普遍接受的精神食粮。在这里，我们看到了社会意识和社会现实互为因果的演化过程。

功利主义的宗教信仰之精神内核就是对利益的追求，它具体表现为宗教信仰动机的变异，亦即从净化心灵、修持德行变为招财纳福、祈富求贵。菲华社会有人著文讽刺道："……有人对神明有太多的要求，希望神明赐给他们许多财富。在神界里只好每日去制造金

---

① Marilies von Brevern, *Once a Chinese, Always a Chinese? The Chinese of Manila—Tradition and Change*, Manila: Lyceum Press, 1988, p. 33.

② 《发刊词》，［菲］《海国伽音》创刊号，1932 年 9 月。

③ Marilies von Brevern, *Once a Chinese, Always a Chinese? The Chinese of Manila—Tradition and Change*, Manila: Lyceum Press, 1988, p. 33.

钱等着分发给世人享受,而大家岂非个个是富翁,哪里有穷人的存在?"①这正反映了宗教信仰的经济动机日益显著的事实。

## 二、华人民间神祇崇拜的经济动机之分析

中国的宗教界是多神教的世界,并且诸神也因历史文化的发展变化形成多重的性格功能。人们对此都是有选择和偏好的,菲律宾华人宗教信仰的经济动机,从其对民间诸神的选择和偏好中得到明显的反映。"在华人从中国带来的崇拜对象中,最著名的是被认为是财富之神的土地公和关公、观音和妈祖。"②土地公又叫福德正神,专司地方民众福祉及住户行为的监督,关公是战神和守护神;观音乃佛教中的广化众生之神,妈祖又叫天上圣母,乃海上保护神。这些神明的司职无一不与人间的利益有关。可见,越能给世俗生活带来安全、幸福、好运的神祇,就越受到崇拜。下面着重阐述华人对关公和妈祖的崇拜,以便具体地分析其宗教信仰的经济动机。

关公是早期南渡菲岛的闽南人重要的保护神之一。华侨安抵彼岸后,与周围险象丛生的环境做斗争,也靠关公的鼓舞。他们站稳脚跟之后,不忘关公恩惠,自必建庙奉祀。例如,自明代已有记载的泉州通淮关帝庙,早先由一位华人妇女(其姓名已不可考,唯知其夫姓曾)自该庙分香至马尼拉,侍奉于家中,后来由姓谭、柯、吕、吴的四位华人迎奉于大马尼拉地区的加洛干市某处,最后于1985年由该社区华人集资,在黎刹大街198号建庙奉祀,称为菲华通淮庙。③又如,北怡罗戈省也有一座泉州涂门关夫子庙,亦是从故乡移

① 夏影:《谈信仰》,[菲]《联合日报》1993年1月24日。

② Edgar Wickberg, *The Chinese in Philippine Life 1850—1898*, New Haven: Yale University Press, 1965, p. 193.

③ 《访问菲华通淮庙董事会庄超群谈话记录》,马尼拉,1993年2月4日。

殖过来的。[1] 关公不仅是关帝庙的主神,而且作为陪衬的神祇被侍奉于其他寺庙中。如马尼拉以广泽尊王为主神的大千寺,以保生大帝为主神的保安宫,均同时奉祀关公。

华人的宗教生活是多层面的,并不局限于宫观寺庙。许多华人社团,也以关公为盟主,特别是结义性质的社团。菲华社会义结金兰的团体见诸报端者不下四五十个,其名称含"义"字者最多,如忠义、仁义、敦义、尚义、崇义、同义、结义、义盟、义孝等,它们大多尊奉关公为盟主。如惠风结义社、元龙敦义社等都曾于关公诞辰日前在华文报上刊登《庆祝盟主关圣夫子圣诞千秋通告》。[2] 关于奉关公为盟主的缘由,菲律宾忠义堂的组织者在阐释这一点时说,关公"对国家则尽其忠勇,对朋友则讲究信义","本堂为鼓励堂员效法其忠义精神,永矢不渝,故奉为本堂盟主,千秋祭祀"。[3] 这种思想在华人社团中很有代表性。另一个称为"南松园"的结义团体则声称,其敬奉关公为盟主,乃是为了弘扬桃园结义、忠心义气之精神,对内维护昆仲权益及福利,对外追随"商总"(菲华商联总会)及各领袖团体共促民间慈善事业。上述团体大多是商人组织,它们举行庆典时都备有供品以祈求生意兴隆、财源广进。[4]

关公既为战神和庇护之神,遂被引伸为工商业的保护神,继而又被当作财神,因此早期的华侨商会也多以关公为盟主。例如,小吕宋中华木商会中的木商与箱商分离,于1903年另组关夫子会,崇奉关公为盟主。[5] 又如,创立于1885年的关帝爷会,乃是福联和布

① 庄为玠:《关羽崇拜在国内外》,《泉州鲤城文史资料》第6、7合辑,1991年。

② [菲]《联合日报》1993年2月3日。

③ 施性祥:《忠义堂堂名浅释》,《菲律宾忠义堂总堂金禧纪念特刊(1932—1982)》,马尼拉,1982年。

④ 庄为玠:《关羽崇拜在国内外》,《泉州鲤城文史资料》第6、7合辑,1991年。

⑤ 《小吕宋中华木商会之沿革》,《菲律宾岷里拉中华商会三十周年纪念刊》,马尼拉,1934年。

商会的前身。① 在这里，既有以讲究信义的思想贯彻于其组织原则的含义，又有寻求庇护，务使财运亨通的寄托。时至今日，作为工商业保护神和财神的关公，在菲华人士心目中的地位愈发巩固，其青袍红脸的神像已进入华人社区的住宅、餐馆、商店、写字楼，几乎无处不供奉。尽管新一代人与老一辈相比，文化水平和思想意识已发生巨大变化，但对关公的崇拜不仅未削弱，反而增强了。

关公之所以受到华人的特别尊崇，在于其所体现的"义"，即扶危济困、讲究信用、疏财仗义、知恩报恩的品质。而所有这些，无一不和人与人之间的利益分配有关，尽管商场上的利害冲突在所难免，但上述品质仍被华人社会奉为行为准则、道德规范，因为这有利于缓和利益分配中的矛盾，维系正常的商业关系。尤其是讲究信用这一信条，更是华人商业社会中极其重要的原则。"传统中国的人际关系是靠相互信赖来维持的"②，一个成功的商人应该"是一个诚实的朋友，一个道地的乡亲"，因为华人做生意多"没有正式的合同，许多协定都是口头表述"，所以"没有信用的商人是不能生存的"。③为了防止不讲信用从而导致经济损失，除了以社会舆论、道德规范对商人们加以约束之外，还需要以宗教信仰作为重要补充。而在各神祇当中，关公无疑最能起到这种约束作用。

妈祖以海上保护神而著称于世，但其功能并非起始即定型。妈祖的发祥地福建莆田，人们"为妈祖立祠，原先的旨趣是有感于神的正直聪明，神异卓著。祠庙即立之后，其灵异逐渐偏重于航海的护佑"④，这一变化与海上贸易和对外移民有关。以菲闽两地关系为视

① 《福联和布商会》，《菲律宾岷里拉中华商会三十周年纪念刊》，马尼拉，1934年。
② 施振民：《菲律宾华人文化的持续》，《"中央研究院"民族学研究所集刊》第42期，1976年。
③ 布鲁克（Moss Kanter Brook）著，蔡先杰译：《成功的秘密在于联系》，《华侨华人历史研究》1991年第3期。
④ 李丰楙：《妈祖与儒、释、道三教》，《历史月刊》第63期，1993年。

角来考察这一问题，可以看到早年闽南人去菲乃是乘帆船冒险渡海而去，而菲闽贸易亦靠海上航运。华侨为了生命财产的安全，无不祈求神灵的保佑，"具有一种母性的慈悲"[①]的妈祖自然成为赴菲闽侨的主要崇奉对象。"宗教里有女神的需要……在道教里，碧霞元君是一个很伟大的女神……但是她的势力只限于北方。到了南方，天后(妈祖)就起而代之了……她的势力的发展和海外的交通有很大关系。"[②]散居菲岛各地的华侨，把妈祖崇拜带到各所在地，因"其能知天时而司海潮，保佑航海家及渔户，故在陆上建宫奉祀；在海上渔户，亦多有迎驾在船上供奉，意即'天上圣母在此，水下当务万安'"[③]。妈祖崇拜遂与种种经济活动发生了紧密的联系。

随着航海技术的提高，轮船取代了帆船，海运安全已基本不成问题，为何华侨华人对妈祖的崇拜非但没有减弱，反而有所增强呢？"据菲岛华侨故老言，七八十年前华侨来菲，皆乘搭木帆船，费时半月，扬帆前多往天后庙拈香礼拜，在菲回国时亦然。自从火轮船与飞机用为国际交通工具后，菲岛华侨像过去那样虔信天后之心已有改变，但华侨奉祀天后的习俗还依然存在，盖不祈求航海的安全，转而祈求幸福。善男信女多往抽签以占休咎吉凶，香火依然繁盛。"[④]到 20 世纪 60 年代为止，全菲华侨奉祀的天后圣母庙或妈祖庙已达一百多处。然而习俗虽存，动机已变，由祈求海上安全，变为追求工商社会中的福祉了。

1951 年描东牙示华侨"迎驾"沓亚社天上圣母时发表的宣言说，妈祖"金光莲座，自天而降，一苇慈航，普救众生，拯救黎民，神量

①　李丰懋：《妈祖与儒、释、道三教》，《历史月刊》第 63 期，1993 年。

②　顾颉刚：《天后》，《福建三神考》，台北：东方文化供应社，1970 年。

③　陈笑予：《菲律宾与华侨事迹大观》第 2 集，马尼拉：菲律宾华侨事迹大观出版社，1951 年。

④　刘芝田：《中菲关系史》，台北：正中书局，1964 年，第 254 页。

无穷,春秋悠久,有求必应,颇得四方善男信女,共所虔信"①。在这里,妈祖的神威所及,已从海上扩展到整个人间,妈祖崇拜伴随移民、贸易而传播流行,随着华人在定居地的工商业发展,自然要求这位女神的庇佑范围进一步扩大。由于妈祖灵验,华人便没有理由不把这位海上保护神也当作财神来崇拜。1992年同一地区的华人在庆祝天上圣母圣诞千秋启事中说,在庆典中将向妈祖"虔诚祷告,祈求平安,消灾纳福,如意吉祥,福寿康宁"②。透过祈求内容,可以看到除了"平安""消灾"尚留有海上女神庇佑船民的痕迹之外,其余均与世俗所追求的利益有关。与四十年前相比,华人崇拜妈祖的动机进一步发生变化,从求平安为主,演变为求福为主了。

在众多的民间神祇中,总是有一些像关公、妈祖那样的神祇更受崇拜,信徒更多。华人对信奉对象的选择表面上是随波逐流、杂乱无章的,实际上却有一个原则在支配着这种选择,即唯"灵"是从的实用主义原则。而神祇的灵验与否与由庙像供奉所体现的受重视程度成正比,越是庙大像高、香火旺盛的神祇,据说就越灵验。如加牙鄢省有一座历史悠久的威明宫,供奉广泽尊王,香火颇盛,当地"侨界吉凶时事,经常均取决于广泽尊王灵威之圣意。自是侨界人士,更为信仰者焉"③。上文提及的那篇讥讽为求富而求神的文章又说:"常常看到人们对宗教的信仰误入歧途……看到大佛或大十字架的构像,以为他是比较灵验,便趋之若鹜地去崇拜。"④此言正揭示了菲华社会的普遍现象。

实用主义的选择信奉对象的原则正是功利主义的信教动机之

---

① 陈笑予:《菲律宾与华侨事迹大观》第2集,描东牙示省条,马尼拉:菲律宾华侨事迹大观出版社,1951年。

② 《菲律宾描东岸市妈祖天后宫董事会庆祝天上圣母圣诞千秋启事》,[菲]《联合日报》1992年11月20日。

③ 陈笑予:《菲律宾与华侨事迹大观》第2集,嘉牙渊(加牙鄢)省条,马尼拉:菲律宾华侨事迹大观出版社,1951年。

④ 夏影:《谈信仰》,[菲]《联合日报》1993年1月24日。

外化或结果。因为唯"灵"是从原则说明人神关系完全受人的希望所左右，而在商业社会中，人们的最大希望是发财致富，因而能使人发财致富的神明便在入选之列。换言之，崇拜神明的目的是发财致富，而有选择地信奉一位或数位神明则是达到此目的之手段。这些被选中的神明之所以"灵验"又与人们不自觉地把虚幻的寄托转化为信心有关。马尼拉石狮城隍公庙的管理人说："不少生意人笃信城隍公，常来本庙抽签，问某一笔生意该不该做，若抽到好签就做，若抽不到好签就不做。抽到好签，生意往往成功。其实，抽到好签的人增强了信心，全心全意而不是三心二意地去做这笔生意，成功的机会自然就多。"[①]真是一语道破了神明"灵验"的奥秘，马尼拉保安宫的管理人也有类似说法。[②]

从故乡移殖菲岛的神明，其原型均为传统的农业社会型神明，其功能不外乎忠义（关公）、慈悲（妈祖）、保境安民（城隍公）、驱灾治病（保生大帝）。中国封建社会后期，在商品经济因素的推动下，这些神明又兼有了商业型神明的身份，如宋以后"关羽具有了经济保护神的身份，并作为广义的财神而获得了新地位"[③]。在菲华社的新环境中，这些神明的商业型成分日益增加，同时还被赋予了新的神力，除保护商贾外，具备了维护信用、保障流通、预告商情等功能。需要与满足需要的手段是一起产生的。华人发财致富的需要与满足这一需要的神祇的新功能便同时出现了。华人通过对民间神祇的选择和偏好使其欲望得以实现，正反映了其民间信仰的动机之变异。

---

① 《访问石狮城隍公庙保管郭炳煌谈话记录》，马尼拉，1992 年 7 月 5 日。

② 《访问保安宫管委会苏子蔚谈话记录》，马尼拉，1992 年 2 月 17 日。

③ 金井德幸：《社神和道教》，福井康顺等监修，朱越利等译：《道教》第二卷，上海：上海古籍出版社，1992 年，第 142 页。

# 三、华人信仰各大宗教的经济动机之分析

在佛教、天主教和基督教的信仰中，菲律宾华人也表现出显著的追求经济利益的趋势。以佛教而言，西班牙统治时期，"信仰我佛者，间于私室设斋堂奉佛像，晨夕顶礼以消灾解厄，祈求平安"①。20世纪30年代，有组织的传教活动方始进行，时值世界经济大萧条，有"义通居士"者在《恭祝旅菲中华佛学研究会成立》的诗中写道："今日全球不景气，商情惨败莫咨嗟"②，蕴含着以佛陀来抚慰商界的意图，使菲华佛教带上了世俗的色彩。

华人将佛教传入菲岛，本意是"念时当末法，人欲横流，权借佛慈婆心，警觉痴迷，劝善惩恶"③，恰恰是为了节制"人欲"。然而演变到后来，它也未免趋于商业化，反而受"人欲"支配。例如，战后佛寺的大量出现，并非一定是异族压力的结果或重新华化的企图，而大多是华商在乞求神明赐其财运并应验之后，为实现向神明许下的诺言而兴建新寺庙来报答神恩，这些新寺庙因而被视为成功的华商之纪念碑。④ 神圣的宗教殿堂从而成为追求并取得经济成就的象征物。又如佛教"信众每逢家有婚喜寿庆，或新居落成，厂店开张，常请法师前往洒净祝福，或到寺中普佛斋天"⑤。信仰宗教成了追求物质利益商业利润的手段。再如，菲岛佛教信徒多喜烧纸钱，意在供神明和鬼魂享用，其中也折射出活人对钱财的追求。菲岛早期佛寺

---

① 《旅菲中华佛学研究会成立记略》，[菲]《海国伽音》创刊号，1932年9月。
② 《祝佛学研究会成立，诗五首》，[菲]《海国伽音》创刊号，1932年9月。
③ [菲]《海国伽音》创刊号，1932年9月。
④ Edgar Wickberg，Chinese Oganizations in Philippine Cities since World War Ⅱ：The Case of Manila，*Asian Culture*，No. 17，Singapore，1993.
⑤ 传印法师：《菲岛佛教》，《菲律宾华人：菲华时报创刊五周年特刊》，马尼拉：菲华时报社，1988年。

是不许信徒在寺内烧纸钱的，因此举原非佛教所固有，故不信之。后来此限制渐被打破，终至不可遏止，信徒除了大把大把地烧纸钱外，还为亡故的亲人烧各式各样纸糊的现代高级消费品。一位华人在回忆其祖父的葬礼时说，在和尚的指导下，"我们在墓地焚化了一幢用纸板、木头和彩纸制成的别墅，两辆纸板轿车，其中一辆是'奔驰'牌的，还有一些木制的保镖，它们都以'机枪'武装起来。当烟灰升上天空时，我们都相信死者将在另一个世界里过上美好的生活……"①对阴间世界的想象，总是以现实世界为蓝本的。通过宗教仪式所表达的对亡灵的祝祷，实际上是对自身的祝福。菲岛历史最悠久的佛寺信愿寺的一位僧侣说："除了平安之外，信徒们求的最多的便是发财。"他感叹道："世界上最大的宗教是'钱教'，只要有钱赚，什么都可以信。"②

以天主教而言，早在西班牙统治时期，华人改信天主教就是出于经济利益的考虑。"天主教是西班牙文化的中心价值"，接受这种信仰便"成为一种对君主效忠的誓言"。西班牙殖民当局曾强制性地促使华侨改信天主教，华侨中"有真诚的改教者，这是没有疑问的。但接受洗礼对一个华人来说，是一种机灵的商业措施"。华人作为天主教徒，可以享受"减税、取得土地和几乎在任何地方居住的自由"。此外华人"要求洗礼，最重要的动机之一往往是获得洗礼的教父（教母），他（她）能指望成为一个贷款人、保证人和保护人"③。有人在回顾西班牙统治时期华人社会的历史时写道："不论哪一种方式的移民，假如找到一个有财又有势的人做靠山，扩大其个人关系，其飞黄腾达，也就指日可待，其中一项最容易达到的是洗礼的

---

① Marilies von Brevern, *Once a Chinese, Always a Chinese? The Chinese of Manila—Tradition and Change*, Manila: Lyceum Press, 1988, p. 148.

② 《访问信愿寺释妙戒谈话记录》，马尼拉，1992 年 5 月 8 日。

③ Edgar Wickberg, *The Chinese in Philippine Life 1850—1898*, New Haven: Yale University Press, 1965, p. 10.

'公巴礼"关系。这种制度在今日的华侨社会还极为流行。"①所谓
"洗礼的'公巴礼'关系"，就是找一个显赫的西班牙人作为教父或教
母，亦即皈依天主教的见证人，从而获得巨大的商业利益。这种寻
找靠山的做法一直沿袭至今。西统时期华侨屡遭镇压时，天主教会
还扮演了"保护"华侨的角色。据记载，教会"经常保护和袒护菲律
宾的华人，包括天主教的和非天主教的"②；"天主教之神甫，曾用各
种方法保护华人"③。这也促使尚未信教的华侨为了生命财产的安
全而改信天主教。总之，促使华人信奉天主教的动力乃是经济
利益。

美统时期与独立时期，华人信仰天主教依然是受利益的驱使。
由于菲律宾人"绝大部分是天主教徒，菲国可谓是以天主教立国的
国家，由于受环境所感染，华人的下一代青少年人，也是入风随俗，
信奉天主教了"④。为了今后商业上的发展，这样做显然是必要的。
一位华人长者说，华人"做生意的多，本地人多信天主教，华人若不
信天主教，办事处世就不易，因此许多华人都信了天主教……他们
信教是从利益出发的，是为了生意上的方便，而对其教义是不甚了
了的"⑤，可谓一语中的。

至于华人信仰基督教，其动机与信仰天主教相类似。基督教是
与美国人一起进入菲律宾的，善于应变的华人，为了迎合新的统治
者，自然也把改信基督教作为其手段之一。华人还因应形势组织了
自己的基督教会。在菲华各宗教团体中，基督教会组织得最严密，

---

① 黄西燕：《九十年来的华侨社会》，《菲律宾华侨善举公所九十周年纪念特
刊》，马尼拉，1967年。

② Edgar Wickberg，*The Chinese in Philippine Life 1850—1898*，New
Haven：Yale University Press，1965，p. 191.

③ 廖西白：《九十年来华侨在菲之经济概况》，《菲律宾华侨善举公所九十
年纪念特刊》，马尼拉，1967年。

④ 李荣美：《心路历程之三：上帝论证》，[菲]《商报》1992年8月29日。

⑤ 《访问邱允珍谈话记录》，马尼拉，1992年4月24日。

其信徒之间的关系也最为密切。各个华人基督教会都组织有数目不等的"团契",参加者都有在经济上相互接济的义务。因此,基于经济利益的考虑而信教的人所在多有。再者,华人基督教会办有许多学校,不少华裔青少年就读于这些学校,他们在毕业后寻求职业时经常要依赖校方的帮助,这也促使他们信奉基督教。

## 四、宗教生活世俗化改变信仰动机

历史上并不乏以宗教信仰或传播来获取某种政治或经济利益的事例。菲华社会的特征是宗教生活的世俗化、世俗生活的宗教化。[①] 而这个社会既然是一个商业社会,其宗教生活服从于对商业利益的追求,便是势所必然的。参加宗教活动,举行宗教仪式,已成为菲华社会生活方式的一部分。人们信仰宗教,更注重其形式而非内容。因为从实用的、功利的文化取向出发,这种或那种宗教的义理信条如何,已无关宏旨,重要的是信仰宗教能在经济上获得更多的利益和更好的地位。

---

① 参见笔者另文《菲律宾华人宗教生活的世俗化:以马尼拉等地的华人访谈录为研究资料》,〔新加坡〕《华人研究国际学报》第 4 卷第 1 期,2012 年。

# 第十四章

# 菲华社会的宗教融合

## 一、宗教融合的历史渊源

菲律宾华侨大部分来自闽南。作为古代闽南文化中心的泉州，素有"世界宗教博物馆"之称，具有多元宗教的特征，佛教、伊斯兰教、基督教、天主教、印度教、摩尼教和道教，都曾在这里传播和发展，各种宗教的兼容并存，必然伴随着相互之间的影响和渗透。

近代以来，西方传教士以五口通商口岸之一的厦门为中心，向闽南各地辐射、传播天主教、基督教。厦门是除广州以外最早传入基督教的中国城市。至 1949 年为止，福建的天主教徒和基督教徒大约有 25 万人。当时福建人口只占全国总人口的 3.5％，而教徒人数却占全国教徒总数的 7％，说明近代福建是天主教、基督教势力较为强大的省份。然而这些教徒许多是处于半信上帝半信菩萨的状态，亦即无法完全摆脱传统的宗教信仰，专一地信奉西方传入的宗教。[①]

值得一提的是，西班牙殖民者把天主教带到菲律宾后，与福建

---

① 陈支平、李少明：《基督教与福建民间社会》，厦门：厦门大学出版社，1992年，第 18、30～31、51 页。

天主教传播发生了种种联系。17 世纪,"马尼拉之西班牙多明我会士颇多由闽入浙者"①。福建的教民还直接到马尼拉参加教会活动,学习天主教的典籍和教义。如 1638 年福建天主教徒罗文藻赴菲律宾,入马尼拉圣托马斯学院学习拉丁文、西班牙文及哲学,后回福建传教。1654 年,他回到马尼拉并被晋封为神甫,次年再次返闽,偕同多明我会传教士在厦门沿海一带传教。② 清初禁教后,天主教在闽南沿海仍不能根绝,当时"吕宋为天主教聚集之所,内地民人在彼甚多,商船往来,难免无传递信息之事","内地民人潜往外洋,例有严禁,今吕宋为天主教聚集之所,而内地民人,竟因以同教,多潜彼地"。③ 清政府把闽南向菲岛的移民归咎于天主教的传播,虽无道理,但两地在宗教文化上的联系却是事实。1890 年,罗马教廷"指定"福建教会为西班牙多明我会的管理区,④使这种联系更加明确。

　　传播天主教是西班牙殖民者统治菲岛前期促使华侨同化的主要手段。"天主教是西班牙文化的中心价值。而教会同国家的密切关联,使接受这种信仰在一个西班牙统治的国家成为一种对君主效忠的誓言。"⑤善于适应环境变化的华侨,为了生存及经济上的发展,也以皈依天主教为权宜之计。其间除了部分菲妻所生华裔完全融入当地社会,成为虔诚的天主教徒之外,许多华侨仍半信耶稣半信佛祖,仍执着于祖先崇拜。传统宗教与外来宗教并存于一身,难免使两种信仰杂糅混同。

---

①　方豪:《中国天主教史人物传》中册,《祝石传》,北京:中华书局,1988 年。

②　陈支平、李少明:《基督教与福建民间社会》,厦门:厦门大学出版社,1992 年,第 13 页。后来罗文藻成为天主教第一位中国籍主教。

③　《清高宗实录》卷三一五。

④　陈支平、李少明:《基督教与福建民间社会》,厦门:厦门大学出版社,1992 年,第 19 页。

⑤　Edgar Wickberg,*The Chinese in Philippine Life 1850—1898*,New Haven:Yale University Press,1965,p. 10.

美国取代西班牙成为菲律宾的殖民统治者后，基督教随之传入菲岛，打破了天主教一统天下的局面。马尼拉华侨圣公会得美国圣公会之助，1903 年 11 月 8 日开始第一次华侨礼拜聚会，[①]标志着基督教在华侨社会中开始传播，使华侨信仰的外来宗教又增加了新的成分。在基督教传播过程中，菲岛与闽南同样产生种种联系。菲岛侨社信奉基督教者与闽南基督教会有深远的渊源。第一位来菲担任华侨圣公会牧师的华籍施和力牧师也来自闽南的归正教会。[②]

西班牙统治时期，佛教、道教随着闽南移民的到来传入菲岛，但尚未进入有组织地传播的阶段，其信仰也只停留于流俗形式。美国统治时期，情况有所变化。1937 年闽南高僧性愿法师来菲，到粗具规模的马尼拉信愿寺任住持，标志着菲岛侨社佛教传播进入一个新阶段。与此同时，以妈祖、关公、本头公等民间诸神为崇拜对象的道教也在菲岛侨社更加流行起来。这样，在华侨接受外来宗教的同时，传统宗教的影响也进一步加强。

菲岛侨社多种宗教并存的局面，闽南人容纳外来宗教又执着于传统宗教的文化传统，为日后菲华社会的宗教融合，提供了历史依据。另外，将中华文化移殖到海外的华侨华人社会，在意识形态上更具综摄性或混合性。劝人向善、赐予幸福是各种宗教的共同点，基于这个共同点，华侨华人社会各种宗教的信徒得以彼此容忍，相安无事，进而使各种宗教信仰的形式相互渗透，各种宗教思想相互融汇，这又为菲华社会的宗教融合提供了现实的可能性。

---

① 上官世璋：《菲律宾华侨基督教简史》，《菲律宾华人：菲华时报创刊五周年特刊》，马尼拉：菲华时报社，1988 年。

② 上官世璋：《菲律宾华侨基督教简史》，《菲律宾华人：菲华时报创刊五周年特刊》，马尼拉：菲华时报社，1988 年。

# 二、宗教融合的表现与基础

## （一）家庭内部各种宗教信仰的并存与交融

菲律宾许多华侨华人家庭的宗教信仰已不再是单一的成分，而是多种成分并存。家庭中的老一辈成员多信佛教，而年轻一代由于环境影响及所受教育的缘故，已有相当部分信奉天主教、基督教。与此同时，祖先崇拜仍比较普遍地存在于华侨华人家庭之中。有一位职业为教师的华人妇女这样描述她的家庭成员的不同信仰："我的丈夫是一位（基督教）浸礼会教徒，我的孩子们是天主教徒，我是一个无神论者……我的父亲经常对来自家乡的神明顶礼膜拜，其中主要的神是关公或关羽。当我的母亲到马尼拉来的时候，有时候我也陪她去仙沓古律示的教堂，但是我不喜欢蜡烛的气味。然而，当我们纪念祖父的生辰与忌日时，我不得不点燃蜡烛，他已去世多年了。"①这一事例是很有典型意义的。

许多年轻人虽然信奉了天主教、基督教，但由于家庭、长辈的影响，以及传统文化的积淀，他们无法在中国传统宗教与西方宗教之间采取二者取其一的简单选择，而是调和二者的矛盾，使其并存于一身。一位华人寡妇在回忆她青少年时代时这样说："我是我们家里唯一的天主教徒，因为我是在天主教学校里读的书。然而当我还是一个小姑娘的时候，我曾陪我母亲到寺庙去。每逢（阴历）初一、十五日，我母亲便要吃素，我不明白其中含意，但（这时）我也吃素，因为我喜欢这样。在家里我们有一个祭坛，摆着土地公的塑像和祖

---

① Marilies von Brevern，*Once a Chinese，Always a Chinese？The Chinese of Manila—Tradition and Change*，Manila：Lyceum Press，1988，p. 33.

先的相片。我的父亲（在其面前）焚香并供奉食物和鲜花。"①这种家庭影响是如此根深蒂固，以至改信西方宗教的年轻人难以脱胎换骨，虔诚皈依新的宗教。有一位华人妇女，丈夫得急病去世，她的母亲告诉她，这是由于她和她的丈夫生相相克，所以婚姻不能长久。她说："作为一个天主教徒，我本不该相信这些，但是我的内心像我的父母亲那样，依然是个佛教徒。"②

从家庭各成员之间的关系来看，信仰不同宗教的家庭成员也能彼此容忍，相安无事。一位华人妇女说："尽管我们家中各人信仰不同的宗教，但相互之间并未发生矛盾。长辈对晚辈信仰宗教，不论信的是什么教，一般都持鼓励态度，认为任何宗教都是鼓励人们向善。"③除了上述年轻一代受老一辈的影响之外，也有老一辈受年轻一代的影响的。例如一位年过七十的华人妇女说："我过去是一个虔诚的佛教徒，信到心不离佛，佛不离心。以前我非常反对基督教，甚至气愤任何人传福音给我……信主的起因，是患了一场病。"由于两个女儿是基督教徒，"那时发现我的病，两个女儿立刻跪在主的脚前祈祷，也要我一同祷告，就此我信主了，感谢主……让我很快复原"。④ 但是她的家中仍摆放着弥勒佛等塑像。

家庭内部多种宗教信仰并存，相互影响，彼此难以区分优劣，便出现了一人兼信数种宗教的情况。一位佛教僧侣说："基督教徒和天主教徒仍然来到佛教寺庙顶礼膜拜，是尽人皆知的事实。"⑤更不要说基督教徒、天主教徒在家里祭祀祖先、烧香磕头了。而且，信奉

---

① Marilies von Brevern，*Once a Chinese，Always a Chinese? The Chinese of Manila—Tradition and Change*，Manila：Lyceum Press，1988，p. 54.

② Marilies von Brevern，*Once a Chinese，Always a Chinese? The Chinese of Manila—Tradition and Change*，Manila：Lyceum Press，1988，p. 174.

③ 《访问郑丽真谈话记录》，计顺市，1992 年 4 月 20 日。

④ 《访问陈淑仪谈话记录》，马尼拉，1992 年 5 月 31 日。

⑤ Marilies von Brevern，*Once a Chinese，Always a Chinese? The Chinese of Manila—Tradition and Change*，Manila：Lyceum Press，1988，p. 71.

传统宗教的华侨也崇拜西方宗教的神明,有一位侨居菲岛多年的华侨写道:"笔者在菲律宾马尼拉的溪亚婆街,亲自看到圣母玛利亚出巡的盛况……善男信女把整条街拥挤得水泄不通,其中也不少是华侨,也有笔者所熟识者,知他们不但到过佛寺行香,也到过关帝庙膜拜,而今却又极其虔诚地向圣母祈祷。"①华人家庭内部宗教融合的趋势,正是菲华社会宗教融合的最具体的,也是最有说服力的表现。

### (二)社会上各种宗教信仰的相互渗透与融合

老一辈华侨普遍存在这样一种思维方式,即看到菲律宾社会中的某种事物,就会将其比附于中国固有的某种事物。这是由于中华文化长期以来以"我"为中心,以为别人有的,中国早已有之,其必然结果是以自己的标准去衡量别人。在这种思维方式之下,把菲律宾社会崇拜的神明与华侨从中国带来的神明联系、等同起来,也就不足为奇了。

"在华人从中国带来的崇拜对象中,最著名的是被认为是财神的土地公和关帝、观音和妈祖。在这里,也有不同信仰的结合。关帝被等同于仙爹戈(Satiago),被看作是华人的保护神。观音和妈祖是女神,经常以其这种或那种的形象同圣母玛利亚联系起来。一个十分著名的崇拜对象是,把安智波洛的圣女(Virgin of Antipolo,圣女名字从略)同妈祖等同起来。前者是旅行者的保护神,人们曾把许多神迹归因于她。后者是出海人的保护神,受中国东南部人民所崇拜。"②不可否认,被联系、等同起来的中外神明,确实有其共同或相似之处。

妈祖除了与圣母玛利亚联系起来之外,还和有些地方神等同起来。如吕宋岛南部描东牙示的妈祖天后宫,神龛正中供奉的妈祖像

① 庄为玠:《关羽崇拜在国内外》,《泉州鲤城文史资料》第6、7合辑,1991年。

② Edgar Wickberg, *The Chinese in Philippine Life 1850—1898*, New Haven: Yale University Press,1965, pp. 193-194.

却是一座全然是天主教服饰的神像。该神像菲语叫 Kaysasay,是1603 年从海中捞起的神像之仿制品,当地人为其盖了神庙。早年来到这里的华侨则以中国传统方式供奉她为妈祖,传至今日。[①] 这是一个比较典型的表现在神像或神庙上的宗教融合现象。

还有一种诸神并列、结合的现象也颇能说明问题。在马尼拉的九霄大道观,其正殿的三座神龛分别是"三清宝殿""三光宝殿""大雄宝殿",前二者供奉道教诸神,后者则供奉释迦如来、观音大士等六位佛教神明,佛、道诸神并列一堂。在碧瑶的趣善钟坛,名义上是道观,实际上既拜老庄又供菩萨,亦道亦佛。1983 年由一位姓唐的华人妇女在马尼拉创立的顺天圣母庙,其祭坛上供奉的十几个神明,既有圣婴(Santo Niño),又有弥勒佛,还有关公、土地公,包括了天主教、佛教、道教诸神。[②] 在马尼拉,还有一座香火至今旺盛的大千寺,主持人苏超夷把天主教、佛教、道教、伊斯兰教等大小神像共数十尊,摆放在寺内。[③] 这里面当然有吸引更多信徒的动机,但若不是基于一种宗教上的综摄观念,恐难以形成如此局面。从以共同点为基础的联系、等同,到以综摄性为基础的并存、结合,反映出华侨华人宗教融合的趋势愈益增强了。

西班牙统治时期,马尼拉岷伦洛华人公会的天主教华人以走经岷伦洛的游行来庆祝圣女罗沙利(La Naval)节,他们的主管走在前面,带着供这种宗教游行用的标准细长蜡烛,但却伴随着华人音乐师和爆竹。[④] 如果说这时宗教仪式的混同还只是初现端倪的话,那么到了后来则是大行其道了,如上面提到的描东牙示妈祖天后宫,

① 洪玉华:《宗教融合:描东岸的妈祖和 Kaysasay》,《融合:菲律宾华人》,马尼拉:菲律宾华裔青年联合会,1990 年。

② Kokan Sasaki, Santo Nino and Shun Tian Shen Mu, *Philippine Kinship and Society*, Quezon City: New Day Publishers, 1989.

③ 《访问大千寺法师苏超夷谈话记录》,马拉尼,1992 年 10 月 6 日。

④ 洪玉华:《宗教融合:描东岸的妈祖和 Kaysasay》,《融合:菲律宾华人》,马尼拉:菲律宾华裔青年联合会,1990 年。

每年十一月杪庆祝妈祖诞辰时，"既烧香点烛，抽签问卦，祭祀烧金，又请天主教神父主持弥撒；既向妈祖连敬三天传统中国戏，又在庆典的最后一晚举行天主教式的花车游街"[①]。又如大千寺于1988年庆祝广泽尊王千秋之时，举行圣灵赐福法会，并诵宇宙真经赞、燃灯心经赞、耶稣圣经赞。[②] 这是中外宗教仪式的混用。至于各传统宗教之间，更是彼此掺杂。如属于道教范畴的民间诸神妈祖、本头公等，经常被华侨华人以佛教的形式祭拜。各种宗教仪式的混用，是各种神明等同与结合的必然结果。而华人与菲人共同参加宗教仪式，也增强了中外仪式混合的程度。

闽南人信奉的宗教本带有浓厚的地方风俗色彩，他们来到菲岛后，入乡随俗，接受了不少菲人的风俗习惯，而这些风俗习惯则是带有浓厚的宗教色彩，这便从另一个角度促进了菲华社会的宗教融合。在这方面，最有代表性的莫过于婚礼的习俗。菲人结婚仪式乃是在教堂里举行，而如今到教堂举行婚礼已成为被华人社会所接受的习俗。除少数人请佛教僧侣证婚外，大多数人乃是在教堂请神父证婚。而请佛教僧侣证婚显然也是受到神父证婚的影响，因中国本土并无此等习俗。一位华人男子这样回忆他的结婚经过："我的梦想是让我俩的婚礼在教堂里完成，但是我告诉她我没有钱。她的母亲是非常保守和旧式的，当我们到达朗仑（Romblon）时，她告诉我，这个省份的人们是不相信世俗的婚礼的。"最后他还是请了一位地方上的神父来主持婚礼。[③] 这方面的表现还有，祖先崇拜与天主教节庆的重叠："菲律宾华人……接受了某些当地的风俗习惯，在一个菲律宾天主教徒举行隆重仪式的节日——万圣节（11月1日），马尼拉华人社区的人们以此为机会，前往华侨义山（Chinese cemetery）

---

① 庄为玠：《关羽崇拜在国内外》，《泉州鲤城文史资料》第6、7合辑，1991年。

② 庄为玠：《关羽崇拜在国内外》，《泉州鲤城文史资料》第6、7合辑，1991年。

③ Marilies von Brevern, *Once a Chinese, Always a Chinese? The Chinese of Manila—Tradition and Change*, Manila: Lyceum Press, 1988, p. 188.

去祭拜他们的祖先。"[①]还有一些习俗,如屋前挂八卦、门楣有黄符,屋里却供奉天主圣像,这样的住宅和办公楼随处可见。此等新旧习俗杂糅的例子甚多。在接受了带有宗教色彩的习俗时,也就潜移默化地受到新的宗教信仰的影响,久而久之便跟原有的宗教信仰交融在一起了。

### (三)宗教融合的思想基础

菲华社会宗教融合的思想基础,一是功利主义的信教动机,一是各种宗教均提倡教人行善。功利主义的信教动机触发了功利主义的信教行为,统称为功利主义的宗教信仰,其特点是注重实用。从某种意义上来说,菲华社会信奉的神只有财神爷。[②]

劝人行善、教人行善、导人行善,是各种宗教教义的共同点,也是它们在传播过程中一致的表现形式。虽然各种宗教都各有侧重点,但万流归宗,都归结于"行善"。只要这一点为人们所认识,就有可能成为宗教融合的思想起点。

基于以上两点,各种宗教在菲华社会显示出交汇与合流的趋势。尽管仍存在着排斥与斗争,但这显然已非主流。

## 三、宗教融合与文化整合

菲华社会的宗教融合并非孤立的社会现象,它与文化整合有密切的关系。所谓文化整合,就是原本不具有相互内在联系,而且在历史

---

① Department of Foreign Affairs and Trade, *Overseas Chinese Business Networks in Asia*, Canberra, 1995, p. 65.

② 洪玉华:《宗教融合:描东岸的妈祖和 Kaysasay》,《融合:菲律宾华人》,马尼拉:菲律宾华裔青年联合会,1990 年。

上独立的文化的种种特质,现在却结合在一起而且变得不可分割。①
然而这种在认同基础上的文化整合,并不是消灭固有文化,而是原
有文化附加外来文化而成的结合体。②

菲律宾人虽为东方人,但他们是亚洲所有民族中最西方化的,③
而作为东方文化典型代表的华人,由于在菲律宾总人口中只占很小
的比例,故最终必然融进菲律宾社会。在东西方文化的接触与碰撞
中,华侨华人经历了漫长的思想文化上的调整和适应,直到 20 世纪
70 年代才出现了不可逆转的融合趋势。

由于宗教(主要是天主教)在菲律宾社会生活和思想文化中都
有着极重要的地位,正如魏安国先生所说:"了解菲律宾的情况的关
键,又是宗教问题。"④所以华、菲文化整合,首先便表现为宗教融合。

中华文化的世俗性既为菲华社会吸收天主教文化创造了条件,
也为其设置了障碍。前者是因为中华文化本身不具备完整严密的
神学体系,足以和外来宗教思想相抗衡,所以华人宗教"当地化"的
色彩愈来愈浓。⑤后者则因为中华文化具有兼容并包的特性,往往
将外来的东西"中国化",使其变得形似而神非,所以华人宗教在一
段时期内仍将与当地有所不同。菲华社会中有人这样说:

　　　我们崇敬佛教底悲天悯人,我们也服膺回教底正大光明,
　　我们更欢迎耶稣教那博爱人群的宗旨,可是我们拥有这超级文

---

①　露丝·本尼迪克(Ruth Benedict)著,何锡章等译:《文化模式》,北京:华夏
出版社,1987 年,第 35 页。

②　洪玉华:《融合并非消灭固有文化》,《十字街头:菲华社会文集》,马尼拉:
菲律宾华裔青年联合会,1988 年。

③　格雷戈里奥·F. 赛义德(Gregorio F. Zaide)著,吴亚昌译:《菲律宾共和
国:历史、政府与文明》,北京:商务印书馆,1979 年,第 26～27 页。

④　Edgar Wickberg, *The Chinese in Philippine Life 1850—1898*, New
Haven:Yale University Press, 1965, p. 130.

⑤　吴文华:《东南亚华人和宗教》,《华侨华人历史研究》1988 年第 4 期。

化（按：指中华文化）绝不会被任何教义所淹没……适量地利用历史传统，把本身的文明与价值，容纳外来文化成分，截长补短，并蓄兼收，陶熔了东西精粹于一炉，造成我们更加理想的文化。[①]

这里要指出，在菲华社会，以中华文化为主体，容纳外来文化，已不可能。事实是中华文化正融进菲律宾主体文化之中。

从菲律宾文化本身来看，它是一个容纳了东西方文化的混合文化，在历史上它已融进不少中华文化的成分，在当今和未来，它也将继续容纳中华文化。就宗教而言，在华人接受天主教文化的同时，也不乏菲人接受中国传统宗教文化的现象。可见文化融合是双向的。前文提及的主持顺天圣母庙的唐姓华人妇女，原本是位普通的世俗的妇女，因病求医无效，转而求神：

在信奉天主教的朋友的建议下，她和她丈夫朝拜了南吕宋巴伦苏埃拉（Valensuela）的圣婴圣殿。他们问那儿的女巫师，神对此有什么判断。女巫师代表圣婴发出神谕，她也是天主教徒。女巫师传达的神的信息是：中国的神和佛陀告诉你，SS（按：唐姓妇女的名字缩写），下决心成为一名为神和佛陀服务的巫师吧，这样你就可以得到康复。[②]

女巫师作为天主教文化的代表，却明确承认中国传统宗教的价值，这说明菲律宾文化容纳中华文化的进程仍在继续。从菲华文化整合的大背景来看菲华宗教融合，可以说它已成必然之势。正像菲

① 施深谋：《家族体系是中华文化底根源》，《旅菲临濮堂成立五十周年纪念特刊》，马尼拉，1961 年。

② Kokan Sasaki，Santo Nino and Shun Tian Shen Mu，*Philippine Kinship and Society*，Quezon City：New Day Publishers，1989.

华社会的语言朝着闽南话、英语、他加禄语混用的方向发展，华侨华人的食物朝着中、西餐结合的方向发展一样，菲华社会的宗教融合也是文化整合的一种表现，至于其具体发展进程及结果如何，则尚待进一步探讨。

## 四、源远流长的宗教融合之旅

本章曾作为以调查报告为基础的单篇论文，发表于菲律宾的华文报上，乃是笔者最早完成的本书之一章。实际上，本章只是提纲挈领地就菲华社会的宗教信仰融合做了简单的阐述，在深入分析上是不够的。宗教信仰本身就是十分复杂的问题，不同民族的宗教信仰之融合，更是难以深究。荷兰汉学家许理和（Erik Zürcher）的巨著《佛教征服中国》，论述早期（东汉至南北朝）佛教入华传播的历史，很好地阐释了非本土宗教何以成为传入地上至官方、下至民间普遍信仰的宗教，但汉族等本土各民族又未抛弃本身之固有文化，该书堪称宗教信仰融合论著之楷模。惜笔者在完成写作之后，方获此书，但已无力将其精髓汲取一二。

然而，笔者也由此想到，首先，真正的宗教信仰融合，时间跨度至少长达数百年，且是起伏不定的。就中国而言，唐宋以后佛教已完全中国化，且其传布日益衰弱。其次，就海外而言，华人没能像散布世界各地的犹太人那样坚持自己的犹太教信仰，究其原因，乃源于本国的世俗化生活，而华人迫于生活入风随俗更是普遍现象。即便是在缅甸、泰国那样的佛教国家，其主流小乘佛教也与由印度传入中国的大乘佛教有所不同，而华人并不在乎其间的差别。在菲律宾，西班牙三百年的统治带来的最大精神成果是天主教化（除棉兰老的一些地区之外），善于应变的华人当然是随其大流。但无论华人在上述哪个国家，其内心的真正寄托很难说就是他们表面上改信的宗教，因为根深蒂固的民族文化毕竟是与生俱来的，非两三代人的时间不能脱胎换骨。因此，本章谈论菲华社会的宗教信仰融合，其意义并不仅限于菲律宾，可以说整个东南亚地区都与此有所关涉。

菲律宾华人与东南亚其他国家华人的不同之处在于，菲国华人祖籍地集中于闽南，从相距不远的乡土，通过连锁式、候鸟式移民，不断将本土文化渗入移居地，经久不衰，使得异国、异族文化改变华人的内心世界之难度大大增强。当然我们也要看到，菲华社会的更新换代必然使传统的民族文化逐渐为居住地文化所改造或改变。第一代移民，或者说老移民，当年所惧怕的在菲土生土长的华人青年不知乡土为何物之状况，当今日益成为现实。形势比人强，中老年华人也在不知不觉中接受了新旧事物混合之现状。在此大背景下，菲华社会的宗教信仰融合，可以说是大势所趋了。

# 第十五章

## 菲律宾华人的宗教组织

## 一、菲律宾华人宗教组织的由来与发展

宗教信仰既是精神现象又是群体现象,宗教组织既是信徒的结合体又是宗教活动赖以展开的社会实体。二者的相关性,表现为人们从思想上的纽带发展到组织上的联系,而组织上的联系又巩固促进了精神上的信仰。这一思路,为我们展开了观察和探索菲律宾华人思想意识和社会生活的新视角。菲律宾华人社会是一个宗教气氛浓厚的社会,人们的宗教信仰多种多样。宗教团体机构占据了菲华社团的一定比例。这些组织的形成,和其他社团有相似性,亦即最初都是人群"自然的结合,并无团体的形式。日子一久,人数渐多,为了保持纪律,同时规定每一份子应尽的义务与权利,乃逐渐组成各种各样的会社"①,而其独特性在于,它们是按照一定的宗教目的、任务和形式加以编制起来的。

以下我们按民间宗教、道教、佛教、基督教和天主教等不同种类,来分析与之相关的各菲华团体机构的由来与发展。

_____

① 王国栋:《我们的使命》,《菲律宾忠义堂总堂金禧纪念特刊(1932—1982)》,马尼拉,1982年。

### (一)民间宗教

菲华社会的民间宗教，主要指源于故乡和祖国其他地方的各种民间神祇崇拜和地方神崇拜。与此相关的宗教组织，便是民间神祇庙宇和地方神庙，它们遍布菲岛各华人聚居区，数目之多实难以统计。庙宇是早期华侨社会中最先出现的社会组织。早期的菲律宾华侨大多来自闽南农村，那里的各种活动历来以庙宇为中心而展开。华侨南渡菲岛是分散地、无组织地进行的，这一点和他们以前作为农民时并无大的差别。故乡庙宇中奉祀的各种各样的守护神，便成为这些分散地漂泊异国的人们的精神支柱。于是，故乡守护神"分灵"异地，继而设庙奉祀，进而组成团体以展开活动。这方面最典型的例子就是妈祖庙在菲岛的设立与扩展。

到 20 世纪 60 年代，"全菲岛华侨奉祀的小规模的天后圣母庙或妈祖庙约有一百多家，大概都是过去庙主人从祖国礼拜天后之后，烧着香请她随船光临菲岛的，抵菲后便把携来的香火神位供奉起来，后来华侨都来参拜，便变成了庙宇"①。起初位于描东牙示省沓亚社（又译作达亚社）（Taal），后来移居该省首府描东牙示市的天上圣母宫及其理事会的历史，在这方面颇有代表性。有关该宫的起源和变迁，曾实地考察菲岛各华侨聚居地的陈笑予在其所著《菲律宾与华侨事迹大观》第 2 集中记载如下：

> 达社为该省之一重要社镇，社中有天上圣母宫在焉。此宫建于何时……当远在公历 1572 年，我国商船数艘，在菲律宾之岷罗洛岛，遇风舟坏，舟人及搭客等，当时或遇救抵达马里拉市，或就近驶往沓亚社登岸，因而舟人护驾抵此供奉……盖沓

---

① 刘芝田：《中菲关系史》，台北：正中书局，1964 年，第 254 页。

亚社与岷罗洛岛相对面,且仅一衣带水之距离耳。[①]

　　陈氏接着又记载了1951年描东牙示省华侨善信人士将天上圣母迎驾移居描东牙示市,并发宣言及组成理事会之情形。该理事会乃由"各社遴选代表,选出职员",并"着手筹备建设庙宇"。[②] 这样一个由个别人供奉神明到有组织的社会群体建庙奉祀的过程,可以说是菲华寺庙从源起到发展的一般过程。

　　有的庙宇从建庙之初就与某个社团维持着特殊的关系,其源起和发展又有特殊性。这种庙宇又可分为几种:与会党或党派有特殊关系的,与宗亲会或同乡会有特殊关系的,等等。以下分别用实例加以说明。

　　加牙鄢省亚巴里社的威明宫,是一所建于19世纪末的庙宇,供奉来自福建南安的广泽尊王(圣王公)。该社是吕宋岛北部的重要商埠,西班牙统治时期,华侨自闽南来,多由此登陆,反清志士亦多避难于此。光绪十年(1884年),闽南数位"三合会"志士迫于清廷追捕,"相偕亡命海外,首抵亚埠(亚巴里社),并躬迎圣驾(圣王公)南来供奉,借用神力招集同志,以待时机,从事反清复明义举。犹可借以团结侨胞,联络感情"[③],威明宫因而建立起来。会党以宗教组织为掩护,建立庙宇以展开活动,是当时客观环境所决定的,"盖当时风气未开,且尚未有任何社团之组织,侨民犹未破除迷信之观念……乃乘此普遍心理,而设立此庙宇"[④]。目前虽尚无材料证实该

　　①　陈笑予:《菲律宾与华侨事迹大观》第2集,《描东牙示省附述达社(达亚社)天上圣母宫近况》,马尼拉:菲律宾华侨事迹大观出版社,1951年。

　　②　陈笑予:《菲律宾与华侨事迹大观》第2集,《描东牙示省附述达社(达亚社)天上圣母宫近况》,马尼拉:菲律宾华侨事迹大观出版社,1951年。

　　③　陈笑予:《菲律宾与华侨事迹大观》第2集,《嘉牙渊(加牙鄢)省附述亚巴里埠威明宫沿革》,马尼拉:菲律宾华侨事迹大观出版社,1951年。

　　④　陈笑予:《菲律宾与华侨事迹大观》第2集,《嘉牙渊(加牙鄢)省附述亚巴里埠威明宫沿革》,马尼拉:菲律宾华侨事迹大观出版社,1951年。

宫后来仍与会党保持关系，但该宫的起源与会党有关却是确凿无误的。

　　大马尼拉地区加洛干市的菲华通淮庙，则是一个自始至终与党派有关系的宗教组织。该庙奉祀的关圣帝君，早年由华侨善信自福建泉州通淮关帝庙分香而来，后又由数位华人将其侍奉于加洛干市某处民居。1985年，以菲律宾洪门致公党党员为主的一批华人，集资将加洛干市黎刹大街198号的一座三层楼民居改造为庙宇，迎奉上述关帝塑像于此，称为菲华通淮庙。该庙董事会成员中，洪门致公党党员占半数以上。首任执行副理事长王奕荣，乃是洪门致公党第一支部理事长、洪门竹林北大岷区（按：大马尼拉地区）理事长。该庙主殿墙上的一面锦旗，上书"菲律宾洪门致公党第一支部成立纪念，1986年"。可见通淮庙建立在先，而致公党支部建立在后，后者是在前者的基础上建立的。该座三层楼建筑，三楼为庙宇，二楼为俱乐部性质的活动室，每天都有人在那里读书看报或打牌玩麻将。[①] 这种宗教组织与党派组织紧密结合的情况，自然是继承了早期庙宇与会党相互促成的传统。不同的是，当代是二者公开结合，历史上则是秘密的结合。

　　马尼拉的青阳石鼓庙是一个与宗亲会密切相关的宗教组织，它是在菲华锦绣庄氏宗亲会的直接参与支持下得以建立的。该庙奉祀的"敕封顺正府大王公"，乃是福建晋江青阳的地方神，故乡亦建有其庙宇。相传明初郑和下西洋时，将其香火传至菲岛。20世纪70年代，旅菲乡人拟立庙于马尼拉祭之，遂着手筹资购地建庙。因祖籍青阳的华人乃以庄姓为主，故庄氏宗亲会出面倡导捐资，响应者亦多为青阳庄氏。1978年在亚拉尼沓街（Araneta Street）购得一块地皮后，始于该处兴建一座九层楼之大厦。该大厦奠基铜牌上的落款为"菲华锦绣庄氏宗亲会理事长庄杰文"。1982年，石鼓庙首

---

　　① 《访问菲华通淮庙董事会庄超群谈话记录》，加洛干，1993年2月4日；《访问菲华通淮庙记录》，加洛干，1993年2月12日。

届董事会亦宣告成立,其成员也以青阳庄氏为主。因经费不敷,该大厦至 1988 年始全部竣工。石鼓庙屹立于该大厦第九层,第八层为董事会会所,一至七层则出租以资经费。1991 年选出的第六届董事会中,青阳庄氏仍占大部分。[1] 石鼓庙与庄氏宗亲会的关系虽然密切,但尚未达到紧密结合的程度。庄氏宗亲会的成员大多是以个人名义参与石鼓庙的各项事务的,考虑到该庙的捐建者、该庙主神的崇拜者以及该庙董事会的成员均有一部分外乡外姓人,这样做是明智的,因为这有利于该庙神明信仰圈的扩大。

马尼拉的镇海宫则是一个与同乡会密切相关的宗教组织。该宫奉祀的"新代巡圣驾",乃是福建晋江华峰的"当境"(乡土神)。《镇海宫建筑缘起暨诸善信乐捐芳名志》碑铭曰:

> 西历一九六一年辛丑之岁,新代巡泽被南洋。庇佑侨民,四季安泰。本董事会同人为崇敬其神灵,民有定所,朝夕以焚香,乃联合华峰同乡会,组建斯宫于岷市未示戈惹街(按:现街名已改为马波亚)六六二至六六八号……

又据《旅菲晋江华峰同乡会、镇海宫大厦碑记》,华峰同乡会成立于 1939 年,1971 年与镇海宫董事会联合兴建该大厦,次年竣工,两个组织遂迁入新厦,分踞第三、四层和第五层。可知"新代巡圣驾"最初分香至菲,虽沿用故乡庙宇之名,组织了镇海宫董事会,但只临时栖身别处,直至与同乡会联手建成新厦后,方能奉祀于正规的庙宇。查该大厦的捐建者大多数为华峰人,尤以施氏为多,可见以施姓为主的华峰同乡会在这当中所起的作用。而这两个组织之

---

[1]　《访问青阳石鼓庙董事会庄杰黎谈话记录》,马尼拉,1992 年 9 月 16 日;《访问青阳石鼓庙记录》,马尼拉,1992 年 8 月 31 日,11 月 9 日。

紧密结合也就不言而喻了。[①]

上述实例表明，作为宗教组织的庙宇，一旦与作为世俗组织的社会团体发生联系，在后者的促进下，其发展便更快地从自发阶段进入自觉阶段。虽然这样未免使信仰带上世俗的目的，但庙宇本身却因机构的趋于完善、人员组织性的加强而获得了较完备的形态。

## (二)道教

如果把道教分为民众道教和教团形式的道教，那么上文讨论的民间宗教大体上属于前者，这里则要讨论后者。教团形式的道教，亦即以道观、道坛为组织形式的道教何时出现于菲律宾？可以说是战后，特别是近四十年来才出现的。

据统计，菲全国有道观、道坛 58 座。[②] 菲最大的都市群大马尼拉地区，是华人最多最集中的地区，也是道教团体机构最多最集中的地区。该地区最大的 3 座道观是：加洛干市的大道玄坛、马尼拉市的九霄大道观、巴西市的九八凌霄宝殿。20 世纪 50 年代，大道玄坛首先创立。60 年代中期，部分道士从大道玄坛分离出来，另外组建九霄大道观。80 年代初，部分道士又从九霄大道观分离出来，另再组建九八凌霄宝殿。九霄大道观内设有菲华道教促进会，九八凌霄宝殿内则设有菲律宾中国道教总会。[③] 道教团体机构这种分蘖并生的情况，固然受菲华社团因内部矛盾权力再分配而不断增殖的规

---

① 《访问镇海宫记录》，马尼拉，1992 年 12 月 17 日；洪玉华编：《华人移民：施振民教授纪念文集》，马尼拉：菲律宾华裔青年联合会、德拉萨大学中国研究室，1992 年，第 305～307 页。

② 《吾道五斗米贯之——六十五代天师张继禹嗣教录》，[菲]《商报》1992 年 9 月 25 日。

③ 《访问菲华道教促进会王天淇谈话记录》，马尼拉，1992 年 6 月 3 日。

律所支配,①但客观上却促进了道教组织的蔓生与扩张。大马尼拉地区以这三大道观为轴心,分布着许多中小型的道观、道坛,如三清坛玉皇宫、泰玄都、清净道坛等。这些道观、道坛内有的也设有相应的团体,如清净道坛设有道群春晖社。

　　菲律宾中南部的道教中心则是宿务市,而该市最大的道观是定光宝殿。该殿蕴酿、筹备并组建于 1958 年,1959 年阴历正月十五日正式成立,原址在宿务市的雷翁凯拉特街(Leon Kilat Street),1965年,定光宝殿董事会开始在贝维尔里山麓(Beverly Hills)购地兴建新殿。1967 年阴历九月,供奉九重天老祖的主殿堂落成,1971 年底又建成供奉玉皇大帝的凌霄宝殿(位于主殿堂之后)。这个庞大的建筑群还包括了后来陆续兴建的妈祖庙、土地公庙、观音妈亭等。②菲华宫观寺庙的兴建是以雄厚的华商资本为后盾的,有人认为它们实际上是富裕华商的纪念碑,因为华商在生意上的成功足以使其实现向神明许下的诺言,即以兴建宫观寺庙来酬谢神恩。③ 这一点在宿务定光宝殿的兴建上表现得很明显,据介绍,华商为该殿的兴建慷慨捐资,少则数十万元,多则上百万元。

## (三)佛教

　　闽南华侨移居菲岛,把平时供奉在家中的佛像携至所居之地,最初只是家中私下礼拜,偶尔也有亲友邻人来烧香,某些地方渐渐演变成华侨的香火中心。19 世纪末的马尼拉市怡干洛街的观音堂、路夏义街的南海佛祖,以及三宝颜市的福泉寺,便是这样形成

---

　　① 周南京:《略论第二次世界大战后菲律宾华人社团的增殖》,《菲律宾与华人》,马尼拉:菲律宾华裔青年联合会,1993 年,第 217~229 页。

　　② 《访问定光宝殿记录》,宿务,1993 年 1 月 10 日;A Gleam of the History of Cebu Taoist Temple,Cebu Taoist Temple.

　　③ Edgar Wickberg,Chinese Organizations in Philippine Cities since World War Ⅱ: The Case of Manila,*Asian Culture*,No. 17,Singapore,1993.

的。此三庙乃华人佛教信徒最早的崇拜礼佛之地。但当时这些寺庙尚没有专职僧人住持，亦无佛教仪式和经文义理，仅是民间的流俗信仰而已。

20世纪20年代末30年代初，常有一班正信有识之士，借马尼拉观音堂聚会，研讨佛理，并于1931年阴历四月初八日，正式成立旅菲中华佛学研究会，这是菲岛佛教的第一个组织机构。[①] 该会成立后，即着手集资购地建寺。1936年在马尼拉市那拉街（Narra Street）开始兴建大乘信愿寺，次年落成。佛学研究会同人又聘请闽南名僧性愿法师赴菲住持信愿寺，塑佛请经，宣讲佛法，领众薰修。至此，菲岛第一所正统佛寺便告成立。[②] 从观音堂到中华佛学研究会，再到大乘信愿寺，其间一脉相承的线索，展示了菲岛佛教从无组织的自发信仰到有组织的自觉信仰之发展脉络。

迄今为止，菲律宾共有佛教寺院27所，其中大马尼拉地区18所，各省市9所。大马尼拉地区的18所寺院中，由比丘主持的6所；由比丘尼主持的2所；由清姑修士主持的8所，由在家信众私建的2所。分布各省市的佛寺计有：碧瑶市1所；宿务市2所；纳卯市1所；三宝颜市2所；描戈律市1所；独鲁曼市1所；甲万那端市1所。佛教团体方面，有成立于1953年的世界佛教徒友谊会菲律宾分会，会址设在信愿寺内，被认为是全菲佛教组织上最高的领导象征。还有设在马尼拉市怡干洛街的居士林，由正信佛教的信徒组成。此外还有一系列属于佛教组织范畴的弘法、教育、慈善团体机构。[③]

### (四)基督教

基督教是随美国人进入菲律宾的，对华人来说是外来的宗教。

---

① 《旅菲中华佛学研究会成立记略》，[菲]《海国伽音》创刊号，1932年。
② 《大乘信愿寺简介·附菲律宾佛教概况》，马尼拉，1989年。
③ 《大乘信愿寺简介·附菲律宾佛教概况》，马尼拉，1989年。

但是华人基督教徒全部是闽南人,因此和闽南基督教会有深远的渊源,而闽南的传教活动早已有之,故华人对基督教并不陌生。

1903 年美国圣公会在马尼拉设立华侨圣公会,此乃华侨基督教会之始。但此间华侨教会系受美国教会的支持,经济及人事均有赖于后者,因此华侨教会实际上处于依附从属的地位。1929 年,一部分华侨信徒脱离华侨圣公会,另起炉灶,组织旅菲中华基督教会。次年,另一部分华侨信徒又组织基督教联合会。这两个教会初始规模虽小,却是独立的华侨教会。它们本着自立、自养、自传的精神,努力进取,发展很快。旅菲中华基督教会后改称菲律宾中华基督教会;基督教联合会后改称福音堂,再改称基督徒聚会所。此后,其他华人基督教会,如华人浸信会等,也纷纷建立。

战后马科斯执政期间,允许华人教会设立各级组织机构,使华人基督教会有了很大的发展。马尼拉各华人基督教教派都在新居民区建立了新的教堂及其下属机构。阿基诺夫人执政后仍实行宽松政策,华人教会纷纷大兴土木兴建教堂楼宇,耗资巨万。如 1967 年竣工的马尼拉菲律宾中华基督教会金禧楼即耗资 4000 万元。[①]除大马尼拉地区外,各省市也有一些华人基督教会,它们分布在宿务、纳卯、三宝颜、描戈律、那牙、黎牙实比、仙道斯将军、巴拉望等省市。其中有些教会组织历史亦颇不短,且是独立的教会。如宿务华侨基督教会,战前即由信徒自行组织,借用菲人礼拜堂聚会,然财政、行政均自立自理。1947 年该会自行建筑的礼拜堂落成,遂有了自己的聚会场所。[②]

---

① 上官世璋:《菲律宾华侨基督教简史》,《菲律宾华人:菲华时报创刊五周年特刊》,马尼拉:菲华时报社,1988 年。

② 孙细羔:《宿务基督教会与建基学校》,郭公惠编:《菲律宾华侨史略》,马尼拉:公惠出版社,1949 年。

### （五）天主教

天主教是西班牙统治时期菲律宾唯一合法的宗教，西班牙统治结束后，菲律宾仍是天主教徒占绝对多数的国家。华侨华人因此深受影响，信教者颇众。西统时期的华侨社会在推行甲必丹制度以前，曾在西班牙人的监督管理下成立政教合一的社区组织，如1687年岷伦洛（Binondo）的华侨和华菲混血儿联合组成"岷伦洛华人公会"，这是一个兼有宗教和行政事务性质的社区机构。1741年华菲混血儿脱离该会另组自己的公会。1800年前后西班牙殖民政府推行甲必丹制度，组织"华人公会"以管理马尼拉地区的华侨，原先的"岷伦洛华人公会"虽继续存在，但已失去行政事务的性质，而成为华侨天主教徒的宗教组织。[1] 美国统治时期，仅在马尼拉岷伦洛区的唐人街有一个华人天主教区。战后，特别是到了20世纪50年代，由于华人人口增加以及居住地向该市边沿郊区扩展，三个新的华人天主教区建立起来了，它们都在岷伦洛区及马尼拉老城之外。[2]

综上所述，华人民间神庙、道观、佛寺以及华人基督教会和天主教会，都属宗教组织范畴。前三者为华人传统宗教组织，其形成乃是传统宗教自故土传入菲岛的结果。后二者为西方式宗教组织，其形成乃是西方宗教为华人所接受的结果。若就上述各种宗教组织形成过程的异同而言，我们可以看到，民间宗教因其信仰的多元化和组织的非规范性，往往须借助于社区的、党派的力量，或宗亲会、同乡会的现成组织，来使崇拜某一神明的信徒聚合成团体。道教、佛教则有比较明确的教义，又有源于故土的组织模式可遵循，因此一般无须借助外力即可使信徒聚合成团体。天主教和基督教是在

---

① 黄滋生、何思兵：《菲律宾华侨史》，广州：广东高等教育出版社，1987年，第269页。

② Edgar Wickberg，Chinese Organizations in Philippine Cities since World War Ⅱ：The Case of Manila，*Asian Culture*，No. 17，Singapore，1993.

两个不同的殖民统治时期为菲律宾华人所接受的,华人信徒聚合成相关的团体,虽然不能说毫无信仰感召力的作用,但其中带有政治色彩是不言而喻的。因此这两种宗教组织的形成莫不掺有外力的因素,只是由于时代的变迁,这种外力因素在其后来的发展过程中才逐渐趋于消失。可以这么说,菲律宾华人信仰的宗教是华人文化和当地文化相互作用的产物,菲华宗教组织则是适应当地社会环境的华人信徒的组合形式。

## 二、菲律宾华人宗教组织的结构与功能

当宗教群体组织起来时,便会形成一定的结构,即组织内各个部分的搭配与排列,以使其运作得以实现。由于海外华人社会缺乏士绅阶级,使商人得以垄断华人社会的领导。[①] 作为社会组织的宗教团体,其结构也不免受此影响。宗教训导与传播是宗教组织的主要功能,由此又派生出教育与慈善这两个功能。此外,宗教组织还具有聚合社群的功能。由于海外华人社会同时面临着保留传统文化和融入当地社会的双重任务,华人宗教组织在功能上也不能不受此导引。

以下我们选择了三个较有典型意义的菲华宗教组织,即菲华通淮庙、大乘信愿寺和基督教银禧堂,就其结构与功能展开讨论,俾窥一斑而见全豹。

### (一)菲华通淮庙

菲华通淮庙设有董事会作为其领导、执行机构。董事会由 76 名董事组成(其中常务董事 22 人),设董事长 1 人,执行副董事长 1

---

① 颜清湟著,粟明鲜等译:《新马华人社会史》,北京:中国华侨出版社,1991 年。

人，副董事长 7 人，秘书长 3 人。之下又设 16 个部，它们是：庆典、总务、财政、外交、中文、西文、建设、福利、组织、联络、宣传、经济、调解、调查、保管、文教。各部分别有主任 3～5 人。该庙又设有监事会作为其监察机构。监事会由 16 名监事组成，设监事长 1 人，副监事长 5 人。之下又设 3 个部，它们是：文牍、稽查、审查。各部分别有主任 3～4 人。此外，尚有常务顾问 41 人，顾问 56 人，名誉董事 25 人；名誉董事长 1 人。[①] 对于一所规模不大的神庙来说，上述机构未免显得庞大。这表明，菲华宗教组织具有和其他菲华社团一样的职员阵容膨胀的趋势。这种现象出现的主要原因是，菲律宾华人大多从事工商业活动，为了提高自己的社会地位和威望，从而提高商业信用和扩大商业关系网，他们便竞相争夺各社团的领导职位。各社团为了满足他们追求权位的欲望，也为了保持内部各种力量的平衡，便设置了一大串的虚实职位。[②] 菲华宗教组织内部结构的这种情况，正是受商人占主导地位这一社会现实的制约之表现。

举行宗教活动是宗教组织的主要任务。对民间神庙来说，最重要的莫过于其所奉祀的主神的诞辰纪念活动，其次是与之有关的各位神祇的诞辰纪念活动。下面这篇《通淮庙董事会通告》[③]便反映了这方面的情况：

一、谨订农历正月十三日（西历二月四日）下午五时庆祝关圣夫子圣诞千秋洎新届职员拈香就职典礼，敦聘道群春晖社妇女诵经团莅临诵经。

二、是日敬设香案并备寿龟寿桃供弟子祈求平安，消灾

———————————

① 《菲华通淮庙董事会第十三、十四届职员表》，[菲]《联合日报》1993 年 2 月 4 日。

② 周南京：《略论第二次世界大战后菲律宾华人社团的增殖》，《菲律宾与华人》，马尼拉：菲律宾华裔青年联合会，1993 年，第 217～229 页。

③ 《通淮庙董事会通告》，[菲]《联合日报》1993 年 2 月 4 日。

纳福。

　　三、正月初九日为玉皇大帝万寿之庆，为叩答天恩，特设天坛，并敦请名剧团自即日起献演名剧数天。


由于民间神庙没有经常性的、例行的宗教训导活动，也没有完备的经典和教义，所以它们的宗教传播功能并非以直截了当的方式表现出来，而是蕴含在其所奉祀的神明的道德力量中，或是寓教于乐，寓理性于感性。关公所代表的传统文化的意义自不待言，以传统戏剧来宣扬故土文化的用意亦甚明。这一类活动在发挥宗教训导功能的同时，也包含着弘扬传统文化的意义。

宗教具有整合的功能，而这种功能是通过宗教组织来实现的。"宗教群体的成员……都会被教以这个群体的规范，并被整合在该群体的生命之中。"此外，在宗教群体内，人们还"能够在正式宗教关系以外发展友谊与保持联系"。[1] 这方面的功能，菲华通淮庙这类民间神庙并不比各大宗教的团体机构逊色。对菲华通淮庙的人员构成之分析证实了这一点。该庙董事会的 76 位董事中，洪门致公党党员计有 42 人，占 55.3％；家住该庙所在地及其附近地区（包括加洛干市和马拉汶社）的计有 65 人，占 85.5％。[2] 所以，该庙不仅是建立在宗教信仰的基础之上，而且是建立在党派和社区的基础之上，其成员之间存在着多重关系，从而达到强固的结合。

华人神庙的宗教基础本带有地缘或血缘的色彩，然而同乡或宗亲往往住在城市的不同地区，在神庙相聚的日子有限。菲华通淮庙这一类神庙既然同时又建立在社区的基础之上，同一社区的人因住处相近，彼此常在奉祀共同信仰的神祇之庙宇里聚会，则其联系频

---

① 　罗纳德·L. 约翰斯通（R. L. Johnstone）著，尹今黎等译：《社会中的宗教——一种宗教社会学》，成都：四川人民出版社，1991 年，第 57～58 页、62～63 页。

② 　《访问菲华通淮庙董事会王振厘谈话记录》，加洛干，1993 年 2 月 12 日。

繁得多,这就更易引发思想感情上的共通之处。若再加上同属一党的关系,其整合程度自然进一步提高。可以这么认为,菲华通淮庙这一类神庙实际上又是同一社区、同一党派的华人活动中心和联谊场所。在这里,社会组织的宗教内涵有了世俗的外延,而二者的一体化又增强了组织的聚合力。

华人神庙还和其他华人社团一起发挥着维系华人社会的作用。以菲华通淮庙而言,它与各种华人社团保持着联系。首先,它与十几个同是奉祀关公的社团保持着联系。其次,它与一些道观、道坛保持着联系,如道群春晖社暨清净道坛等。再次,它与一些同乡会、宗亲会保持着联系。最后,它与某些特殊的社团,如"华支"退伍军人总会,保持着联系。菲华通淮庙与上述社团的联系,有的是以相互参加对方的活动表现出来的,如道群春晖社派妇女诵经团参加菲华通淮庙的庆典;有的则是以人员的相互交叉表现出来的,如菲华通淮庙董事会的职员有些同时又是"华支"退伍军人总会理事会的职员。[①] 宗教组织相互之间以及与其他社会组织之间的关系,使每一个组织周围都形成了一个互动关系网络,并与整体的组织体系——华人社会相接。菲华社会就是通过这种纵横交错的关系网络得以维系并运作的。

### (二)大乘信愿寺

1937 年大乘信愿寺于马尼拉建寺后,聘请法师一位为该寺住持,任此职者先后有性愿法师、瑞今法师。1958 年,信愿寺与马拉汶社之华藏寺合并为十方选贤常住(道场),订定规约制度,二寺行政组织统一,推选上座一位,为两寺最高领导者,统理僧众,推动教化。先后任此职的印顺、性愿、瑞今、宏船法师,皆一时名僧。常住规约订定上座一职不得连任超过 4 届 12 年。上座之下有三纲首领,

---

① 《访问菲华通淮庙董事会王振厘谈话记录》,加洛干,1993 年 2 月 12 日。

他们分别是主持寺务的事主、主理弘法的法主、主理财政的藏主。各首领分职以辅佐上座执行内修外弘之各项事务。

菲华佛寺的功能是多方面的,这些功能通过其举行的活动和举办的事业表现出来。以信愿寺而言,其活动和事业可分为三大类:宗教、教育和慈善。宗教活动包括法会和弘法。法会有定期和不定期两种。定期法会有四项:每星期日上午的共修法会;每年农历正月初八至初十日的千佛法会;每年农历七月十三至十五日的普利法会;每逢释迦牟尼的诞辰、成道纪念日,以及诸菩萨的诞辰日所举行的诵经熏修仪式。不定期法会的举行多为某些特殊事件如新建筑落成或上座诞辰纪念日等。弘法即弘扬佛法,包括多项活动,如每星期日上午举行佛法座谈会,下午举行念佛、静坐、讲经等活动;每年夏季举办佛学讲习班;等等。教育活动方面,该寺创办有能仁中学。慈善事业方面,该寺成立有佛教岁暮慈赠会、菩提念佛会、菩提福利会等,从事各项慈善救济活动。[①]

信愿寺的人员构成之特点是专业化,亦即由专业的僧侣组成,而不是由从事世俗职业的兼职人员组成。其他宗教组织当然也有专职人员,但为数不多。信愿寺的宗教传播和训导活动是多层次、全方位的,这些活动不是停留在表层,而是深入细致的,以此来达到使信仰根植于内心的目的。这些活动也力求做到因人施教,以使各种文化层次和年龄层次的人都受教益和感化。

### (三)基督教银禧堂

基督教银禧堂是菲律宾中华基督教会的第七支会,成立于1962年,堂址在大马尼拉地区计顺市。银禧堂的领导、执行机构是按照基督教会的组织法则建立起来的,即由牧师一人为教会主席,以主持教务和管理教徒,推选长老数人及执事十数人,参与或协助教会

---

① 《大乘信愿寺简介·附菲律宾佛教概况》,马尼拉,1989年。

管理工作。牧师为专职的神职人员,长老和执事则非专职的神职人员,仍继续从事世俗职业。教会还设有各个工作部,牧、长、执均参与各部之工作。教徒则组成团契。

1993年产生的新一届的银禧堂领导、执行机构,包括以下人员和部门:顾问6人,主席1人(由牧师担任),副主席1人(由长老之一担任),长老6人,执事16人,传道5人,行政助理1人,办公室秘书1人。工作部有7个,它们是:灵工宣道、财务经济、文字工作、基督教育、福利外交、会友联络、总务保管。各部均设部长1人、副部长1人。各部之下又按工作种类和性质分为若干个组,如财务经济部分为司库、司账、稽核3个组;基督教育部分为查经、主日学、团契、圣乐、冬夏令事、体育康乐6个组。每组有成员2～5人不等。牧、长、执无一例外均为各部、组的成员,有的人且身兼数职。各部部长与副部长均由长老、执事担任。银禧堂信徒共组成10个团契,它们是:姊妹、兄弟、夫妇、职业、加利利、庇里亚、儿童、圣颂、第五季、奉献。每个团契均有顾问,任顾问者半数以上是长老和执事。[①]

银禧堂定期举行的宗教仪式中,最典型的莫过于每周一次的礼拜,亦即每星期日上午举行的"主日崇拜会"。它有固定的程序,依次是:静乐、宣召、唱诗、祈祷、唱诗、上帝律法大纲、颂赞、经训、信息、奉献、报告、奉献诗、唱诗、祝福、阿门颂、默祷散会。其中,信息、奉献、报告是3项最主要的议程。"信息"乃是由来自各地教会的牧师布道演说;"奉献"乃是参加礼拜者捐纳款项;"报告"乃是主日崇拜会的主席报告本教会一周来的主要活动以及领导机构的重要决定等。以下是1992年第二季度至1993年第一季度近一年的时间银禧堂12次主日崇拜会的参加人数及"奉献"款项统计[②]:

---

① 基督教银禧堂《1993年长执圣工分配表》。

② 基督教银禧堂于每次主日崇拜会举行之前,均向与会者分发一份材料,上面载有本次崇拜会的议程内容,以及上次崇拜会的与会人数及"奉献"款项数额。笔者参加主日崇拜会时搜集到这些材料。

表 15-1　1992 年第二季度至 1993 年第一季度
12 次主日崇拜会参加人数及"奉献"款项

| 日期 | 参加人数 | "奉献"款项<br>（单位：菲币） | 每人平均数<br>（单位：菲币） |
|---|---|---|---|
| 1992 年 4 月 19 日 | 277 | 31179.80 | 112.56 |
| 1992 年 5 月 24 日 | 257 | 18457.00 | 71.82 |
| 1992 年 6 月 14 日 | 298 | 26211.30 | 87.96 |
| 1992 年 6 月 28 日 | 265 | 21465.00 | 81.00 |
| 1992 年 8 月 2 日 | 274 | 26406.25 | 96.37 |
| 1992 年 8 月 16 日 | 242 | 19191.00 | 79.30 |
| 1992 年 9 月 13 日 | 222 | 15794.75 | 71.15 |
| 1992 年 10 月 4 日 | 246 | 23729.00 | 96.46 |
| 1992 年 10 月 18 日 | 224 | 29278.00 | 130.71 |
| 1992 年 12 月 6 日 | 261 | 23979.50 | 91.88 |
| 1993 年 1 月 10 日 | 224 | 22756.00 | 101.59 |
| 1993 年 2 月 21 日 | 238 | 18530.00 | 77.86 |
| 平均数 | 252 | 23081.47 | 91.56 |

　　从主日崇拜会参加者的年龄和性别来看，年长的多于年轻的；女性多于男性。从他们的社会经济地位来看，大多属于中产阶级，因为菲政府规定的最低月薪为 3000 元，则日平均生活费的下限为 100 元，能"奉献"上表所示款项的信徒，自应属中等收入阶层或在此之上。信徒捐款是银禧堂活动及事业经费的主要来源，主日崇拜会的捐款虽只是礼仪性、象征性的，并不构成信徒捐款的主要部分，但在唤起信徒的公益心方面却有十分重要的意义。[1]

　　银禧堂平时的宗教活动包括以布道所、团契、信徒住家为单位或场所举行的宣讲、祈祷、聚会等活动。在这些活动中，该堂的职员及热心信徒起着骨干的作用。据在该堂担任传道一职达 20 年之久

---

① 《访问基督教银禧堂传道徐素勤女士谈话记录》，马尼拉，1992 年 12 月 16 日。

的一位女士说，她经常访问教友，参加他们的婚丧喜庆活动。她所
在的姊妹团契每月请人来宣讲《圣经》一次，还组织姊妹唱诗班，每周
练习一次，每月在教堂内登台演唱一次。一些热心的姊妹也常跟她
一起探访各位教友的家庭，参加各家的追思礼拜、家庭感恩会等。①

银禧堂也从事教育与慈善活动。教育方面，该堂现任主席谢国
智牧师在一篇文章中说：银禧堂"在三十年来帮忙了基立学院行政
管理，教师传道的供应，设备工具的公用，使教会与学院同负一轭地
一起配搭地栽培下一代"。又说，银禧堂将借用一位慕道友的五百
平方米的地皮建筑小型的学校及幼稚园。② 慈善方面，该堂每月公
布的收支报告都有"福利慈善"一项。该堂还经常捐款给菲律宾的
贫民和灾民。

基督教银禧堂的组织结构虽是按西方基层教会的模式建立起
来的，但也未免带有华人社团的某些色彩，如它的 6 名顾问中，就有
4 名是已退休的长老。这与其他华人社团给予前届董事会成员以
种种虚衔的做法如出一辙。此外，其组织的有效性通过基本单位
"团契"的细致入微的工作得到体现。同时，其成员的联系之紧密也
因这种联系深入信徒的家庭内部而益发凸显出来。其宗教传播与
训导功能之特点，在于通过信徒之间的经常的、持续的接触，使他们
所学到并接受的正式的规范与信念得到加强。总之，从这一组织既
可以看到华人的注重体面权位，又可以看到西方式的虔诚和效率。

以上三个菲华宗教组织的个案研究表明，传统中国社会组织的
集权化结构模式在这里已趋于淡化，新的倾向是权力的分散和权力
的多元化。与此相适应，其组织内各个部分的排列也以平行式而非
辐射式为主。与商会组织、宗亲组织和同乡组织相比，宗教组织虽
然并不构成菲华社团的主体，但它们所发挥的作用，特别是精神上

---

① 《访问基督教银禧堂传道徐素勤女士谈话记录》，马尼拉，1992 年 12 月 16 日。
② 谢国智：《恩上加恩的教会》，《基督教银禧堂成立三十周年纪念刊(1963—
1993)》，马尼拉，1993 年。

文化上的作用,却不容忽视。中国式的注重现世和西方式的追求终极目标的宗教精神,在其功能的发挥上都可以得到反映。

# 三、不同宗教组织特色之比较

菲律宾华人的宗教组织,就其由来与发展而言,它们发轫的时间一般都较早,发展演进过程也较漫长。它们一开始都很不完备,大多是在分散的移民中自发形成的,或是为适应殖民统治的社会文化环境而渐次衍生的。其后在多方面因素的作用下,自觉的因素不断滋长,机构的独立性与完备性也逐渐增强。就其结构与功能而言,它们的结构兼有中国传统社会组织和现代社会自愿性组织的要素,只是各组织有不同的侧重而已;它们的功能除了宗教传播和训导之外,还有加强华人族群的联系,从事教育、慈善活动或事业,等等。

宗教信仰的主体包括个人与团体,从这些主体的行为中可以找到其社会文化的特色。从宗教的历史发展过程来看,有时更有意义的是宗教团体所表现出来的行为。① 菲律宾华人的宗教组织可以分为传统式组织和西方式组织两大类。信奉民间宗教和道、佛二教的组织属前者,信奉基督教和天主教的组织属后者。二者虽同为华人组织,但所受社会文化的熏陶不同,因而表现出不同的特色:

第一,西方式组织的正式成员与非正式成员之间有严格的区别,正式成员必须是履行过洗礼入教仪式从而被正式接纳的信徒;传统式组织除任职者外,一般信徒并无须经特别批准。西方式组织的正式成员从理论上讲不再信仰其他宗教,而传统式组织的成员则无此等限制。

---

① 郎友兴:《宗教社会学:研究取向、对象和学科性质》,《浙江社会科学》1993年第 1 期。

第二，西方式组织拥有以专职神职人员为领导、以从事世俗职业的非神职人员为辅佐的发挥实效的人员构成，如牧师—长老—执事—传道。而传统式组织虽然常拥有阵容庞大的职员，但起实质性作用的并不多；除了佛教僧侣之外，鲜有专职的神职人员。

第三，西方式组织形成了一个隶属关系明确、层次分明的体系，如堂会—支会—布道所—福音站。而传统式组织一般比较松散，组织与组织之间可以正式联合，也可以结成某种非正式的关系。从内部结构来看，西方式组织较为精干，责权较为明确；传统式组织则大多较臃肿，责权亦常有重叠交叉。

第四，西方式组织在维护宗教的纯洁方面表现较为突出，因此其功能亦含有较多的精神追求的成分。传统式组织的世俗化倾向较为明显，因此其功能亦含有较多的实用、功利的成分。

传统式宗教组织与西方式宗教组织虽都具有统合社会群体的功能，但前者意在以社群的统合使中华文化在海外得以形塑、建构，后者则意在以社群的统合使华人在不抛弃故有文化所含的常识与惯行之同时，接纳西方的意识形态。前者往往借助于非宗教的关系来增强自身的凝聚力，后者则主要靠比较正式的宗教关系、比较规范的团体机构来维系自身并使其发挥功效。由于传统式组织在文化背景和组织形式上与大部分华人社团更为接近，所以它更易于整合进华人社会。西方式组织则倾向于游离出华人社会，而融进当地的主流社会中。

# 参考文献

## 一、中文专著(含译著)

1.蔡仁龙:《印尼华人企业集团研究》,香港:香港社会科学出版社有限公司,2004年。

2.陈达:《南洋华侨与闽粤社会》,上海:商务印书馆,1938年。

3.[菲]陈烈甫:《东南亚洲的华侨、华人与华裔》,台北:正中书局,1979年。

4.陈其南:《家族与社会》,台北:联经出版事业公司,1990年。

5.陈笑予:《菲律宾与华侨事迹大观》,马尼拉:菲律宾华侨事迹大观出版社,1951年。

6.[美]杜维明:《新加坡的挑战:新儒家伦理与企业精神》,北京:生活·读书·新知三联书店,1989年。

7.《菲律宾华人》编辑委员会:《菲律宾华人:菲华时报创刊五周年特刊》,马尼拉:菲华时报社,1988年。

8.菲律宾华裔青年联合会编:《融合:菲律宾华人》,马尼拉:菲律宾华裔青年联合会,1988年。

9.菲律宾华裔青年联合会编:《十字街头:菲华社会文集》,马尼拉:菲律宾华裔青年联合会,1988年。

10.菲律宾名人史略编辑社:《华侨名人史略》,马尼拉:菲律宾名人史略编辑社,1931年。

11.费孝通：《乡土中国》，北京：生活·读书·新知三联书店，1985年。

12.[日]福井康顺等监修，朱越利等译：《道教》第一、二、三卷，上海：上海古籍出版社，1990—1992年。

13.[英]高伟定(S. B. Redding)著，张遵敬等译：《海外华人企业家的管理思想——文化背景与风格》，上海：上海三联书店，1993年。

14.[菲]格雷戈里奥·F.赛义德(Gregorio F. Zaide)著，吴亚昌译：《菲律宾共和国：历史、政府与文明》，北京：商务印书馆，1979年。

15.葛兆光：《道教与中国文化》，上海：上海人民出版社，1987年。

16.郭公惠：《菲律宾华侨史略》，马尼拉：公惠出版社，1949年。

17.黄明德：《菲律宾华侨经济》，台北："侨务委员会"，1956年。

18.黄绍伦编：《中国宗教伦理与现代化》，香港：商务印书馆（香港）有限公司，1991年。

19.黄滋生、何思兵：《菲律宾华侨史》，广州：广东高等教育出版社，1987年。

20.[美]基辛(R. Keesing)著，北晨编译：《当代文化人类学概要》，杭州：浙江人民出版社，1986年。

21.金应熙主编：《菲律宾史》，开封：河南大学出版社，1990年。

22.[美]克莱德·M.伍兹(Clyde M. Woods)著，何瑞福译：《文化变迁》，石家庄：河北人民出版社，1989年。

23.[日]李国卿著，郭梁等译：《华侨资本的形成和发展》，福州：福建人民出版社，1984年。

24.李明欢：《当代海外华人社团研究》，厦门：厦门大学出版社，1995年。

25.李亦园：《一个移殖的市镇：马来亚华人市镇和生活的调查研究》，《"中央研究院"民族学研究所专刊》乙种第一号，台北，1970年。

26.梁上苑、蔡健华：《华侨抗日支队》，香港：广角镜出版社，1980年。

27.林惠祥：《林惠祥人类学论著》，福州：福建人民出版社，1981年。

28.林远辉、张应龙：《新加坡马来西亚华侨史》，广州：广东高等教育出版社，1991年。

29.刘芝田:《中菲关系史》,台北:正中书局,1964年。

30.[美]露丝·本尼迪克(Ruth Benedict)著,何锡章等译:《文化模式》,北京:华夏出版社,1987年。

31.[美]罗纳德·L.约翰斯通(R. L. Johnstone)著,尹今黎等译:《社会中的宗教——一种宗教社会学》,成都:四川人民出版社,1991年。

32.[菲]欧·马·阿利普(Eufronio M. Alip)著,周南京译:《华人在马尼拉》,《中外关系史译丛》第1辑,上海:上海译文出版社,1984年。

33.泉州华侨抗日史编委会:《菲岛华侨抗日风云》,厦门:鹭江出版社,1991年。

34.沈红芳编著:《菲律宾》,上海:上海辞书出版社,1985年。

35.[菲]洪玉华编:《华人移民:施振民教授纪念文集》,马尼拉:菲律宾华裔青年联合会、德拉萨大学中国研究室,1992年。

36.[英]V.珀塞尔(Victor Purcell)著,姚楠等译:《东南亚华人》,《中外关系史译丛》第2辑,上海:上海译文出版社,1985年。

37.[英]W. J.凯特(W. J. Cator)著,王云翔等译:《荷属东印度华人的经济地位》,厦门:厦门大学出版社,1988年。

38.[英]W.G.赫夫(W. G. Huff)著,牛磊等译:《新加坡的经济增长:20世纪里的贸易与发展》,北京:中国经济出版社,2001年。

39.汪慕恒主编:《东南亚华人企业集团研究》,厦门:厦门大学出版社,1995年。

40.[美]吴元黎等著,汪慕恒等译:《华人在东南亚经济发展中的作用》,厦门:厦门大学出版社,1989年。

41.[日]吴主惠著,蔡丰茂译:《华侨本质的分析》,台北:黎明文化事业公司,1983年。

42.[澳]颜清湟著,粟明鲜等译:《新马华人社会史》,北京:中国华侨出版社,1991年。

43.杨国枢等主编:《中国人的管理观》,台北:桂冠图书股份有限公司,1992 年。

44.赵松乔等:《菲律宾地理》,北京:科学出版社,1964 年。

45.周南京:《菲律宾与华人》,马尼拉:菲律宾华裔青年联合会,1993 年。

46.周南京:《风雨同舟——东南亚与华人问题》,北京:中国华侨出版社,1995 年。

# 二、中文论文(含译文)

1.[美]布鲁克(Moss Kanter Brook)著,蔡先杰译:《成功的秘密在于联系》,《华侨华人历史研究》1991 年第 3 期。

2.陈大冰:《战后菲律宾华裔菲律宾庶民金融财团初探》,《南洋问题研究》1988 年第 4 期。

3.陈荆和:《菲律宾华侨大事志》,《大陆杂志》第 6 卷第 5 期,1953 年。

4.陈其南:《传统家族制度与企业组织》,《中国人的管理观》,台北:桂冠图书股份有限公司,1992 年。

5.[菲]陈守国(Antonio S. Tan)著,梁上苑译:《菲律宾"华支"游击队》,《南洋资料译丛》1984 年第 1 期。

6.陈衍德:《菲律宾华人宗教生活的世俗化:以马尼拉等地的华人访谈录为研究资料》,[新加坡]《华人研究国际学报》第 4 卷第 1 期,2012 年。

7.[日]河野七郎著,李述文译:《菲化政策下的华侨经济状况》,《南洋问题资料译丛》1958 年第 1 期。

8.[菲]洪玉华:《融合并非消灭固有文化》,《十字街头:菲华社会文集》,马尼拉:菲律宾华裔青年联合会,1988 年。

9.[菲]黄栋星:《宿务华商精英》,《Forbes 福布斯(中文版)》1992 年第 6 期。

10.金耀基:《关系和网络的建构:一个社会学的诠释》,《二十一世纪》1992 年第 4 期。

11.李焯然:《道教与华人民俗》,[新加坡]《亚洲文化》第 13 期,1989 年。

12.李丰楙:《妈祖与儒、释、道三教》,《历史月刊》第 63 期,1993 年。

13.李亦园:《东南亚华人的本土运动》,《东南亚华人社会研究》(上),台北:正中书局,1975 年。

14.[菲]施振民:《菲律宾华人文化的持续——宗亲与同乡组织在海外的演变》,《"中央研究院"民族学研究所集刊》第 42 期,1976 年。

15.孙福生:《菲律宾华侨抗日游击支队》,《东南亚史论文集》,郑州:河南人民出版社,1987 年。

16.王文良:《新殖民主义的发端:20 世纪初美国对菲律宾的统治》,《美国研究》1993 年第 3 期。

17.魏煜孙:《华侨对菲律宾经济的贡献》,《新闻日报年刊》,马尼拉,1958 年。

18.吴文华:《东南亚华人和宗教》,《华侨华人历史研究》1988 年第 4 期。

19.[菲]吴文焕:《关于全菲各地华侨义山墓碑籍贯及姓氏的统计报告》,[菲]《世界日报》1995 年 1 月 29 日。

20.郑山玉:《华侨与海上丝绸之路——部分侨乡族谱中的海外移民资料分析》,《华侨华人历史研究》1991 年第 1 期。

21.周南京:《海外华人的企业文化》,[菲]《世界日报》1994 年 7 月 17 日。

22.周南京:《略论第二次世界大战后菲律宾华人社团的增殖》,[菲]《世界日报》1992 年 12 月 6 日。

23.庄为玑:《关羽崇拜在国内外》,《泉州鲤城文史资料》第 6、7 合辑,1991 年。

# 三、其他中文资料

1.福建省档案馆编：《福建华侨档案史料》(上、下)，北京：中国档案出版社，1990 年。

2.福建省人民政府侨务办公室编：《福建华侨华人》第二分册《菲律宾》，福州：福建人民出版社，1989 年。

3.傅泰泉编：《菲律宾指南(1935—1936)》，马尼拉，1935 年。

4.林金枝等：《近代华侨投资国内企业史资料选辑(福建卷)》，福州：福建人民出版社，1985 年。

5.杨静桐编：《菲律宾华侨年鉴(1935 年)》，马尼拉，1936 年。

6.中山大学东南亚历史研究所编：《中国古籍中有关菲律宾资料汇编》，北京：中华书局，1980 年。

7.《菲律宾华侨抗日游击支队建军五十周年纪念特刊》，马尼拉，1992 年。

8.《菲律宾岷里拉中华商会三十周年纪念刊》，马尼拉，1934 年。

9.《菲律宾岷里拉中华商会五十周年纪念刊》，马尼拉，1954 年。

10.《菲律宾宿务东方中学金禧大庆特刊》，宿务，1965 年。

11.《菲律宾武功苏氏宗亲会成立五十五周年暨武功大厦落成典礼特刊》，马尼拉，1996 年。

12.《菲律宾忠义堂总堂金禧纪念特刊(1932—1982)》，马尼拉，1982 年。

# 四、英文专著

1.Aileen S. P. Baviera，Teresita Ang See，*China*，*Across the Sea & the Chinese as Filipinos*，Quezon City：Philippine Association for

Chinese Studies，1992.

2.Concepcion G. Briones，*Life in Old Parian*，Cebu City：University of San Carlos，1983.

3.Department of Foreign Affairs and Trade，*Overseas Chinese Business Networks in Asia*，Canberra，1995.

4.Edgar Wickberg，*The Chinese in Philippine Life 1850—1898*，New Haven：Yale University Press，1965.

5.J.T.Omohundro，*Chinese Merchant Families in Iloilo—Commerce and Kin in a Central Philippine City*，Manila：Ateneo de Manila University Press，Athens：The Ohio University Press，1981.

6.Jacques Amyot，*The Manila Chinese—Familism in the Philippine Environment*，Manila：Ateneo de Manila University Press，1973.

7. Li Yukwai，*The Huaqiao Warriors—Chinese Resistance Movement in the Philippines*，*1942—1945*，Hong Kong：Hong Kong University Press，1995.

8.Lina Quimat，*Glimpses in History of Early Cebu*，Cebu City，1980.

9.Marilies von Brevern，*Once a Chinese*，*Always a Chinese? The Chinese of Manila—Tradition and Change*，Manila：Lyceum Press，1988.

10.Shubert S. C. Liao，*Chinese Participation in Philippine Culture and Economy*，Manila：Bookman，1964.

# 五、英文论文

1.Chen Yande，A Study of the Philippine Chinese in Cebu City：Then and Now，*The Philippines as Home*：*Settlers and Sojourners in the Country*，Philippine Migration Research & Philippine Social Science Council，Quezon City，2001.

2.D. F. Doeppers，Destination，Selection and Turnover among

Chinese Migrants to Philippine Cities in the Nineteeth Century, *Journal of Historical Geography*, Vol. 12, No. 4, 1986.

3.Edgar Wickberg, Chinese Organizations in Philippine Cities since World War Ⅱ: The Case of Manila, *Asian Culture*, No.17, Singapore, 1993.

4.Edgar Wickberg,Some Comparative Perspectives on Comtemporary Chinese Ethnicity in the Philippines,*Asian Culture*, No. 14, Singapore, 1990.

5.Teresita Ang See, Integration and Identity: Social Changes in the Post World War Ⅱ Philippine Chinese Community,*Asian Culture*, No. 14, Singapore, 1990.

6.Theresa Chong Carino, Leadership and Organization among the Chinese in the Philippines: Continuity and Change, *Asian Culture*,No. 15, Singapore, 1991.

# 中外文地名对照表

| | |
|---|---|
| 宿务 | Cebu |
| 马尼拉 | Manila |
| 南甘马仁 | Camarines Sur |
| 那牙 | Naga |
| 美骨 | Bicol |
| 吕宋 | Luzon |
| 独鲁曼 | Tacloban |
| 树里爻 | Surigao |
| 描东牙示 | Batangas |
| 甲米地 | Cavite |
| 亚巴里 | Aparri |
| 怡朗 | Iloilo |
| 和乐 | Jolo |
| 古达描岛 | Cotabato |
| 朗吗倪地 | Dumaguete |
| 三宝颜 | Zamboanga |
| 描戈律 | Bacolod |
| 仙彬兰洛 | San Fernando |
| 洪溪礼示 | Angeles |
| 拉牛板 | Dagupan |

| | |
|---|---|
| 纳卯 | Davao |
| 礼智 | Leyte |
| 棉兰老 | Mindanao |
| 苏禄 | Sulu |
| 东黑人（省） | Negros Oriental |
| 碧瑶 | Baguio |
| 荷浪牙波 | Olongapo |
| 怡里岸 | Iligan |
| 加牙鄢（省） | Cagayan |
| 西黑人（省） | Negros Occidental |
| 巴石 | Pasig |
| 三描 | Samar |
| 甲万那端 | Cabanatuan |
| 米沙鄢 | Visayan |
| 万佬威 | Mandawe |
| 拉布拉布 | Lapu Lapu |
| 麦丹 | Mactan |
| 邦邦牙 | Pampanga |
| 新依丝夏 | Neuva Ecija |
| 丹辘 | Tarlac |
| 描沓安 | Bataan |
| 武六干 | Bulacan |
| 黎刹（省） | Rizal |
| 内湖 | Laguna |
| ＊塔亚巴斯 | Tayabas |
| 仙沓古律示 | Santa Cruz |
| 蜂牙丝兰 | Pangasinan |
| 巴拉望 | Palawan |
| 丝内 | Silay |

| | |
|---|---|
| 拉加罗沓 | La Carlota |
| 危洛描丹 | Guinobatan |
| 黎牙实比（市） | Legaspi |
| 武运 | Bohol |
| 三描礼示 | Zambales |
| 佬旺 | Laoang |
| 兰佬 | Lanao |
| 桂约 | Cuyo |
| 北怡罗戈 | Ilocos Norte |
| 朗伦 | Romblon |
| 加帛示 | Capiz |
| 东棉三米示 | Misamis Oriental |
| 加牙焉（市） | Cagayan |
| 武端 | Butuan |
| 敏讫 | Benguet |
| 珍里达 | La Trinidad |
| 南怡罗戈 | Ilocos Sur |
| 岷罗洛 | Mindoro |
| 班乃 | Panay |
| 依莎迷拉 | Isabela |
| 新未实该耶 | Neuva Vizcaya |
| 拉允隆 | La Union |
| 计顺 | Quezon |
| 万仁愈计 | Marinduque |
| 仙答洛 | San Pablo |
| 罗申那 | Lucena |
| 马拉汶 | Malabon |
| 描仁瑞拉 | Valenzuela |
| 加洛干 | Caloocan |

| | |
|---|---|
| 巴西 | Pasay |
| 仙道斯将军(市) | General Santos |

注：

1.本表仅收入区、省、市、岛屿及主要的镇名。

2.凡易引起误解及相混者,均以括号注明其为省名或市名。

3.汉译地名均以菲律宾华人的习惯译法为准。

4.地名排列以在本书中出现的先后为序。

5.＊者为战前省名,今为计顺省。

# 后 记

"南渡匆匆别故乡,消沉无复少年狂。孤灯短梦家千里,落日浮云天一方。"南安籍诗人苏警予的这首《菲岛杂诗·南渡》(前半部分),写于20世纪30年代,正与本书内容所述之部分时代背景相重合。1992年我赴菲访学时,将这首诗抄录于日记本的扉页上。时隔三十年,今日读来仍有潮涌冲击之感。

闽南人渡海赴菲已有数百年历史。本书虽然并非全景式展现此一过程,但毕竟是对一个世纪以来,这一移民、谋生与创业经历之方方面面的解读和探索。我特别注意以较新的研究方法,做一些试探性的开拓工作。如果这样做能为华侨华人研究这座大厦添上几片砖瓦的话,我也就心满意足了。

本书的写作是在众多菲华友人的帮助下完成的。菲律宾华商曾荣权、庄紫栋、曾铁锋、刘德明、吴幼源、曾福应等六位先生,都是20世纪70年代以后赴菲创业的知识化新移民,由于年轻时在中国的经历,他们与我有许多共同语言,所以对我的研究深感理解,对我的帮助也特别大。任何语言都不足以表达我对他们的谢意。

国内外学术界诸位先生的帮助对我来说也是不可或缺的。除了序言中所说的魏安国、施振民、周南京等人以外,这里还要特别感谢海峡对岸的张存武先生。作为台湾"中央研究院"近代史研究所的研究员,张存武先生曾多次率团前往菲律宾调查菲华抗日史实,因而与我结识。是他首先发现了我搜集的菲华口述资料的价值,并敦促我将它们整理出来。他的鼓励是我完成整理工作的动力之一。

菲律宾华裔青年联合会的洪玉华女士（已故的施振民先生的夫人）以及吴文焕先生，都是菲华社会重要的活动人士，他们为我在菲的学术活动提供了无私的帮助，吴文焕先生还为我的生活起居提供了诸多方便。他们对我如亲人般的关照，使我永远铭记于心。

亚典耀大学中国研究室主任洪君侯先生既专注于学术又富于人情味，他对我提出的不参加校内听课与学术交流，而是搬到马尼拉唐人街去住的要求，欣然同意，并介绍他的母亲郑丽真女士与我认识，使她成为我的第一个采访对象。洪先生给我留下的印象是难以忘怀的。

在一年的访学进入尾声之际，我得到了一次前往宿务的机会。吴氏家族的树必寿船务公司为我提供了马尼拉到宿务的往返船票，1993年1月5—15日我在航程中及在宿务市度过了访菲期间最难忘的十天，其中在宿务的时间整整一周。厦门的姊妹城市宿务，是海外厦门人的最大聚居地。"菲律宾厦禾公会"的乡亲们给予我的热情周到的接待和帮助，将我置身于浓浓的乡情与亲情之中，瞬间的感觉就是一见如故，一点陌生感都没有。离开宿务那晚，"我在船舷甲板上久久舍不得离去，七天的宿务之行在这珍珠般的星星点点的灯火中结束了……我心里默默地叨念着：再见了，宿务；再见了，宿务人，我还会再来的……"（1993年1月13日日记）感念之情，不言而喻。

在国内方面，我也得到许多热心人的帮助。厦门市海外交流协会、厦门市菲律宾归侨联谊会、泉州市菲律宾归侨联谊会、福建省直机关菲律宾归侨联谊会的老前辈们，对我的研究多有指点。厦门及闽南其他各地的各有关部门和机构也为我的研究提供了诸多方便。厦门大学选送我前往菲律宾访学一年，更是本项研究得以实施的先决条件。对此，我心中永存感激。

我的祖父陈菊农先生，曾踏着先辈足迹多次赴菲，除短暂经商外，大部分时间都在从事社会活动，参与办学办报，不像大多数从商

的华人,他走的是一条另类之路。战后祖父回国,由于他在海内外
口碑甚好,中华人民共和国成立后他当选为厦门市政协委员、厦门
市工商联执委等。我的父亲陈振佳十二岁赴菲,日军占领菲律宾期
间,参加了"菲律宾华侨抗日游击支队",从此走上革命的道路,回国
后成为党政干部。我谨以此书献给祖父和父亲,以告慰他们的在天
之灵。